BIBLIOTHÈQUE

DE L'ÉCOLE

DES HAUTES ÉTUDES

PUBLIÉE SOUS LES AUSPICES

DU MINISTÈRE DE L'INSTRUCTION PUBLIQUE

———

SCIENCES PHILOLOGIQUES ET HISTORIQUES

———

SOIXANTE-TROISIÈME FASCICULE

ÉTUDES CRITIQUES SUR LES SOURCES DE L'HISTOIRE MÉROVINGIENNE,
DEUXIÈME PARTIE : LA COMPILATION DITE DE « FRÉDÉGAIRE »
PAR M. GABRIEL MONOD, DIRECTEUR A L'ÉCOLE DES HAUTES ÉTUDES
ET PAR LES MEMBRES DE LA CONFÉRENCE D'HISTOIRE.

PARIS

F. VIEWEG, LIBRAIRE-ÉDITEUR

67, RUE DE RICHELIEU, 67

1885

ÉTUDES CRITIQUES

SUR LES SOURCES

DE

L'HISTOIRE MÉROVINGIENNE

ÉTUDES CRITIQUES

SUR LES SOURCES

DE

L'HISTOIRE MÉROVINGIENNE

PAR

M. Gabriel MONOD

DIRECTEUR A L'ÉCOLE DES HAUTES ÉTUDES

ET PAR LES MEMBRES DE LA CONFÉRENCE D'HISTOIRE

DEUXIÈME PARTIE

LA COMPILATION DITE DE « FRÉDÉGAIRE »

PAR M. Gabriel MONOD

TEXTE

PARIS

F. VIEWEG, LIBRAIRE-ÉDITEUR

67 RUE RICHELIEU 67

1885

L'étude critique qui sert d'introduction au texte de la compilation dite de « Frédégaire » sera prochainement publiée avec une pagination en chiffres romains. Elle formera un fascicule qui devra être relié avec le texte.

Le texte que nous publions est la reproduction du manuscrit de la Bibliothèque Nationale de Paris, fonds latin 10910, source unique de tous les autres manuscrits connus de la compilation.

Paris, mai 1885.

G. Monod.

ERRATUM.

Page 9, ligne 26. *Supprimez les : entre* Frigiam *et* alciorem.

16,   29, *note* 8. *La note* 8 *se rapporte à* ipsi *de la ligne précédente.*

19,   24, *note* 9. exᵃ, *corrigez* e xᵃ, *se rapporte à* xᵃ, l. 24.

19,   29. cubita ɪɪ, *corrigez* cubita ɪ̅ɪ̅.

25,   21, *note* 9. iuxit, *corrigez* uixit. *Le numéro de la note dans le texte doit se placer après* Enos.

36,   31. *Supprimez le point entre* Æneas *et* et.

81,   9-10. Ab Vccelenum, Vcceleno, *corrigez* A Buccelenum, Bucceleno.

102,   36. Guntramnu, *corrigez* Guntramnus.

142,   24, *note* 13. Oblosanii, *corrigez* Tolosanii.

171,   11. scriptorese, *corrigez* scriptores e.

Nota. — Les notes qui se trouvent au bas des pages sont la reproduction des corrections faites au manuscrit, la plupart au ɪxᵉ siècle.

TEXTE

FRÉDÉGAIRE.

1

COMPILATION DITE

DE

FRÉDÉGAIRE

REPRODUCTION LITTÉRALE DU MS. 10910 DU FONDS LATIN DE LA BIBLIOTHÈQUE
NATIONALE.

BREVIARIVM SCARPSVM EX CHRONICA EVSEBII, HIERONIMI, ALIORVMQVE
AVCTORVM A QVODAM ADATIO [1].

[1] Ce titre a été ajouté au IXe s. au-dessus des deux premières pages, et cette première table tout entière paraît ajoutée après coup. [2] inicio imperatorum [3] episcopis Romanis [4] iudicum [5] AEgyptiorum [6] inperatorum [7] ad Eraglium.

I

LIBER GENERATIONIS.

I [1]. Ab Adam usque ad ordinem quae contenetur in, huius uolumine libri.

II. Denumeratio temporum et annorum. Generationis saeculi usque in hunc diem.

5 III. Terrae diuisio tribus filiis Noe.

IIII. Declaratio gentium, quae ex quibus factae sint, et quas singuli terras et ciuitates sortiti sunt.

V. Quantae insolae clare, qui ex quibus gentibus transmigrauerunt.

VI. Quod [2] flumina nominata.

10 VII. Quod [3] montes nominati.

VIII. Quod [4] iudices, qui quod annis populum iudicauit.

VIIII. Quod [5] regis [6] in tribu Iuda, et quis quod [7] annis regnauit.

X. Declaratio paschae, et quis quando seruauit ex temporibus Moysi usque in hunc diem. (f. 1, v°.)

15 XI. Regis [8] Persarum a Cyro, et quis quod [9] annis regnauit.

XII. Regis [10] Macedonum ab Alexandro, et quis quod [11] annis regnauit.

XIII. Imperatores Romanorum ab Augusto, et quis quod [12] annis regnauit.

20 XIIII. Tempore [13] Olympiadum ab Ipito usque in praesentem Olimpiadem.

XV. Nomina patriarcharum a [14] generatione [15]; nomina prophetarum.

XVI. Mulieres prophetissae.

XVII. Nomina regum Hebreorum et regum qui in Samaria regnaue-
25 runt supra decem tribus, et quis quod annis regnauit.

XVIII. Nomina sacerdotum.

XVIIII. Nomina emperatorum Romae, et quis quod annis praefuit.

---

[1] *Les chiffres ont été ajoutés après coup.* [2] *à* [5] quot [6] reges [7] quot [8] reges [9] quot [10] reges [11] *et* [12] quot [13] tempora [14] ac. [15] generationes.

Quoniam quidem oportit instructum esse ueritatis, necessarium exaestemaui, frater carissime, hoc in breue de sanctis scripturis facere sermones ad conroborandam doctrinam, ut per paucas enar-rationis, (f. 2.) non sine causa inquisitas, uirtutes ueritatis citius
5 agnuscamus,abscidentes prius indoctorum generatam conténtionem quae obumbrant[1] sensum huiuscemodi indoctum edoceat. Summa autem cum industria peruidere cupientes iuxta ueritatem cognus-cemus gentium diuisionem, et parentum denumeratam generatio-nem, inhabitationes quoque, tempora et bellorum commissionis, et
10 iudicum tempora, despensationes et regum annos et prophetarum tempora, quia et et quibus regebus[2] nati sunt, quales captiuitates populi, quibus regibus, et quibus iudicibus contigerint, quique sacer-dotes quibus temporebus fuerint, et quae diuisio et quae per-ditio facta sit, quo autem modo generatio seminis Israhel de patri-
15 bus in Christo conpleta sit, et quod quantique per quanta (f. 2, v°.) tempora dinumerentur anni a creatura saeculi usque in hunc diem. Extimauimus autem, incipientes a Genesi, iuxta uerbum[3] ostensio-nem, sicut expetit, declarare, non ex nostra quadam parte, sed ex ipsis sanctis scripturis testificari ; hinc occursionem arripientes iuxta
20 ordinem de Genesi sermonem facimus.

EXPLICIT PRAEFATIO. INCIPIT NARRATIO PRAEFATIONIS. FILI SEM .

Liber generationis hominum. Quo die fecit Deus Adam, ad ima-ginem Dei fecit eos. Vixit autem Adam ann. cxxx, et genuit Seth. Vixit autem Seth ann. ccv, et genuit Enos. Vixit Enos ann. cxc, et genuit Cainan. Vixit Cainan ann. clxx, et genuit Melelehel. Vixit
25 Melelehel annos clxii, et genuit Thareth. Et uixit Thareth (f. 3.) ann. clxii, et genuit Enoch. Vixit Enoch ann. clxv, gennuit Ma-tusalam. Vixit Matusalam ann. cxvii, et genuit Lamech. Vixit La-mech ann. clxxxviii, et genuit Noe. Et erat Noe annorum d,[4] genuit tres filios : Sem, Kam, et Iapht.
35 Post annos autem c postquam genitus est Sem, fit diluuium, cum esset annorum sexcentorum Noe. Fiunt ergo, ab Adam usque ad di-

---

[1] obumbral [2] regibus [3] ueram [4] et g.

luuium generationis xi, anni ṇccxlii. Iste sunt generationis [1] Sem.
Sem cum esset ann. [2] c Arfaxat ann. ii post diluuium; et uixit Ar-
faxat ann. cxxxv, et genuit Cainan. Vixit Cainan ann. cxxx, et genuit
Sala. Vixit Sala ann. cxxx, et genuit Eber. Vixit Eber ann. cxxxiiii,
5 et genuit Falech. Vsque ad hanc [3] generationes v, ann. dxxviiii; ab
Adam generationis xv, anni sunt ṇdcclxxi. (f. 3, v°.)

Deuisio terrae tribus filiis Noe. Post diluuium Sem, Kam, et
Iafeth, trium fratrum tribus deuisae sunt : et Sem quidem primo-
genito a Persida et Bactris usque in India longe usque Rinocoriris
10 est; Kam autem secunda a Rinocoriris usque Cariraat. Iafeth autem tertio a Media usque Gadira ad Borram. Habet autem Iafeth
flumen Tigridem, qui diuidet Mediam et Babylloniam; Sem autem
Eufratam, et Kam Geon, qui uocatur Nilus.

Confuse sunt autem linguae post diluuium. Erant autem quae
15 confusae sunt linguae lxxii, et qui turrem aedificabant, erant
gentes lxxii quae etiam in linguis super faciem totus terrae diuisae
sunt. Nebrot autem gygans, filius Chus Ethiopy, in escam Medis
uenando submenistrabat [4] bestias in cibum.

Vocabula autem lxxii [5] haec sunt. Filii Iafeth : Gamer, (f. 4.) ex
20 quo Cappadoces, Magog de quo Geltae [6] et Galatae [7], Made de quo
Medi, Iuan de quo Greci et Hiones, Thobel unde Ettaliensis, Moroc
unde Yllirici, Tyras unde et Traces, Cetthin unde Trociane, Frigiiae,
Macedones. Et filii Gamer : Ascanaz de quo Sarmatae, Rufan dae quo
Sauromatae, Togor de quo Armini. Et filii Iuuan : Elisan inde Siculi,
25 Tharsis ex quo Hiberi, qui et Tirreni, Cythii de quo Romani, qui et
Latini, Rodiuiui et Priami; omnes xv. De his exteterunt insulae gentium, sunt autem Cypri ex Cythiensibus. Ex Iafeth siquidem inueni-
mus et eos qui sunt ad Borram ex ipsis de ea tribu Cythiensium.
Sunt autem ex ipsis etiam gentes quae sunt in Etiada, praeter eos qui
30 postmodum aduenerunt ibi; regis qui habitauerunt (f. 4, v°.) ciuitatem quae apud Grecos honoratur Athenas, et Thebateorum, quoniam Sidoniorum sunt hii habitatores, et quicumque sunt alii similiter post haec apud Helladam transmigrauerunt; cognuscemus
autem haec ex lege et prophetis. Erant ergo de Iafeth ad confu-
35 sionem turris tribus xv, et heae gentes Iafeth a Media usque Ves-
perum Oceani diffusae sunt adtendentes usque ad Borram. Hii

---

[1] generationes [2] C genuit [3] hunc [4] subministrabat [5] lxxii filiorum [6] Gel-
thae [7] Galathae.

filii Iafeth : Medi, Albani, Gargani, Arrei, Armoeni, Amaiones, Choli, Corzeini, Benaginae, Cappadoces, Paflagonis, Mariandeni, Tibarensis, Kalibes, Mossynnoti, Cholchi, Melanceni, Sarmatae, Saurobace, Meothes, Scithes, Taurii, Traces, Bastarni, Illuri, Me-
5 donis, Hellenes, Greci, Libies, Histri, Vieni, Dauni, Dapues, Kalabri, Opici, Latini (f. 5.) qui et Romani, Tirrini, Galli qui et Caltae, Libiestini, Celtiberi, Heberi, Galli Aquitani, Illuriani, Basanotes, Cyritani, Lusitani, Voccei, Cuniensis, Brittonis qui et in insulis habitant; qui autem eorum nouerunt litteras hii sunt: Heberi, La-
10 tini qui et uocantur Romani, Hispani, Greci, Medi, Armoem.[1] Sunt autem fines eorum ad Borram usque Gadira, a Pudameda fluuio usque Mastusiadilion. Terrae autem eorum hae sunt : Media, Albania, Amazonia, Armoaena minor,[2] Armoenia maior, Cappadocea, Paflagonia, Calatia, Collis, Indice, Bosforina, Mediaderis, Sarmacia,
15 Tauriana, Schitia, Basternia, Trachia, Macedonia, Dalmatia, mollis Thessalia, Locria, Boetia, Betolia, Attica, Achaia, Pellinia quae appellatur Peloponensus, Acarnea, (f. 5, v°.) AEpirocia, Ylliria, Euchnitis, Adriace ex qua pilagus Adriaticum, Gallicia, Lusitania, Italia, Thugene, Massilia, Celtes, Gallia, Ispano Galia, Vberia,
20 Hispania maior; hucque definit terra Iafeth usque ad Brittanicas insulas, omnes ad Borram respicientes. Sunt autem his et insulae iste : Brittanice, Sicilia, Euboe, Arlodoscius, Lesbus, Cetera, Iacinctus, Cefalenia, Iabech, Corchira, et Cyclates insulae, et pars quaedam Asiae, quae appellantur Ionia. Flumen est autem his
25 Trigris[3] diuidens inter Mediam et Babylloniam; hii sunt fines Iafeth. Filii autem Cham : Chus ex quo Etpes, Metram ex quo AEgyptii, fuit de quo Troglodiaeae, Canhaan de quo Afri et Finices. Et filii Chus : Saba, AEuigilat, Sabat, Regma, et Sabachata. Filii autem Regma : Saba (f. 6.) et Dedan, et Chus
30 genuit Nebroth, et AEgyptiorum patriae cum Estraim patrem ipsorum viii. Dicit enim et Mestraim genuit Ludiin unde Lidii, Enemiin de quo Paphyli, Labain de quo Laboes, Neptoin et Patrosonim unde Cretis, Casloin unde Licii, unde exierunt Phylistini, et Captoroin unde Cilices. Cananeorum sunt patriae cum patre eorum xii. Dicit enim et Canaham genuit Sidona pri-
55 mogenitum ex quo Sidoni, et Cetheum, et Hiebuseum, et Amorreum, et Gergesseum, et Auruchaeum, et AEueum, ex quo Trepo-

---

[1] Armoeni [2] Armoaema [3] Tigris.

litae, et Araeneum, et Aradium, unde Arain, et Samarleum, et
Amati unde Amatus. Est autem habitatio eorum a Rinochoriris
usque Gadirat. Ex his autem nasantus reges vel gentes : AEthiopes,
Trogloditae, Aggei, Isabin, Hictiofagi, Bellanii, (f. 6, v°.) AEgyptii,
5 Fimces, Libies, Marmarede, Carifallitae, Misii, Moyssinnoeti, Friges, Magones, Bittinii, Nomades, Licii, Mariandeni, Pamphyli, Myri-
sudi,¹ Pysidini, Lycalli, Cylices, Maurusii, Cretae, Magartae, Numidae, Macrones, Nasomones; hii possident AEgyptum usque ad
Oceanum. Sunt autem insulae in his communis haec : Corsola,
10 Lupadus, Gaudius, Meletae, Cercenna, Menis, Gardinia, Galata,
Corsona, Cretae, Gaulus, Reda, AEthera, Careacus, Astipalatius,
Lesbius, Temedus,² Ymbrus, Iassus, Chobus, Chinidus, Nisurus,
Inigistae³, Ceprus. Qui autem eorum sunt litterati hii sunt : Finices,
AEgyptii, Pamphyli, Friges. Sunt autem fines Cham a Rinochoriris,
15 quae diuidit Syriam et AEgyptum, usque Garira in longum. Nomina
autem gentium haec sunt (f. 7.) : AEgyptus, AEthiopia quae ten-
dit aduersus Indiam, et altera Ethiopia, unde profeciscitur flumen
AEthiopum, Erytra quod est rubrum adtendens ad Orientem;
Thebiae quae extendit usque Cyrinem⁴ Marmaris Syrtes, habens
20 gentes : Nasomonas, Macas, Tantameos; Libia, e qua Lypti extendit
usque minorem Syrtem; Numidia, Masseria, Mauritaniam quae
extendit⁵ Herculeas, quod est Heracleoticas stellas contra Ga-
diram. Habet autem ad Borram maritimam Cyliciam, Pamphi-
liam, Pysidiam, Misiam, Licaconiam, Frigiam, Kamaliam, Lyciam,
25 Cariam, Lydiam, Misam aliam, Troadem, Aolidem, Pitiniam uecte-
rem ⁶, Frigiam : alciorem. Habet etiam insulas has : Sardomam,
Cretam, Cyprum, et flumen Geon, qui appellatur Nilus (f. 7, v°.)
diuidit autem inter Cham et filios Iafeth usu uespertini maris.
Haec media Cham generatio. De Sem autem, seniore filio Noe,
30 tribus cogniti xxv. Hii ad Orientem inhabitauerunt filii Sem : Elam
de quo Elimei ⁷, et Assir de quo Assiri, et Arfaxat unde Caldei, et
Ludiin unde Lazonis, et Aram unde Cytes priores : hos excidit
Abraham. Et filii Aram : Osceun de quo Lidii, et Gaster de quo
Gasfini, et Mosoc unde Massini. Et Arfaxat genuit Salam; Salam
35 genuit Heber, unde Hebrei; et Heber nati sunt duo filii : Falet et
Deboc, unde ducitur genus Abraham, et Tacten et Lectan. Iectan
autem genuit Helmo de quo Indii, et Salef de quo Bactriani, et

---

¹ Mynsudi ² Tenedus ³ Ingistae ⁴ Cyrinen ⁵ usque H. ⁶ ueterem ⁷ Helimei.

Asarmoth de quo Arabes priores, et Cyduran de quo Kamei, et
Derra de quo Mardi, et Ezeh de quo Arriani (f. 8.) et Declam de
quo Cydrusi, et Gebal de quo Sciti prioris, et Abimelech de quo
Hyrcani, et Sabat unde Arabi primi, et Eufer de quo Armoenii, et
5 Euuilat unde genus fuit Helii, omnes Bactriani. Omnes autem de
tribu filiis Sem. Noe [1], sunt LXXII. Omnium autem filiorum habitatio
est a Bactris usque Inocoriris [2] quae diuidit Syriam et AEgyptum,
et Rubrum mare ab ore Arsinoes quae est Indiae.

Haec sunt autem quae sunt factae ex his gentes : Hebrei
10 qui Iudaei, Persae, Medi, Paenes, Arriani, Assirii, Indii, Magardi,
Parti, Germani, Helimei, Cessei, Arabes primi, Cedrosiae, Scitae [3],
Arabes ultra, sapientes qui dicuntur Gymnosofistae, nudi [4] sapientes.
Habitatio autem eorum usque Rinochorusa et Cylicia. Qui autem
eorum nouerunt litteras hii sunt : Iudaei, Persae, Medi, Chaldaei,
15 Indi, Assirii. Est autem habetatio eorum, id est filiorum Sem, in longum quidem, ab India usque Rinochorura ; lata autem, a Persidae
et Bactris usque Indiam. (f. 8, v°.) Vocabula autem eorum haec
sunt : Persis, Bactrianae, Hyrcaniae, Babilonia, Cordulia, Assiria,
Mesopotamia, Arabia uetus, Alimadas, India, Arabia eudemon, Coele-
20 syria, Commagena et Finicia, quae est filiorum Sem. Gentes autem
quae linguas suas habent, haec sunt : Hebrei, qui et Iudaei, Assirii,
Chaldaei, Persae, Medi, Arabes, Madiam [5], Adiabeneci, Tadenici, Ala-
morsyni, Sarracleni, Magi, Caspii, Albani, Indi, Etiophis, AEgyptii,
Labies, Cetthei, Cananei, Ferezei, Euei [6], Gergessei, Gebraei, Idomei,
25 Samaritae, Foemces, Syri, Caelices, Tarsensis, Cappadoces, Ar-
moenii, Hibeni, Libram, Scitae, Solchi, Sanni, Bosforani, Asiani,
Hisauriensis, Lycaonis, Pysidae, Galatae, Paflagonis, Frigis, Achaia,
Thessali, Macedonis, Traces, Misi, Bessi, Dardani, Sarmatae, Germani,
Pannonii, Peones, Norici, Dalmatae, Romani qui et Latini, Lygires,
30 Galli qui et Celtae, Aquitani, Bruttanni [7], Hispani qui et Terreni,
Mauri, Baccuates, et Massennas, (f. 9.) Getuli, Afri qui et Barbaris,
Machizei, Caramantes qui et Marmaredae, qui usque AEthiopiam
extendunt.

Necessarium autem putaui ut inhabitationes gentium et cogno-
35 minationes declarari. Incipiam autem ab Oriente. Persarum et Medorum inhabitatores : Parti et uicinae gentes pacis usque Siriam

[1] Filii Noe [2] Rinocoriris [3] Scithae [4] nodi *corr. en* Medi [5] Madiani [6] Euei, Amor-
rei [7] Bryttanni.

coele; Arabum inhabitatorum : Arabes eudemones, hoc enim nomine appellantur Arabia eudemones; Chaldeorum inhabitatores Meso-
potamini ; Madianensium inhabitatores Cynedocolpitae, et Trocoditae,
et Ictiofagi. Grecorum autem gentes uocabula quinque : Ionas, Arca-
5 des, Beoti, AEoli, Lacones. Horum inhabitatores fuerunt : Pon-
tici, Bitini, Troes, Asyani, Cari, Legii, Pamphyli, Cyrenei. Et insulae
plures, id est Cyclades quidem XI, quae Mirti [1] pelagum continent ;
haec sunt autem nomina eorum : Andrum, Tenuem, Theo, Naxus,
Geos, Gyarus, Syfnus, Ranea, Cyrnos, Maraton. Sunt autem et aliae
10 insules maiores XII, quae etiam ciuitatis habent plurimas (f. 9, v°.),
quae dicuntur Hispotes, in quibus habitauerunt Greci ; haec sunt
autem nomina eorum : Euboea, Cretae, Sicylia, Cyprus, Cous, Samus, Chodus, Cyus, Tapsus, Lemnus, Lesbus, Samotraces. Est
autem a Boetia, Eoboea, sicuti ab Ione Ionides ciuitates XVI ; hae :
15 Cladiomena, Mitilenae, Focea, Prieni, Erit, Samus, Theos, Colo-
fontius, Efisus, Zamirna, Perintus, Byzancium, Colcedon, Pontus
et Amisos liber. Romanorum, qui et Cithiensium, gentes et inhabitationes haec sunt : Tuschi, Emeliensis, Picens, Campani, Apo-
liensis, Lucani. Aforum gentes et inhabitatores haec sunt : Lepdini,
20 Cyti, Numidae, Nasomon, Hessei [2]. Insulae autem haec sunt quae habentes ciuitates : Sardinia, Corsica, Girda quae et Renigga, Cercina,
Galata. Maurorum autem gentes inhabitationes haec sunt : Musu-
lani, Tingitani, Caesariensis. Hispaniorum autem gentes et inhabi-
tationis haec sunt : Tyranni et Turrenorum (f. 10.), qui et Terraco-
25 nensis, Lysitani, Betici, Autriconi, Vascones, Gallici qui et Astures.
Insulae autem quae pertinent ad Spaniam Terraconensem tres sunt,
qui et appellantur Valliriacae. Habent autem ciuitates quinque, has :
Eboso, Palmae, Pollentia, quae dicetur Maiorica, Thomenae, Ma-
gonae, quae appellatur Minorica. Earum inhabitatores fuerunt Ca-
30 nanei fugientes a faci [3] Hiesu fili Naue ; nam et a Sidona qui condederunt et ipse Kananei Sidonii et qui Pannia condederunt et ipsi
Kananei. Gadis autem Iebussaei condiderunt et ipse [4] similiter pro-
fugi. Gallorum autem Narbonensium gentes et inhabitationes :
Amaxobi, Greco Sarmatae ; et hos autem necessarium fuit declarare
35 tibi, ne ignotarum gentium uocabula, et gentes, et manifesta flumina ignorares.

Incipiam ergo dicere de gentibus ab Oriente. Adiabenichi et

---

[1] Myrti [2] Hersei [3] facie [4] ipsi,

Tadeni contra Arabiam, Saraceni, Saraceni alii et Adenus contra
Arabiam, Albani (f. 10, v°.) contra Figias [1], Caspias, Madianitae
maiores, quod expugnauit Moyses inter Mesopotamiam et mare
Rubrum; minor autem Madiam est contra mare Rubrum iuxta
5 AEgyptum, ubi regnauit Ragohel socer Moysi, qui et Getthor. Contra Cappadoces a parte dextera Armeni, Hiberi, Birranae, Scitae,
Colchi, Bosforani, Sani qui appellantur Sannices, usque Pontum
extendentes, ubi est Accessus, Absarus et Sebastobolis, et Yssillime
quod est portus, et Pasius flumen, usque Trapezonto x exten-
10 duntur haec gentes.

Montes autem sunt nomenati xii: Caucasus, Taurus, Athlans,
Parnasus, Cytiron, Helicon, Parthenius, Nisa, Lucapantus, Penthus,
Olympus, Libanus. Flumena autem sunt magna et nomenata xli:
Ydos qui et Fison, Nilus qui et Zeon, Tigris, Eufrates, Iordanis,
15 Cefisos, Tanaer, Menorrius, Borustenes, Alfius, Taurus [2], Eorota,
Meander, Hermus, (f. 11.) Axius, Piramus, Baius, Ebron, Sanga-
rius, Acelbus, Paenitus, Euenus, Sperchiuus, Gaister, Simois, Sca-
mander, Strifon, Parthineus, Ister, Illurius quae et Danubius, Rhe-
nus, Chrodanus, Bistis, Heridanus, Hember qui nunc dicitur Tiberis.
20 Filiorum igitur Noe trium tripertitum saeculum diuisorum.
Et quidem Sem primogenitus accipit Orientem Kam autem Mediter-
raneam, Iafeth Occidentem.

Et ostensis gentibus, quae de quo creatae sunt, necessario
decurrimus ad annos. Falech ann. cxxx genuit Ragau. Ragau ann.
25 cxxxii genuit Seruch. Seruch ann. cxxx genuit Nagor. Nagor
ann. lxxviiii genuit Tarran. Tara ann. lxx genuit Abratham [3]. Abraham autem erat ann. lxxv quo tempore dixit illi Deus ut exiret
de terra sua, et de domo patris sui, et ueniret in terra Chanaan.
Fiunt igitur a diuisione usque quo uenit Abraham in terra Canaan
30 generationes v, anni dcxvi; ab Adam autem generationes xx, anni
iiicccLxxxiii, dies iiii. Conuersatus est autem (f. 11, v°.) Abraham
in terra Chanaan ann. xxvi, et genuit Isaac. Isaac autem ann.
lx genuit Iacob. Iacob ann. lxxxviii genuit Leui [4] ann. xl genuit Gath. Gath ann. lx genuit Abram. Abram ann. lxx genuit
35 Aaron.

In octuagesimo autem et tercio anno Aaron, egressi sunt
filii Israel de AEgypto, educente eos Moyse. Fiunt igitur omnes anni

---

[1] Frigias [2] Tauros [3] Abraham [4] Leui. Leui

ccccxxx. In deserto xl ann. fecit populos sub Moysen. Hiesus Naue
transito Iordane fecit in terra ann. xxxi, bellum agit ann. vi, et
postquam possedit terram uixit ann. xxv. Fiunt ergo, ex quo Abraham uenit in terra Chanaan usque ad mortem Hiesu Naue, generationes numero vii [1], anni di; ex Adam autem generationes xxvii,
anni iiidccclxxxi. Post mortem uero Hiesu, peccans populus traditur Cusarsaton regi Mesopotamiae, cui seruiuit ann. viii ; et cum
clamasset ad Dominum, exsurrexit Gothonehel, frater Caleb iunior,
de tribu Iuda, qui denuntiauit ipsi Cusarsaton, et occidit illum, et
gessit ducatum populi ann. xxxiii. (f. 12.) Et iterum dum pecca-
ret, traditus est Eglon regi Moab, et seruiuit illis [2] ann. xviii.
Conuerso autem populo surrexit Aod, uir de tribu Efrem, et occiso
Eglon, principatus est populo ann. lxxx. Mortuo autem Aod, delin-
quens populos traditus est Iabin regi Chananeorum, cui seruiuit
ann. xx. Sub eo prophetabit Debbora [3] uxor Arido, de tribu Efrem,
et per ipsam ducatum gessit Barach Aminoe de tribu Neptalim. Hic
denunciabit Iabin regi, et uicit eum, et regnauit iudicanti cum
Debbora ann. xl. Post cuius mortem peccauit populos, et traditus
est Madianeis ann. vii; super quo surrexit Gedeon de tribu Mannasse, qui in ccc uiris cxx milia hostium perdedit. Hic rexit populum ann. xl. Huius filius Abimelech post hunc praefuit populo
Tholefilius Fale, fili Caram, de tribu Efrem ann. xx. Post hunc iudicat
Iaer Galaidites de tribu Manasse, et praefuit ann. xxi. Post hunc peccans populus [4] traditus est Admanithes ann. xviii ; et cum clamassit
ad Dominum (f. 12, v°.) surrexit illi princeps Galadita de tribu Gath,
de ciuitate Masefath, et gessit ducatum ann. vi. Post hunc iudicauit
Allon Iabolonita ann. vii. Post hunc iudicauit Elon ann. x. Post
hunc iudicauit Hebron filius Alleion Farathonoin de tribu Efrem
ann. viii. Post quem peccans populos traditur Allofilis per ann. xl.
Post haec conuersis filiis Israel, surrexit Samson filius Manoe de
tribu Dan; hic debellauit Allofilos, et gessit principatum ann. xx.
Post hunc Heli sacerdos iudicauit ann. xx.

Post Samuhel propheta unxit Saul in regem, et ipse iudicabit
populos ann. lxx. Post tempus cum regnaret Dauid, eduxit arcam
de domo Amniadab, et diuertit uitulum, et cum reuerteretur, op-
posuit manus filius Aminadab nomine Ozia, et percussus est et
timuit Dauid, et induxit illam in domum Abethtdarath Getthei, et

---

[1] VIII [2] illi [3] Debborra [4] populos.

fecit ibi menses III. Regnauit autem Saul ann. XXX. Erat autem
illi dux Abner filius Ner. Ipse autem Samuhel Dauid unxit in regem (f. 13.) Fiunt igitur, ab Hiesu usque quo conuersus suscepit
Dauid regnum, de tribu Iuda, generationes VIIII, anni CCCCLXXX; ab
5 Adam autem generationes XXXIIII, anni IIIICCCLXIIII. Et deinceps regnauit Dauid ann. XL, mensis sex : in Cebrona autem regnauit ann.
VII, mensis VI, et in Hierusalem ann. XXXIII. Sub hoc sacerdos Abia-
thar filius Abimelech ex genere Heli, et ex alia patria Sadoc. Prophetabant autem temporibus Dauid Gad et Nathan. Erat autem ipsi
10 Dauid dux Ioab filius Saruiae, sororis Dauid. Hic denumerat populum : erat autem numerus quos denumerauit filios Israel : milies
cencies milleni ; filii autem Iuda quadrinentiis septies milleni. Leui
autem et Beniamin non dinumerauit. Numerus autem eorum qui
ceciderunt ex Israel LXX. Post Dauid autem regnauit Salomon,
15 filius eius, ann. XL; et sub ipso adhuc Nathan propheta et Achias ex
Selon, et inter eos sacerdos Sadoc. Post Salomonem regnauit Roboam filius eius ann. XVIIII. Sub hoc diuisum est regnum, et regnauit in Samaria Geroboam seruus Salomonis, de tribu Eufem.
Prophetauit autem (f. 13, v°.) et sub Geroboam Achias Selonites, et
20 Sameas filius Helami. Post Geroboam regnauit Abias filius eius
ann. XVII. Post Abiam regnauit Asaph, filius eius, ann. XLI. Hic in
tempore senectutis pedis doluit. Prophetauit autem sub eo Azarias.
Post Asaph regnauit filius eius, Iosafath, ann. XXV. Sub hoc prophetat
Heliar, et Micheas filius Emblas, et Abdias filius Annaniae. Sub
25 Michea autem erat pyeudopropheta[1] Sedicia filius Chananei. Post Io-
saphat regnauit filius eius, Ioram, ann. XX ; et sub ipso prophetat
Helias; et post hunc prophetat Heliseus sub filio Ioram Ocozias[2],
sub quo populos[3] in Samaria filios suos, stercus columbinum manducandum, regnante in Samaria Ioram. Post Ioram regnauit filius
30 eius Ocozias, ann. I ; et sub hoc prophetauit Gothol et Labdone.
Post hunc regnauit Ghotolia, mater Ocozie, ann. VIII. Quae exsurgens
occidit natos fili[4] sui. Erat enim de genere Acas[5] regis Israel. Soror
autem Ocoziae, nomine Zosabiae, cum esset Iuiadae[6] sacerdotis
uxor, furata est Ioas filium Ocoziae, cui Iuiadae sacerdos inposuit
35 (f. 14.) regimonem[7]. Prophetat autem sub Gotholia Heliseae[8]. Post
hanc regnauit Ioas, filius Ocoziae, ann. XL. Hic interfecit Zaccha-

---

[1] pseudopropheta [2] Ochozias [3] populus [4] nato filii [5] Acaz [6] Euiadae-Euiadae
[7] regnum [8] Helisaeus.

riam filium Ioiadae sacerdotis. Post Ioam regnauit filius [1] Amessias ann. viiii. Post Amessiam regnauit filius eius, Ocias, ann. lii. Hic leprosus fuit usque quo moreretur. Iudicabat autem sub eo Ioatham
5 filius eius Prophetabant autem sub Ozia Amos et Esaias, filius eius, et Osee filius Beeri, et Ionas filius Amathi ex Gofer. Post hoc Oziam regnauit filius eius, Ionathan, ann. xvi. Sub hoc [2] protae [3] Esaias, Osee, Micheas Moratita, et Iohel filius Bathuhel. Post Ioatham autem regnauit filius eius, Agas, ann. xv. Et suo hoc [4] profetae: Esaias Osee, et Micheas; sacerdos autem Urias.
10 Sub hoc Salmanassas [5] rex Assyriorum eos, qui erant in Samaria, transmigrauit in Mediam et Babylloniam. Post Achas regnauit filius eius Ezechias, ann. xxv. Sub hoc profetae: Esaias, Micheas, et Osee. Post Ezechiam regnauit filius eius Manasses ann. lv. Post Manasse regnauit filius eius, Amos, ann. ii. Post Amos
15 regnauit filius eius, Iosias, ann. xxxi. (f. 14, v°.)Hic idola et altarium Samariae dissipauit.Sub hoc pascha caelebratum est anno xviii regni eius; nam ex quo mortuus est Hiesus, filius Naue, non est seruatum pascha sicut tunc. Sub hoc Celcias [6] sacerdos, pater Hieremiae prophetae, inuenit in sacrario librum leges in xviii anno Iosie.
20 Prophetabant autem sub eo Olyba, uxor Sillimauestae sacerdotis, et Sofonias et Hieremias. Sub quo pseudprophetae [7] Annanias. Post Iosiam regnauit Sofonias ann. v, menses xi. Post Soofniam regnauit Ioachas, filius eius, mensis iiii. Hunc legauit Nathao [8] rex AEgypti, et adduxit in AEgypto, ordenato in colo [9] eius Heliacim, qui cognomi-
25 natus est Ioacim, regnauit ann. xi. Sub hoc propheta Hieremias et Buzi [10] et Vrias, filius Sameae ex Cariatharim.

Hunc Nabagodonosor legauit catenis aereis Ioacim regem Iuda, et duxit eum in Babylloniam. Post Ioacim regnauit filius eius, Ioacim, ann. iii, et hunc ducit ad eum [11] conpeditum Nabagodonosor
30 rex Babyllonis, et alios cum eo. Per ipsum constituetur in loco eius frater Ioacim, cuius (f. 15.) nomen Sedicias, qui et Ieconias, qui regnauit ann. xi. In anno duodecimo transmigrant illum in Babylloniam, effossis oculis, et populum transduxit cum eo, praeter paucos qui postea in AEgyptum discenderunt. Profetabant autem et
35 sub Sedicia Hierimias et Abacuc. In anno autem viii regni eius prophetabit in Babylloniam [12] Ezechihel. Post hunc prophetae Naum, et

---

[1] filius eius [2] quos prophetae [4] sub quo [5] Salmanassar [6] Elchias [7] pseudoprophetae [8] Echo [9] loco [10] Buzite [11] ad eum *exponclué.* [12] Babyllonia.

Machis, et Danihel, qui uidet de lxxii ebdomades in primo anno Darii regis, fili Hasueri, de semine Medorum, qui regnauit super rege[1] Chaldeorum. In primo autem anno regni sui Chyrus demisi[2] redire populum in Hierusalem. Eo autem tempore, quo templum aedifi-
5 cauit, prophetant simul Aggeus et Zacharias. Post quos Neemias, filius Acleli, de semine Israel fabricauit ciuitatem Hierusalem cum esset ab anno Artarumerxis regis; et post hunc secundum Mardoceum[3]. Fiunt igitur, a Dauid usque Sedicia, qui et Ieconiae, transmigrationem, generationes xviii, anni cccclxxviii, mensis viiii; ab
10 Adam autem usque in transmigrationem Babylloniae sub Ieconia, (f. 15, v°.) generationes li, anni $\overline{\text{iiii}}$ dccc xlii, mensis viiii; et post transmigrationem Babylloniae usque ad generationem Christi, generationes xiiii, anni dclx; et a generatione Christi usque ad passionem eius, anni xxx; et a passione eius usque ad hunc annum,
15 qui est xiii imperii Alexandri, anni ccvii. Fiunt igitur omnes anni, ab Adam usque xiii Alexandri imperii annum, anni $\overline{\text{v}}$ccxxxviii.

Vt autem aliter ostendamus, non tantum per tempora regum, sed etiam a quo pascha seruatum est, dinumerantes simul et annos, dicimus: Ab Adam usque ad diluuium, anni $\overline{\text{ii}}$ccxlii; a diluuio usque ad
20 Abraam[4], anni $\overline{\text{i}}$cxli; ab Abraham uero usque quo exierunt de AEgypto, educente eos Moysi, quando et pascha fecerunt, anni ccccxxx; ab exodo AEgypti usque in transitu Iordanis, quando Hiesus pascha caelebrauit, sunt anni xlii. Ezechias post ann. ccccliiii celebrant[5] pascha. Post Ezechiam, Iosias ann. cxiiii
25 pascha celebrauit. Post Iosiam, Esdras ann. cviii pascha caelebrauit. Post Esdram, seruat[6] autem generatione Christi, post ann. dlxiii (f. 16.) pascha fit. A generationem[7] autem Christi post xxx ann., cum passus est Dominus, pascha celebratur, ipsi enim erat iustum pascha. A passione autem Domini usque in xiii[8] annum
30 imperii Alexdri Caesaris anni ccvi, seruatum est pascha, quo in commemorationem domini nostri Ihesu Christi seruatur a nobis. Fiunt igitur omnes anni ab Adam usque in hunc diem anni $\overline{\text{v}}$dccxxxviii.

Regis Persarum ex tempore Cyri. Cyrus[9] regnauit Persis
35 ann. xxx. Post hunc Cambises ann. viiii. Smedius Magus menses viii. Darius ann. xxxvi. Xerxes ann. xxvi. Astaxerxer[10] Lon-

---

[1]regna [2] demisit [3] secundo Mardochus [4] Abraham [5] celebrat [6] seruatur [7] generatione [8] ipse [9] Cyros [10] Astarxerers.

gemanus ann. xxxvi; Xaries dies lx; Socdanius men. vii; Darius
Notus ann. xviii; Artarxerxes, Cyri iuniores [1] frater, ann. lxii; Ocor,
qui et Artarxerxes, ann. xxiii, men. vii; Arses Notus, ann. iii;
Darius ann. vii; hic est quem Alexander Macido deposuit in bello
5 quod fuit ininarrabiles [2]. Fiunt omnes anni ccxlv; post quos tempore iam apud Grecos manifeste ex constructione Olympiadum sunt
clara. Nam usque ad Alexandrum Macedonum fuerunt Olympiades
cxiiii, quod faciunt ann. ccccLvi, (f. 16, v°.) ab Ipito qui constituit
Olympiades. Ab Alexandro usque ad Christum, Olympiades lxxx,
10 quod sunt anni cccxx. A Christo autem usque ann. xiiii [3] imperii
Alexandri, Olimpiades lviii, quod sunt ann. ccxxxvi. Sunt ergo omnes
Olimpiades usque ann. xiii Alexandri Caesaris, Olimpiades ccliii,
quod sunt anni ixii.

Nomina creaturae.

15 Adam, Seth [4], Cainan, Malalehel, Iareth, Enoc, Matusalam, La-
mec, Noe, Sem, Arfaxat, Sala, Heber, Falec, sub quo diuisa est terra,
Ragau, Seruc, Nagor, Thara, Abraham, Isaac, Iacob, Iuda, Faris,
Esrum, Aram, Aminadab, Riaasson, Salmon, Boz, Obet, Gesse,
Dauid, Salomon, Roboam, Abiam, Ara, Iosafath, Ioram, Ocozias,
20 Ioas, Amessias, Ozias, Ioatham, Acaz, Ezechias, Mannasses, Amos,
Iosias. Iosias autem genuit Ionaam et Ioachim et fratres eius, Helia-
chim qui et Ioachim, et Sediciam qui et Ieconias dictus est, Salum.

In transmigrationem autem Babylloniae Ioachim genuit Ieconiam et Sediciam. Geconias autem genuit Salathiel, Fanneam et
25 Sale. Saret [5] Ieconiam, (f. 17.) Ortamo, et Deebi, et Filifania, Zorobabel et fratres eius, Zorobabel, Melchiam, et Fanuc. Filii autem eius
Abiut, et Musolam, et Annanias, et Saladi soror [6] eorum, et Sedbel,
et Thoul, et Archia, et Asadia, et Sobosec. AEdificatum est autem
sanctoarium tempore Zorobabel. Huius filii Abiit [7], dehinc Elia-
30 chim, Azor, Sadoc, Achim, Heliud, Eliazar, Matthan, Iacob, Ioseph,
cui disponsata fuit uirgo Maria, quae genuit Iesum Christum ex
spiritu sancto.

Prophetarum nomina.

Adam, Noe, Abraam [8], Isaac, Iacob, Moysen, Aaron, Hesu Naue,
35 Heldad et Modat, Natham, Dauid, Salomon et Modap, Achias Silonita,
Sameas filius Elam, Annanias, Helias, Micheas filius Emblas, Abdiu,

---

[1] iunioris [2] inenarrabilis [3] xiii [4] Seth Enos [5] Saret genuit [6] sorores [7] Abiut
[8] Abraham.

Helisei, Abladone, Amos, Esaias, Osee filius Beeri, Ionas, Micheas,
Rabam, Iohel filius Batueli, Hierimias filius Celciae [1] sacerdotis,
Geffonias, Buz, Ezechihel, Vrias, Sameus, Ambacuc, Naum, Danihel, Malachias, Aggeus, Zaccharias. Et sub Christo : Simeon et
5 Iohannis Baptista.

Item mulieres prophetissae : (f. 17. v°.) Sarra, Rebecca, Maria
soror Moysi, Debbora, Oliba ; et sub Christo : Anna, Helisabet, Maria
quae genuit Christum.

Item nomina regum. [2] Saul de tribu Beneamin. Postquam [3]
10 translatum est regnum in tribu Iuda, Dauid, Salomon, Roboam,
Abia, Asa, Iosafath, Ioram, Ocozias, Ioatham, Agaz, Ezechias, Manasses, Amos, Iosias, [4] Ioachim, Heliachim, Sedicias, et Geconias.
Sub hoc transmigratio facta est sub Nabachodonosor. Nomina
regum qui regnauerunt in Samaria super x tribus, ex quo regnum
15 diuisum est : Hiroboam filius Nabath, ann. xxii. Nabat filius eius
ann. ii. Saba filius Achiae ann. xxiiii ; hin [5] uindicauit domum Geroboam. Hela filius Base ann. ii. Zambri ann. xii. Achap filius eius
ann. xxii. Ocozias, filius Achap, et Ioram, filius Ieconiae, ann. xii.
Sub hoc filius suus [6], stercus columbinum, hii, qui erant in Samaria,
20 manducauerunt. Hieu filius Namsi ann. xxviii ; hic in inicio pius
fuit : fecit uindictam super domum Achab, occisis Ioram et Zezabel ;
et Ocozias regnauit Iuda. Ioachas. ann. xvii ; Ioas filius eius ann. xvi ;
(f. 18.) hic Amessiam regem occidit et destruxit de muro Hyerusalem cobita cccc. Ieroboam filius Ioas ann. xv. Azarias filius Ie-
25 roboam men. iii. Selem filius Abia men. i. Vnomane filius Gadi
ann. x. Falacias Manae ann. ii. Facnea filius Romeliae ann. x ; hic
obsedit Hyerusalem, regnante Achas, non possedit aeam. Esee filius
Dale ann. viii. Sub hoc decem tribus transmigratae sunt in regione
Medorum a Salmanassar, qui et ipsum Osee conligatum habens
30 habiit, regnante Achas super duas tribus in Hierusalem.

Nomina sacerdotum.

Aaron genuit Eliazar, Finees, Achias, Razaza, Moriat, Amaria,
Amittib, Ettis [7], Achinas ; huius filius Helias propheta ; et Salon,
Ioram, Amos Ioadae filius, Sedicias, Sedicia, Iohel, Vria, Neem,
35 Salon qui genuit Celciam, cuius filius Hieremias propheta, et Azarias filius Azanae [8], Sareu, Iosedech qui genuit Hiesum qui fuit
sacerdos, cum instauraretur templum post captiuitatem, Celcias,

---

[1] Elchiae [2] de tribubus [3] Postquam autem [4] tribum [5] hic [6] filios suos [7] Settis
[8] Azariae.

Ioachim, Eaeduc. Item alia patria, ex quo fuit Ezechiel propheta, Iode, Fatnea[1], Amorius, Zadcur, Samuhel, Euexia, Melchius, (f. 18, v°.) Salon, Gomorius, Barracim, Soffonias, Masxes, Celcius, Buzi, Ezechihel. Item alia patria, unde Heli sacerdos, cuius Fineis[2] et Ofni

5 rapiebant immolationem. Princeps patriae de filiis Gaad, Achimelech, Habiathar, Vriu, Natan, Helis. Item patria leuiticum unde fuit Samuhel prophete. Chore qui restetit Moysi, filius huius Helchana, Sufenet, Aliap, Zeraam, Chelcana, Samuhel. Huic fuerunt duo fili, munerum acceptatores : Iohel et Habia. Inicium patriae leuuitarum[3],

10 unde sunt sacerdotes, et ministri et leuuitae[4] : Ambram filius Cabaad filius Leui, filius Iacob. Leuui genuit Gesson[5] et Cahaad, et Mereri.[6] Fili autem Gesson[7] Semei et Emeher; hii filii leuuitae, et filii Cahaad, Ambram, Isaar, Cefron, Odiel. Ambram genuit Moysen et Aaron, et Mariam. Et Aaron genuit ex Helisafit, sororem Naasson,

15 Nadab et Abiud, et Eleazar, et Ithamar. Mortui sunt autem Nadab et Abiud offerentes ignem alienum. Post Aaron Eleazar suscepit (f. 19.) sacerdocium. Post Eleazarum Finies ; Ythamar autem et filii[8] eius Isaar ; Isaar autem frater Ambram et ipse leuuita. Huius filii Chore, et Nabith, et Zazyr ; et filii Core : Air, et Helcana, et Abiasap. Hic

20 Coreb restitit aduersus Moysen et Aaron, et Chao absortus est. In uiris Celcebrum frater Ambram, Aercius, filii eius Misahel, Elisafath, et Sctri, et Dile; hii leuuitae traditi sunt. Omnes autem, Aaron et filii eius archae testamenti, ut menistrarent ei, et tollent eam, et facta est eis pars x[a] sacerdotibus initiata, et primogenita, et quae in

25 sacrificiis constituta, et primogenita, et distinata. Leuuiticis data est lex ut quaecumque acciperint a populo ex decimis, decimas darent sacerdotibus, ut extimaretur eis tamquam oblatio. Inicio eorum traditae sunt illis etiam ciuitates refugiorum vi, et harum prata sementiua in circuitu cuiusque ciuitates[10] cubita ii, et aliae ciuitates xlii

30 sacerdotibus quidem x, leuiticis[11] quoque xiii. (f. 19, v°.). Puto latius nos dixisse quam speramus, tamen necessariae pro his qui scripolosius[12] requirere uolunt, et multa legerunt : quos exstimo facile percipere quae scripta sunt ; sed et illi qui pauca legerunt facilius ad intellectum possunt peruenire ex illis quae a nobis perbreuiata

35 inquisitione declarata sunt.

---

[1] Fatuea [2] cuius filii Finies [3] leuitarum [4] leuitae [5] et [7] Gerson [6] Merari [8] filium [9] ex[a] [10] ciuitatis [11] leuuiticis [12] scrupolosius.

Macedonum reges [1] iuxta Alexandrinos :

Alexander filius Philipphi, post Darium ann. VII.

Ptolomeus Lagi Soter ann. XLII.

Ptolomsis filius Filadelfus [2] ann. XXXVIII.

5 Ptolomeus filius Euergeta ann. XXX.

Ptolomeus filius Euergit ann. XXV.

Ptolomeus Philopator [3] ann. XVII.

Ptolomeus frater ann. XXIII.

Ptolomeus Fuscus ann. II.

10 Euergeta ann. XXVI.

Ptolomeus Alexus ann. XX.

Alexander frater Ptolomei Alexe ann. XVIII.

Ptolomeus Dionisius Hecate ann. XXVIIII.

Cleopatra filia ann. XXV. — Fiunt in se ann. CCCXLVI.

15 Imperatores [4] Romanorum :

Augustus ann. LVII.

Tiberius ann. XXII, mens. VII, (f. 20.) dies XXII.

Gaius ann. III, mens. VIIII.

Claudius ann. XIII, men. I, dies XXVIII.

20. Nero ann. XIII, men. VIII, dies XXVIII.

Galba men. V, dies XXVI.

Otho men. VIII, dies XII.

Vitellius men. VIIII, dies XV.

Titus ann. III, men. II, dies II.

25 Tradanus [5] ann. XVII, men. VIII, dies VI.

Chadrianus [6] ann. XX, men. X, dies XXVIII.

Antonius Pius men. VIII, dies XXII.

Marcus ann. XVIIII, men. V, dies XII.

Commodus ann. XII, men. VIII, dies XXIIII.

30 Elius Pertinax men. VII.

Iulianus men. II, dies VII.

Seuerus anno [7] XIIII.

Antonius cognomento Caracalla, Seueri filius, ann. VI, men. VIIII, dies II.

35 Macrinus ann. I [8], dies VI.

Antonius ann. III, men. VIII, dies XXVIII.

---

[1] De Macedonum regebus [2] Filadelfi [3] Philopater [4] De imperatorebus [5] Traianus [6] Hadrianus [7] annis [8] men. II.

Alexander ann. xiii, dies viiii.

Regnum Hebreorum :

Saul ann. xxx.

Dauid ann. xl.

5 Salomon ann. xl.

Roboam ann. xvii.

Abia ann. iii.

Asa ann. xli.

Iosafath ann. xxv.

10 Ioram ann. viiii.

Ocozias ann. i.

Gotholia mater ann. viii.

Ioas ann. xl.

Amessias ann. xxxviii.

15 Ozias ann. lviiii.

Ioatham ann. xvi.

Acas ann. xvii.

Ezechias ann. xxxviiii.

Manasses ann. lv.

20 Amos ann. ii.

Iosias ann. xxxv.

Ioachim frater Ioachas ann. xi. (f. 20. v°.).

Ioachim filius Hemeras ann. iii. captiuitatis.

Sedicias ann. xi.

25 Nabachodonosor reduos ann. xv.

Cymaroth filius ann. xii.

Badasar frater ann. xiiii.

Darius Asuerus ann. xliii.

Cyrus annum i.

30

INCIPIT SVPPVTATIO EVSEBII HIERONIMI.

Ab Adam usque ad diluuium, anni īīccxlii.

A diluuium usque ad Abraham anni dccccxlii.

35 Ab Abraham usque ad Moysen anni dv.

A Moysen usque ad Salomonem et primam aedificationem templi anni ccccLxxviiii, secundum minorem quem tercius regnorum liber continet, nam iuxta iudicum anni dcl.

A Solomone usque ad instauratione templi, quae sub Dario Persarum rege facta est, colleguntur anni DXXII.

Porro a Dario usque ad praedicationem domini nostri Iesu Christi, et usque ad xv annum Tiberi principes Romanorum, explentur
5 anni DXLVIII.

Itaque fiunt simul ab Adam usque ad praedicationem Christi, et xv annum Tiberii, anni V̄CCXXVIII.

A xv anno Tiberi principes (f. 21.) Romanorum, et ab ipsa passione domini nostri Iesu Christi usque ad Costantinum[1] et Rufum
10 consules, anni CCCCXXX.

A Constantino et Rufo usque ad annum primum regni Sygiberti, regis Francorum, filio Theuderici regis, explentur anni CLVI.

Itaque fiunt simul, ab Adam usque ad annum primum regni Sygiberthy regis, anni V̄DCCCXV.
15 Nulla sit dubitatio de ista descripcione, quia de cronica beati Eusebii Caesariensis episcopi adsumpta est usque ad passionem domini nostri Iesu Christi. Item a passione Domini, per paschale Victorii, usque in tempore isto inuenies ueritatem.

INCIPIT NOTA DE EPISCOPIS SANCTAE ECLESIAE ROMANAE; QVI
CVI SVCCESSIT, VEL QVANTO TEMPORE FVIT.

20 Sanctus Petrus sedit ann. xxv, mensis II, dies II.
Linus sedit ann. xi, mensis III, dies XVII.
Cletus sedit ann. xII, mens. I, dies XVIII.
Clemens sedit ann. vIIII, mensis II, dies x.
25 Euaritus sedit ann. vIIII, mensis x, dies II.
Alexander sedit ann. x, mensis VII, dies II.
Syxtus sedit ann. x, mensis III, dies II (f. 21 v°.).
Telesior sedit ann. xI, mensis III, dies XXI.
Ygenus sedit ann. IIII, mensis III.
30 Pius sedit ann. xVIIII, mensis IIII, dies III.
Sother sedit ann. vIIII, mensis VI, dies XXI.
Eleuther sedit ann. xv, mensis III, dies II.
Victor sedit ann. x, mensis II, dies x.

---

[1] Constantinum.

Calestus sedit ann. v, mensis ii, dies x.
Orbanus sedit ann. iiii, mensis x, dies xii.
Poncianus sedit ann. viiii, mensis x, dies ii.
Anterus sedit ann. xii, mens. i, dies xii.
5 Flauianus sedit ann. xiiii, mens. i, dies xi.
Cornilius sedit ann. iii, mensis iii, dies iii.
Stefanus sedit ann. vi, mensis v, dies ii.
Syxtus sedit annum i, mensis x, dies xxiii.
Dionisius sedit ann. vi, mensis ii, dies iiii.
10 Felix sedit ann. iiii, mensis iii, dies xxvi.
Puthicinus sedit ann. v, mens. i, diem i.
Gaius sedit ann. xi, mensis iiii, dies xii.
Marcellus sedit ann. viiii, mensis iiii, dies xvi.
Eusebius sedit ann. vi, mens. i, dies iii (f. 22.).
15 Miliciadis sedit ann. iiii.
Siluester sedit ann. xxiii, mensis x, dies xi.
Marcus sedit ann. ii.
Iulius sedit ann. v, mensis ii.
Liberius sedit ann. vi, mensis iii, dies iiii.
20 Felix sedit ann.....
Damasus sedit ann. xviii, mensis iii, dies xi.
Syriclus sedit ann. xv.
Anastasius sedit ann. iii, dies x.
Innocentius sedit ann. xv, mens. i, dies xxi.
25 Zosemus sedit annum i, mensis iii, dies xv.
Bonefacius sedit ann. iii, mensis viii, dies vi.
Caelestinus sedit ann. iii, mensis x, dies xvii.
Xystus sedit ann. vi, mensis iii, dies xviiii [1].
Leo sedit ann. xii, mens. i, dies xiiii.
30 Helarius sedit ann. vi, mensis iii, dies xi.
Simplicius sedit ann. xvi, mens. i, dies vii.
Filius sedit ann. viii, mensis xi, dies xxvii.
Gelasius sedit ann. iiii, mensis viii, dies xiii.
Anastasius sedit annum i, mensis xi, dies xxiiii (f. 22 v°.).
35 Symmachus sedit ann. xv, mensis viii, dies xxv.
Horomista sedit ann. viii, dies xvii.
Iohannis sedit ann. ii, mensis viii, dies xvi.

[1] dies xiiii.

Felix sedit ann. II, dies XIII.
Bonifacius sedit ann. II, dies XXVI.
Iohannis sedit ann. II, mensis IIII, dies VI.
Agapitus sedit mensis XI, dies XVIII.
5 Siluius sedit annum I, mensis V, dies XI.
Vigilius sedit ann. XVII, mensis VI, dies XXVI.
Pelagius sedit ann. IIII, mensis X, dies XVII.
Iohannis sedit ann. XI, dies XVIII.
Benedictus sedit ann. IIII, dies XXVIII.
10 Peladius sedit ann. X, mensis II, dies X.
Gregorius sedit ann. XIII, mensis VI, dies X.
Sauinianus sedit ann. I, mensis V, dies VIIII.
Bonefacius sedit ann. VIII, dies XXII.
Bonefacius sedit ann. VI, mensis VIII, dies XIII.
15 Deusdedit sedit ann. III, diebus XX.
Bonefacius sedit ann. V, mensis X.
Honorius sedit ann. XII, mensis XI, dies XVII (f. 23.).
Seuerinus mensis II, diebus IIII.
Iohannis anno I, mensis VIIII, diebus XVIII [1].
20 Theuderus [2] ann. VI, mens. I, dies XVIII.
Martinus ann. VI, mens. I, dies XXVI.
Eugenius ann. II, mensis VIIII, dies XXIIII.
Vitalianus ann. XIII, mensis VI.
Adeodatus ann. IIII, mensis II, dies V.
25 Donus annum I, mensis V, dies X.
Agatho ann. II, mensis VI, dies IIII.
Leo sedit mensis X, dies XVII.
Benedictus sedit mensis X, dies XII.
Iohannis ann. I, dies VIIII.
30 Conon sedit mensls XI.
Sergius ann. XIII, mensis VIII, dies XXIII.
Iohannis ann. III, mensis II, dies XII.
Iohannis ann. II, mensis VII, dies XVII.
Sisinnius sedit dies XX.
35 Constantinus ann. VII, dies XXV.
Gregorius ann. XVI, mensis VIIII, dies XI.

[1] d. XVIII [2] Theuderus *est le dernier mot écrit de la première main ; la fin de la liste est d'une main postérieure.*

Gregorius ann. x, mensis iii, dies xv.

Zacharias ann. x, mensis iii, dies xiiii.

Sthefanus ann. v, dies xxviiii.

Paulus ann. x, mens. i.

5 Sthefanus ann. iii, mensis v, dies xxvii.

Hadrianus ann. xvi (f. 23, v°-24.)[1].

IN CHRISTI NOMINE LIBER CHRONECORVM.

10 Sex diebus rerum creaturarum Deus formauit.

I. In primo diae condedit lucem.

II. Secundo fermamento [2] caeli.

III. Tercio specim [3] maris et terrae.

IIII. Quarto sidera.

15 V. Quinto piscis [4] et uolocris [5].

VI. Sexto bistias [6] adque iomenta [7]. Nouissimum ad similitudinem suam hominem primo [8] Adam.

Adam fuit annorum ccxxx genuit Seth. Facti sunt omnes anni quibus uixit Adam anni nonienti xxx.

20 Seth fuit ann. ccv et genuit Enos. Facti sunt omnes anni quibus uixit [9] Enos anni dcccxii.

Enos fuit ann. cxc, et genuit Cainan. Facti sunt omnes anni quibus uixit Enos anni dccccv.

Cainan fuit ann. clxx et genuit Malahel. Facti sunt omnes anni 25 quibus uixit Malahel [10] ann. dccccx.

Malahel fuit ann. clxv, et genuit Iared. Facti sunt omnes anni quibus uixit Malahel anni dccclxlv (f. 24, v°.).

Iared fuit ann. clxii, et genuit Enoc. Facti sunt omnes anni quibus uixit Iared dccccclxii.

30 Enoc fuit ann. clxv, et genuet Matusalaam. Facti sunt omnes anni quibus uixit Enoc inter omnebus [11] ccclxv, et translatus est quia placuit Deo.

---

[1] *Le f. 23 v° est occupé tout entier par un dessin à la plume représentant probablement Eusèbe et S. Jérome; on lit au bas l'inscription suivante :*

KPΩNNKΩPVM · MΧΛTIFΛIKHM HDIDHPUNK · HCTΩPIAM.

suivie de la transcription en caractères mérovingiens : Cronicorum multiplicem ediderunt istoriam. [2] fermamentum [3] speciem [4] pisces [5] uolocres [6] bestias [7] iumenta [8] primum [9] iuxit Sed [10] Cainan [11] omnes.

Matusalam fuit ann. CLXXXVI [1], et genuit Lamech. Facti sunt omnes anni quibus uixit Matusalam DCCCCLXVIIII.

Lamech fuit ann. CLXXXVIII, et genuit Noe. Facti sunt omnes anni quibus uixit Lamech DCCLIII.

5   Noe fuit ann. D, et genuit Sem. Facti sunt omnes anni quibus uixit Noe DCCCCL.

Sem fuit ann. C, et genuit Arfacsat. Facti sunt omnes anni quibus uixit Sem DC.

Arfaxat fuit ann. CXXXV, et genuit Caman. Facti sunt omnes anni
10 quibus uixit Arfaxat CCCCLXV.

Cainan fuit ann. CXXX, et genuit Sala. Facti sunt omnes anni quibus uixit Cainan DXXXIII.

Sala fuit ann. CXXX, et genuit Heber. Facti sunt omnes anni quibus uixit Sala CCCCXXXIII. (f. 25.)

15   Heber fuit ann. CXXXIIII, et genuit Falech. Facti sunt omnes anni quibus uixit Eber CCCCIIII.

Falec fuit annorum CXXXIIII, et genuit Ragau. Facti sunt omnes anni quibus uixit Falec CCCXXXVIII.

Ragau fuit ann. CXXXII, et genuit Seruch. Facti sunt omnes anni
20 quibus uixit Ragau CCCXXXVIIII.

Seruc fuit ann. CXXX, genuit Nachor. Facti sunt omnes anni quibus uixit Seruch CCCLX.

Nachor fuit ann. LXXVIIII, genuit Tara. Facti sunt omnes anni quibus uixit Nachor CCVIII.

25   Tara fuit ann. LXX, et genuit Abram. Facti sunt omnes anni quibus uixit [2].

Abraham fuit ann. C, genuit Isaac. Facti sunt omnes anni quibus uixit Abraham CLXXV [3].

A principio usque Abraham, ann. $\overline{\text{III}}$CCCCCXXXVI.

30   Isac fuit ann. LX, genuit Iacob. Facti sunt omnes anni quibus uixit Isac CLXXXI.

Iacob fuit ann. LXXXVIIII, genuit Leuui. Facti sunt omnes anni quibus uixit Iacob CXLVII.

Leuui fuit ann. XLV, genuit Caat.

35   Caat fuit ann. LXI, genuit Ambram.

Ambram fuit ann. LXX, genuit Moysen. (f. 25, v°.)

---

[1] CLXXXVII. [2] uixit Tara CCV [3] *A partir de* fuit *toute cette phrase est de seconde main.*

Moses cum esset ann. ccx [1] mortuus est. Moesen in sacerducio successit Hiesu Naue.

Fiunt, omnebus suppotatis, ab Adam usque ad sacerdotes qui fuerunt post Gesu Naue, ann. ⅢDCCCCXX.

5   Iudecum :

Chusaroton ann. VIII.

Gotonihil ann. L.

Eglom ann. XVIII.

Aothan ann. LXXX.

10   Iabin et Cisarra [2] ann. XX.

Barac et Debbora [3] ann. XL.

Madianiti ann. VII.

Gedeon ann. XL.

Abimelech ann. III.

15   Tola ann. XXIII.

Iaber ann. XXII.

Amanite ann. XVIII.

Gepena ann. VI.

Esebon ann. VII.

20   Olom Zabolonitis ann. X.

Abdom ann. VIII.

Alofoli tenuerunt ann. XX.

Samson ann. XX.

Fuerunt Iudaei sine iudecis [4] anni triginta.

25   Eli sacerdos ann. XX.

Samuhel sacerdos et profeta ann. XX.

Fiunt anni iudecum CCCCLXX.

Vsque hoc tempore a principio suppotantur anni ⅢCCCLXI.

  Liber rignorum de regibus declarat.

30   Saul rignauit ann. XL.

Dauid ann. XL. (f. 26.)

Salamon ann. XL.

Roboam, ann. XVII.

Abia ann. III.

35   Asab ann. XLI.

Iosafat ann. XXV.

Ioram ann. VIII.

[1] cx [2] Sisarra [3] Debborra [4] iudecibus

Ozias ann. i.

Gotolias ann. vi.

Ioas ann. xl.

Amassias ann. xxviiii.

5 Ozias ann. lii.

Ioatam ann. xvi.

Agas ann. xvi.

Egicias ann. xxviiii.

Manassis [1] ann. li.

10 Amos ann. ii.

Iosias ann. xxxi. Et filii sui Ioachem a [2] Sedecias et alius ann. xviiii.

Vsque tunc, a principio, suppotantur anni $\overline{\text{iiii}}$dcccc.

Iudae in Babillonia lxx ann. in captiuitate fuerunt; liberantur a Ciro.

Cirus Persarum et Medorum ann. xxxi.

15 Canbisis [3] ann. viii.

Magienissis [4] vi.

Darius ann. xxxvi.

Sersis ann. xx.

Artabanus minsis vii.

20 Astarsersis et Oidi ann. xli.

Darius Onothus ann. xviiii.

Artarsersis Cirus iouenis ann. xl.

Artarsersis Ochos ann. xxv.

Arsis ann. iiii.

25 Darius, quem Alexander occidit, ann. v. Hic emplentur anni $\overline{\text{v}}$cc.

(f. 26.)

  Regnum paganorum :

Alexander Magnus Macedus ann. xii.

Tolomeus Leporos ann. xl.

30 Tolomeus Filadelfus ann. xxvii.

Tolomeus Atuergetis ann. xxiiii.

Tolomeus Phylopatur ann. xxi.

Tolomeus AEpefanes ann. xxii.

Tolomeus Opilometur ann. xxxiiii.

35 Tolomeus alius Euuirgetis ann. xxviiii.

Tolomeus Saluatur ann. xv.

Tolomeus de Alexandro ann. xii.

Manasses ann. lv [2] ac [3] Canbasis [4] Magienissis ann.

Tolomeus de Filipo ann. VIII.

Tolomeus de Dionisio ann. XXX.

Cleopatra ann. LXXII.

Fiunt ab Adam usque ad Octauiano Agusto Romense et quod natus

5 est dominus noster Iesus Christus, Deus ueretatis, anni V̄D.

Regnabat illo in tempore nomen emperiae [1] Octauianus Agustus;

AErodis sub ipsum Hierusolimis rex erat.

Agustus ann. post aduentum XV.

Tiberius ann. XXIII. (f. 27.)

10 Gaius ann. III, minsis X.

Claudius ann. XIII, mensis X.

Nero ann. XIII, mensis VII.

Galba mensis VII, dies XXVII.

Vespasianus ann. VIIII, mensis V.

15 Titus ann. II, mensis VIIII.

Domicianus et alius Pertenax ann. [2] V, mensis VIIII.

Neruas ann. I, mensis IIII.

Tragianus ann. XVIIII.

Atrianus ann. XXI.

20 Antoninus ann. XXI, mensis VII.

Marcus Aurilis [3] et Antoninus ann. XVIIII.

Comodus ann. XII, mensis VII, dies XVIIII.

Seuerus ann. XVII, mensis VII, dies XIIII.

Antoninus et Magrinus ann. XI.

25 Alexandrus Mameas ann. XIII.

Maxemus ann. V.

Gordianus cum alio ann. VI.

Filepus ann. VI. (f. 27, v°.)

Decius ann. I.

30 Gallienus ann. III.

Valerianus et Gallienus ann. XV.

Claudius ann. I.

Aurilianus VI.

Probus et Tacetus ann. VII.

35 Carus et Carinus, Anumnirianus et Floanus ann. II.

Constans pauper, et Licinius, et Maxeminus et Deollicianus [4] ann.

XVIIII, minses IIII.

---

[1] imperiai [2] ann. XV [3] Aurllius [4] Dioclicianus.

Tunnc suppliti [1] sunt a principio ann. v̄DCCCVI, mensis IIII.
Constantinopole [2] emperátores cristiani [3] :
Constantinus maior ann. XXX, minsis III.
Constantius ann. XXV, minsis IIII.
5 Iulianus malus ann. II, minsis II.
Iouinianus anno I, menus mensis II.
Valens Arrianus XVI, mensis IIII.
Teudosius ann. XVI, mensis XVIII.
Arcadius filius suus ann. XIIII.
10 Teudosius minor ann. XLII. (f. 28.)
Marcianus ann. VI, mensis. VI.
Leo ann. XVI, mensis XI.
Leo menor anno I, mensis VI.
Zyno ann. XVII, minsis II.
15 Anastasius ann. XXVI, minsis IIII.
Iustinus Eufimias ann. VIIII [4], mensis II.
Iustinianus ann. XXXVIII, mensis VII s.
Iustinus Subfias ann. XII, minsis X s.
Tiberius ann IIII.
20 Mauricius ann. XX, minsis IIII.
Fogs ann. VIII, menus mense uno.
Eraglius ann. XXXI.
Fiunt ab Adam usque AEraglio imperatore [5] regnante ann. XXXI.
Omnes anni v̄DCXLVIIII [6]. (f. 28, v°.)

---

[1] impleti [2] Constantinopoli [3] cristianos [4] VIII [5] AEraglium imperatorem [6] DC *a été refait sur un grattage.*

II

INCIPIVNT CAPETOLARES CRONECE GYRONIMI [1] SCARPSVM.

I. De rignum Assiriorum.

II. De natiuitate Abraham et generationi eius usque ad Moysen.

III. De Moysen et iudecis [2] super Israhel.

IIII. De captiuitate Troge et inicium Francorum et Romanorum.

V. De Francione rigi [3] Francorum et Francis.

VI. De initium docum [4] Francorum.

VII. De Hebreis et eorum iudecis [5].

VIII. De captiuitate Troge et egressionem exinde Priamo [6], et Friga, inde Romani et Franci fuerunt.

VIIII. De inicium [7] regis [8] Romanorum.

X. De aedcuccationem [9] Cartagenis et suppotationem ann. ab Adam usque ad Moysen.

XI. De regibus AEbreorum et Israhel.

XII. De regem [10] Latinorum.

XIII. De regis [11] AEbraeorum.

XIIII. De inicium [12] nomines [13] Romae antequam condeta fuissit.

XV. De Assiriorum imperio destructo quod staetit annus ī ccxlii. (f. 29.)

XVI. De Latinorum regibus et Roma a Romolo condeta.

XVII. De Nabagodonosor rigi [14] et captiuetate Iudaeorum.

XVIII. De captiuetate Troge et olimpiadem primam [15].

XVIIII. De Macidonum rigi [16] Filipo et minsebus annis condetus.

XX. De Tarquinio prisco et nummerum [17] senatorum Romae.

XXI. De captiuitate Iudaeorum a Nabagodonosor rigi [18].

XXII. De ampliatam [19] Romam.

XXIII. De mortem Nabagodonosor rigi [20].

XXIIII. De regressione Iudaeorum per Cirum rigi [21] Persarum.

---

[1] Hironlmi [2] iudecibus [3] rege [4] ducum [5] iudecibus [6] Priami [7] inicio [8] regum [9] aedificatione [10] regibus [11] regibus [12] inici [13] nominis [14] rige [15] olimpiade [16] prima rige [17] numero [18] rige [19] amplicata [20] regis [21] rege.

XXV. De regnum [1] Tarquini Romam.

XXVI. De Nabagodonosor sub cuius tempore Olofornis [2] fuit.

XXVII. De inicium [3] consolum Roma [4], qui regerunt imperium ann. CCCCLX.

5 XXVIII. De Alexandro magno Macedo.

XXVIIII. De mortem [5] Alexandri et translatum [6] regnum eius in pluris regibus [7].

XXX. De Romanis qui pluris gentis superant consolis habentis.

XXXI. De inicium imperatorum.

10 XXXII. De Gaium Iulium [8] qui monarciam [9] tenuit.

XXXIII. De Octauianum qui monarciam tenuit in cuius tempore dominus noster Iesus Christus natus est. (f. 29 v°.)

XXXIIII. De supputationem [10] annorum ab Adam usque Christi praedecationem.

15 XXXV. De emperium [11] Gage et Claudiae.

XXXVI. De emperium [12] Neronis, Vispasiani et Titi et captiuitate Iudeorum.

XXXVII. De emperium [13] Domiciani, Tragiani, Atriani, Titi, Luci et Quomodi.

20 XXXVIII. De emperium [14] Cologi, Siuiri [15], Antunii, Magriani, et Aurili.

XXXVIIII. De emperium [16] Alexandri, Maximi, Gordiani, Deciae, Galli, et Valeriani qui in Persas captiuatur [17].

XL. De emperium Galliini, Claudiae, Auriliani et Proui.

25 XLI. De emperium Cari, Deucliciani, Maximiani, et Seuiri.

XLII. De emperium Constantini et filii sui et AElenam Agustam.

XLIII. De emperium Magnenti et obetum Constatis et mortem [18] fratrum Magnenti.

XLIIII. De Gallum Caesarem et Antunium monacum [19] et Constan-
30 cium [20] Romam ingressum.

XLV. De emperium Iuliani, Valentiniani et AElarium [21] Pectauinsim episcopum [22].

XLVI. De aduentum [23] Burgundionum in Gallies.

XLVII. De emperium Graciani internicione Alamannorum et Goto-
35 rum.

---

[1] regno [2] Olofernis [3] inicio [4] Romae [5] morte [6] translato [7] plures reges [8] Gaio Iulio [9] monarchiam [10] supputatione [11] emperio [12] emperio [13] emperio [14] emperio [15] Seueri. [16] emperio [17] captinantur [18] morte. [19] Gallo Caesare et Antunio monachis [20] Constancio [21] AElario [22] episcopo [23] aduentu.

XLVIII. De interetum Valentis emperatores a Gotis factum.

XLVIIII. De suppotationem ann. ab Adam usque ad obám [1] Valentis.

L. De emperium (f. 30.) Theudosiae [2], Arcadiae, Onoriae [3], item
Teudosiae [4].

LI. De Gaisericum regem et Vandalis et Gotis.

LII. De emperium Marciani.

LIII. De inruptione Chunorum in Gallies et Agecium patrecium [5]
et Gotis.

LIIII. De emperium [6] Auiti, Martiani et Theuderico regem Gotorum.

LV. De emperium Magioriani et Suaeuis et Theuderico rigi.

LVI. De emperio Siuiri [7], Antimi et Gotis in Aetalia sub emperio
consolem.

LVII. De Theuderico rigi Gotorum in AEtalia et Leone emperatore.

LVIII. De Chlodoueo rigi Francorum et Alarico.

LVIIII. De obetum [8] Theuderici.

LX. De Crogo rigi Vandalorum et Vandalis.

LXI. De Gildomerem in quem rignum Vandalorum [9] finiuit.

LXII. De Iustiniano emperatorem et Bellissarium patrecium. (f. 30 v°)

I. Regnum Assiriorum.

Primus rex Ninus regnauit annos LI, et mulier sua Simiramis
regnauit post eum ann. XLII. Eodem tempore natus est Abraham.
Ninsas filius Nini et Semiramis regnauit post eos ann. XXXVIII.

II. Abraham cum esset ann. LXXV accepit a Deo repromissionem. De illo tempore usque ad egressionem AEbreorum de AEgypto
suppotantur anni CCCCXXX. Abraham de ancilla Agar habuit filium
nomen [10] Ismail, unde Ismailitae et postea Agarrini [11], posttremum
Sarracini uocantur. Centenarius Abraham habuit de Sarra filium nomen [12] Isaac; primus omnium prophetarum Abraham. Assiriorum
Arrius tunc regnauit ann. XXX. Sexagenario Isaac anno nascuntur filii gemini, primus Esau, ex quo gens Idomea fuit, secundus
Iacob, qui Israel appellatus est, inde gens Iudaeorum est. Vixit

---

[1] obitum [2] emperio Theudosiai [3] Arcadiai, Onoriai [4] Teodosiai [5] Agecio patricio
[6] emperio [7] Seueri [8] obetu [9] Vuandalorum [10] nomine [11] Agarreni [12] nomine.

Abraham ann. clxxv, centesimo anno repromissionis (f. 31.) moritur Abraham. Centesimo lx anno cum esset Isaac, tunc Iacob discendit in Mesopotamia et seruiuit Laban ann. xiiii pro duas filias [1] quas accepit uxores Lia et Rachil. Anno cc post repromissionem
5 mortuus Isaac ann. lxxx. Filius eius Iacob cum esset ann cx, adhuc uiuente Isaac, Ioseph filius Iacob ann. xvii uindetus [2] est in AEgypto. cxxx anno cum essit Iacob iam secundo anno famis ingressus est cum filiis in AEgypto. Iacob cxlvii anno obiit prophetans de Christo; cx anno cum implisset Ioseph moritur. Fiunt autem omnes anni
10 quos AEbrei in AEgypto fecerunt ccxv ob hoc ab eo tempore conpotantur quod Iacob cum filiis suis discendit in AEgypto.

    III. cccl anno repromissionis natus est Moysis. Cum esset ann. lxxvi Crops [3] rignauit in Attuca [4], a quo usque ad Troie captiuitatem fiunt anni ccclv. cccxl repromissionis anno Moysis
15 AEgypto derelinquens in heremo filosopatur AEbreorum. lxxx anno agens dux aeteneris ex AEgypto AEbreorum gentes [5] efficetur; (f. 31 v°.) legem eis in heremis tradedit per ann. xl. Ab hoc loco usque ad Salamonem et ad aedificationem templi numerantur anni ccccLxxx. Primus apud AEbreos Aaron pontifex fuit
20 AEbreorum. Post Moysen constituetur Gysus, Gysus [6] successor Moysi. Terra Palastinorum Iudaei [7] gente [8] sorte distribuit. Iudaeorum iudex post Gotonehil ann. xl. Post Gotonehil AEbrei fuerunt subiecti alienigeni [9] ann. xviii, qui copolantur temporibus Aod; ipse fuit iudex ex tribu Efrem, fuit ann. lxxx. Post Aod AEbreos
25 in dicionem redigunt alienigeni ann. xx, qui copulantur temporibus Debure et Baraa [10], qui iudicauerunt Israel ann. xl. Ebraeorum iudex Gedeon. Post Deboram in dicione redigunt alienigeni ann. vii, qui coniuncti sunt temporebus Gedeon secundum AEbreorum traditione [11]; Gedeon iudex ex tribo Mannasse. Cyrus [12] condeta ante tem-
30 plum Hierusolimarum ann. ccxl, scribit Ioseph in libro tercio AEbreorum. Abimelet [13] filius Gedeonis iudex ann. iii. (f. 32.). Post quem Iar ann. xxii, ex tribo Manasse. Sub Tautano regi Assiriorum Troga capta est. AEbraeorum Gepte [14] iudex ann. viii. Postea AEbreos in dicione sua redicunt Amanite ann. viii, qui cum temporibus
35 posteriorum iudicum copolantur secundum Iudaeorum tradicionem. Gepte in libro iudicum post quem Esebon ann. vii, ab aetate Moyse

---

[1] duabus filiabus [2] uenditus [3] Cycrops [4] Atthena [5] gens [6] Hesus, Hesus [7] Iudaeorum [8] gens [9] alienigenis [10] Deborre et Baraac [11] traditionem [12] Hiebus [13] Abimelec [14] Iepte.

usque ad semetipso [1] ait soppotari ann. ccc. Post AEsebon Labaion ann. VIII.

IIII. In illo tempore Priamus Helenam rapuit. Troianum bellum decenale surrexit causa [2] mali, quod trium mulierum de pulchritudinem certantium praemium fuit, una earum Helena pastore iudice pollicente. Memnon Amazones Priamo tolere [3] subsidium. Exinde origo Francorum fuit, Priamo primo regi [4] habuerunt. Postea per historiarum libros scriptum est, qualiter habuerunt regi Friga [5]. Postea partiti sunt in duabus partibus, una pars perrexit in Macedoniam, uocati sunt Macedonis, secundum populum a quem [6] recepti sunt et regionem Macedoniae, qui oppremebatur a gentes uicinas [7], inuitati ab ipsis fuerunt, (f. 32 v°.) ut eis praeberent auxilium. Per quos postea cum subiuncti in plurima procreatione creuissent, ex ipso genere Macedonis fortissimi pugnatores effecti sunt. Quod in postremum in diebus Phyliphy regis et Alexandri fili sui fama confirmat illorum fortitudinem qualis fuit.

V. Nam et illa alia pars quae de Frigia progressa est ab Olexo per frai [8] decepti, tamen non captiuati [9] nisi exinde eiecti per multis regionibus [10] peruacantis cum uxores et liberos [11] electum a se regi [12] Francione nomen [13], per quem Franci uocantur. In postremum eo quod fortissimus ipse Francio in bellum fuisse fertur et multo tempore cum plurimis gentibus pugnam gerens partem Asiae uastans in Eurupam dirigens inter Renum uel Danuuium et mare consedit.

VI. Ibique mortuo Francione cum iam per proelia tanta que [14] gesserat parua ex ipsis manus remanserat, duces ex se constituerunt. Attamen semper alterius dicione negantes, multo post tempore cum ducibus transaegerunt usque ad tempore [15] Ponpegi consolis, qui et cum ipsis demicans (f. 33.) seo [16] cum reliquas [17] gentium nationes [18] quae in Germania habitabant totasque dicione subdidit Romanam. Sed continuo Franci cum Saxonibus amicicias inientes aduersus Pompegium reuellantis eiusdem rennuerunt potestatem. Pompegius in Spaniam contra gentes demicans plurimas moretur [19]. Post haec nulla gens usque in presentem diem Francos potuit superare, qui tamen eos suae dicione potuisset subiugare. Ad ipsum instar

---

[1] ipsum [2] causa aliqua [3] tollere [4] primum regem [5] reges Frigam [6] quo [7] gentibus uicinis [8] per fraio [9] captiuate [10] multas regiones [11] peruacantes cum uxoribus et liberis [12] electo a se rege [13] nomine. [14] quae [15] tempus [16] seo et [17] reliquis [18] nationibus [19] moritur.

et Macedonis qui ex eadem generatione fuerunt; quamuis grauia
bella fuissent adtrite, tamen semper liberi ab externa [1] dominatione
uiuere conati sunt. Tercia ex eadem origine gentem Torcorum fuisse
fama [2] confirmat. Vt cum Franci Asiam peruacantis pluribus proeliis
5 transissent ingredientis Eurupam super litore Danuuiae fluminis inter
Ocianum et Traciam, una ex eis ibidem pars resedit electum a se
utique regem nomen Torquoto per quod gens Turquorum nomen
accepit. Franci huius aeteneris gressum cum uxores et liberes age-
bant nec erat gens qui eis in proelium potuisset resistere. (f. 33 v°.)
10 Sed dum plurima egerunt proelia, quando ad Renum consederunt,
dum a Turquoto menuati sunt, parua ex eis manus aderat. A captiuitate Troge usque ad primam olimpiadem fiunt anni ccccvi.

VII. Redeamus quo ordine AEbraeorum gens fuit. AEbraeorum reliqui anni: [3] Labdon ann. viii. Post Labdon Aebreos in dicione re-
15 dicunt alienigeni ann. xl, qui copolantur temporibus iudecum
posteriorum. Post quem Samson fortissimus omnium fuit, ita ut
quibusdam facta eius cum gestis Ercole [4] conpotarentur [5]. Quidam ad huius memoriam conseruandam balnea [6] Beceanceorum,
multo post tempore appellatus poena. Post quem Heli sacerdus in
20 AEbreorum libro xl ann. inueniuntur, in septuaginta interpraeta-
tione xx.

VIII. In illo tempore Tautanus regnabat in Assirius; tunc Troia
capta est. In Ebreis Lebdon [7] iudex erat, et in AEgypto Dinastia rex
erat. Primus rex Latinorum tunc in ipso tempore surrexit, eo quod a
25 Troia fugaciter exierant, et ex ipso genere et Frigas [8] fuerunt nisi
per ipsa captiuitate Troiae (f. 34.) et inundatione Assiriorum, et
eorum persecutione in duas partes egressi et ipsa ciuitate et regione. Vnum exinde regnum Latinorum ereguntur et alium Frigo-
rum. Post tercio anno capta Troia Latini qui postea Romani nun-
30 cupati sunt, et ut quidam uolunt, post octauo anno regnauit
AEneas. et Frigas fertur germani fuissent.

VIIII. AEneas in Latinis regnauit ann. iii, et Frigas in Frigia. Ante
AEnea et Friga ann. v. Saturnus, Picus, Faunus, Latinus, per
quem Latini uocati sunt, et in AEtalia regnauerunt ann. circeter cl.
35 Roleta scribit Palefatus in incredibilium libro primo, serenas quoque fuesse meretrices, quae deceperint nauigantes. Post AEneam

---

[1] extherna [2] famha [3] reliquis annis [4] Ercolis [5] conputarentur [6] balnee [7] Lapdon
[8] Frigis.

Ascanis ann. xxxviii. Ascanius, derelicto nouercae suae regno, Latinis Albam Longam condedit, et Siluiuium postunum fratrem suum, AEnei ex Clauinia[1] filium, summa piaetate edocauit[2].Amazones in illo tempore Aetesi[3] templum incenderunt. Ascanius Iulium filium procreauit, a quo familia Iuliorum orta, et propter aetatem paruuli, quia necdum regendis (f. 34 v°.) ciuebus edoneos[4] erat, Siluium postumum[5] fratrem suum regni reliquit heredem. In illo tempore, mortuo Heli sacerdoti[6], AEbreorum Samuhel prophetabat; et Saul regnauit ann. xl. In illo tempore Siluius Latinorum rex AEnei filius, a quo omnes Albanorum rege Siluiae[7] uocati sunt. AEbreorum rex primus ex tribu Iuda Dauid ann. xl. AEbreorum tunc pontifex Habiatar clarus habitur[8]. Latinis Siluius regnauit ann. l. AEbreorum filius Dauid Salomon regnauit ann. xl. Salomon templum in Hierusolimis aedificare coepit[9], consummauit eum anno vii.

X. Cartago in tempore Salomonis a Lacedaemonies in Africa condita est a rege Cestrato et alias urbis plurimas. Nam et Cartago a Arcedone Tyro, ut uero aliae, a Dido[10] filia eius ann. cxliiii expleta fuisse refertur. Colleguntur autem omni tempus a Moysin et egressus Israhel, secundum tercium librum regnorum usque ad Salomonem et aedificationem templi conpotantur ann. ccccLxxx (f. 35.). A diluuio usque ad Moysen anni M̄ccccxlvii. Ab Adam usque ad diluuium anni II ccxlii. Semul[11] omnes anni IIIIcxlviiii ab Adam usque ad Salomonem.

XI. AEbreorum sacerdus Sadoc tunc fuit. Post Salomonem Roboam ann. xvii. Post mortem Salomonis sedicione orta in gente Iudaea et regno befaria[12] deuisio in Samaria decem tribus regnauit Geroboam. Latinorum Alba Siluius regnauit ann. xxxviiii. Roboam filius Salomonis regnauit Hierusolimis duobus tribus tantum quae uocantur Iudaeorum, quia ex Iuda stirpe discenderunt. Vnde et uniuersa gens illa nomen Iudaeorum est. Post quem Abia ann. viii; post quem Asa ann. xli. Latinorum AEgyptius Siluius ann. xxiii. Latinorum octauos Capis Siluius ann. xxvi. AEbreorum Iuda Iosafat ann. xxv. Prophetabant in AEbreis tunc Abdias, Hien, Ozias, Michias. Latinorum nonus Carpentus Siluius ann. xiii. AEbreorum Iuda ann. viii. Post quem Ocozias anno i. Post quem Godolias

---

[1] Lauinia [2] aedocauit [3] AEfesi [4] idoneus [5] post eum [6] sacerdote [7] regis Siluiai [8] habetur [9] coepit et [10] alii a Didone [11] simul [12] bifaria.

mater ann. vii. Post quem Ioas ann. xl. Latinorum tunc post Carpento (f. 35 v°.) Tiberius ann. viii. Post xi, Agrippa Siluius ann. xl. Iuiadae apud AEbreos insignissimus pontifex erat, qui solus post Moysen uixit ann. cxxx. AEbreorum Iuda Amissias [1] xxviiii. AEbreo-
5 rum Israhel Ioas in tempore Ioram. Ipse fuit septemus [2] in Iuda, regnauit ann. viii. In cuius tempore prophetabat Helias. In tempore Ioas Helisaeus moritur. Zacharias propheta a Ioas regi interficetur [3]. AEbreorum Iuda Amessias regnauit ann. xxviiii.

XII. Latinorum xii Aremolus Siluius [4] ann. xviiii. Post quem xiii
10 Auentinus Siluius ann. xxxvi. In tempore Arimoli superiores ipse [5] Siluius Aremolus siue Remolus Agrippe superiores regi filius praesedum Albanorum inter montes, ubi nunc Roma est, posuit; ab [6] impietatem, postea fulmenatus interiit.

XIII. AEbreorum Israhel secundus Nadab ann. ii. Post quem
15 tres [7] Baas ann. xxiiii; post quem AEla ann. vii. Post Ambri [8] ann. xii. Post Eu [9] ann. xxviii. In tempore Achab profetabat AElia. Post Ioram Haeu ann. xxviiii. Post Haeu Achab ann. xvii.

XIIII. Iulius proauos Iulii Proculis, qui cum Romolo Romam commigrauit fundauit (f. 36.) Iuliam gentem. His diebus AEbreorum
20 xii. Azarias qui et Ozias ann. lii.

XV. In illo tempore Thespieo [10] Arifronis filio Atenis regnante Assiriorum impirium[11] deletum est. Vsque ad id tempus fuisse rege [12] Assiriorum storia fert et fiunt insimul anni īlxxxxviii. Omnes autem anni rigni [13] Assiriorum a primo anno Nini suppotanturīccxl. Abarces
25 Medus Assiriorum imperiorum [14] destricto [15] regno in Medus transtulit; et interim sine principibus res agebatur usque ad Diiocum regem Medorum. In medio autem tempore Caldei propriae praeualebant, quoque separate quaedam regnum successiones feruntur. Reliqui quoque gentis propriis legibus utebantur.

30 XVI. Latinorum quartus decimus Procas Siluius ann. xxxiii. Post quem Amulius Siluius ann. xliii. In illo tempore Roma a Parebus, qui nunc festus dicitur, est condeta. Romolus et Remus ipsam condederunt. Remus rutro pastorale a Fabio Rumoli [16] duci occisus. Ob basili inpunitate magnas Limuli [17] multitudo coniungetur.
35 Anno ab urbe condita tercio una uirginum pulcerrima (f. 36 v°.) cunctorum adclamatione rapientum Talasso duci Romoli decerni-

---

[1] annis [2] septimus [3] interficitur [4] Remolo Siluio [5] ipse et [6] ob [7] tercius [8] post quem Zamri [9] Post Heu [10] Thespio [11] imperium [12] reges [13] regni [14] imperium [15] destructo [16] Fabiorum ollim duce [17] magna Remulo.

tur, unde ad nuptiarum solemnitatibus Talasso uulgo clamitat, cui tales nupta sit, que [1] Talassus meruit. In illo tempore prima captiuitas Israhel. Decem tribus a Senacerem [2] rege Caldeorum [3] translati sunt in montes Medorum; regnatumque est in Samaria
5 ann. CCL.

Romanorum septimus decemus rex Romolus ann, XXXVIII. Remus et Romolus generantur matre AEtalia. Romolus apud paludem Capraenus moritur. Post quem per quinus [4] dies senatores rem publicam egerunt unum tantum anno quod interregnum appella-
10 tum est. Postea Pompeius regnauit ann. XLI. Romolus primum militis sumpsit ex populo, et nobelissimus senes centum ob aetatem senatores, ob semilitudinem [5] curae patris appellauit: templa quoque et murus, humani [6] urbis struxerunt. Sabacon Bochiri regem captum uiuo [7] exusit. Tulius Hostilius ann. XXXIII, primus
15 regnum Romanorum purpora et fascibus usus est, ac deinceps cum sua domo fulmine confragauit. Tulius Hostilius post longam pacem bella reparabit, (f. 37.) Albanos Vigentis uicit, ad adiecto monte Caeneo urbem ampliauit. Romanorum quartus Ancus Martius ann. XXXIII. Ancus Marcius Auentinum montem in Ianeculum urbem
20 addedit in tempore Procatae [8] Siluiae [9] Latinorum regi [10], AEbreorum tunc profetabat Osoe, Amos, Esaias, Ionas. Anno quinquaginta tres [11] quando Roma condita fuit in AEbreis profetabat Ioatam ann. XVI, post quem Iuda XIIII ann. Item XVI, [12] cuius tempore Talatfalsar, rex Assiriorum, magna pars [13] populo Iudaeo-
25 rum in Assirios transtulit. Post quem Iuda quintus decimus Segecias [14] ann. XLVIIII. Post quem in Iuda XVI Manassis ann. LV. Post quem in Iuda septimus decimus Amon ann. XII. Post octauus decemus Iosias ann. XXXII. Hierimias profetabat. AEbreorum Iuda, Ioazim ann. XI. Post quem iterum Ioazim [15] alius.
30 XVII. Anno IIII [16] Ioazim Nabagodonosor rex Babilloniae Iudaeam capit et in dicionem suam redactis plurimis Iudaeorum cum etiam partem uasorum templi inuasit, et tributario fecisse Ioazim fertur, et uictor ad patriam reuertitur. (f. 37 v°.) Israhel, quando Roma condita fuit, Azarias, et Manaem profetabant ann. X, postea Vazeas
35 ann. X.

XVIII. A captiuitate Troge usque ad olimpiadem primam anni

---

[1] quae [2] Senacerip [3] Assiriorum [4] ter quinus [5] similitudinem. [6] Romane [7] uiuum [8] Procacis [9] Siluiai [10] regis [11] anno L° lll° [12] X° Vl° anno [13] magnam partem populi [14] Sezecias [15] Ioacin [16] Anno lll.

ccccv ; a primam olimpiadem Africanus temporibus Ioatham rege AEbreorum fuisse scripsit. Post Vazea in Iudaea profetabat annus vIIII. Tunc a Senacerem Israhel in captiuitate ducti sunt. Memorauimus sub Arifronem regi [1] Assiriorum regnum destructum. Sarda-
5 napallus eo tempore Tarsum atque Ancialem condedit et in proelio uictus ab Arboco [2] Medos semit [3] incendio concremauit.

XVIIII. Primus ut super memorauimus rex Macedonum Caranus regnauit ann. xvIII [4]. AEgypciae regem suum Osorton Ercole nominauerunt. Fiston Argius mensuras et pondera primus inuenit. Mace-
10 donum Phyliphus regnauit ann. xxxvIII. Numa [5] Pompilius duos mensis anni condedit ianuarium et februarium, cum ante hoc decim mensis tantum apud Romanus [6] fuissent. Capitulium quoque a fundamentis aedificauit. Seuillaque [7] et Eurofila in Samuae insignis habentur. (f. 38.) Numa [8] Pompilius nullum cum finitimis bellum
15 gessit. Olda mulier apud Hebraeos profetabat. Postea Suffronias, Hierimias ann. xxxII, post quem Ioaza mensis tres, post quem Ioazim ann. xI, post quem Sedicias annis xI.

XX. Romanorum quintus Tarquinius Priscos ann. xxxvIII. Macedonum Arepos. Tarquinius Priscos ciram Romae aedificauit, nume-
20 rum senatorum ausit [9], Romanus ludus [10] instituit, muros et clodecas aedificauit; ad extremum ab Anci filiis, regnum eius sui [11] ipse successerat.

XXI. Primo anno captiuetatis Hierusalem Iudea capitur. Nabagodonosor rex Chaldeorum Hierusolimis captis templum incendit, quod
25 ab initio aedificationis suae transierat ann. ccccL [12]; quadragensima octaua olimpiadae captiuetas Iudeorum facta est. AEbreorum autem captiuetas et exterminiae [13] templi quod fuit in Hierusolimis ann. LXX. In Babillonem profetabant (f. 38 v°, — 39.) Danihel et Ezechiel.

XXII. Tunc Rome Serui ancillae sed nobelis captiue filius tres
30 montis urbe [14] addedit Quirinalem, Isquilinum et Vimenalem. Fossas circum murus dixit [15], censum Romanorum ciuium ipse primus instituit, et in extremum Tarquini Superbi generi sui superiores et filii scelere occisus est.

XXIII. Mortuo Nabagodonosor Babylloniorum rege suscepit emperium AEuilmarodac [16], cui successit frater eius Balthasar, cuius tempore liber Danihel scribitur. Romanorum Siruios [17] sextus regnauit

---

[1] Arifrone rege [2] Arbeco [3] semet [4] XXVIII [5] Numma [6] Romanos [7] Siuilla
[8] Numma [9] auxsit [10] ludos [11] cui [12] CCCCXLII [13] exterminium [14] montes urbi
[15] duxit [16] luchilmarodac [17] Siluius.

annis xxxiii. Capta Hierusolima ab Assiriis ad Vafrim, regem AEgypti, Iudaeorum reliqui [1] transfugerunt; Hierimias quoque profeta meminit. Chorinthiorum monarchia destructum. Solus facta defectio cum futuram eam Talus ante dixisset. Olimpiadem [2] lv item et Corus rex 5 Medorum destruxit imperium.

XXIIII. Cyrus regnauit Persis subuerso Astragio regi Medorum. Persarum Cyrus regnauit ann. xxx. Cyrus Hebreorum captiuitate laxata l ferme hominum milia regredi fecit in Iudaeam, (f. 39 v°) qui constructo altarem templi fundamenta iecerunt; sed cum a uici-
10 nis gentibus fabricatio inpediretur, inperfecto [3] opus usque ad Darium permansit. Cyrus Babillonia capit. In AEbreis profetabant Azeos et Zacharias, quo tempore Hiesus filius Iosedech et Zorobabil [4], regi genere, principes fuerunt eorum, qui regressi sunt in Iudaeam. Colliguntur omni tempus captiuitatis [5] Iudaeorum anni lxx secundum
15 quosdam a tercio anno Ioazim usque ad xx annum Cyri regis conputantur [6].

XXV. Romanorum Tarquinius tunc regnabat ann. xxxv; Tarquinius excogetauit uicla, taureos, fustes, lautomias, carceris, conpetis, catenas, exilia, metalla. Regnauerunt Medi super Assirios ann.
20 ccclIIII. Croaesus a Cyro capta est et Lidorum regnum destructum est, quod stetit ann. ccxxx.

XXVI. Canbisin que et Nabagodonosor rex uocatus est, sub quo storia Iudit, qui Oloferne [7] interfecit, scribetur. Apud AEbreos Agens et Zacharias profetabant. Secundo anno Darii regis templum
25 in Hierusolimis construetur [8] (f. 40.) a Zorobabil, [9] consummatur ann. iiii remissionis captiuitatis Iudaeorum. Et aedeficationem templi initium sub Cyro habuit, consummatur sub Dario. Regnauit Persis, Assiries et AEgypto.

XXVII. Inicium consolum Romanorum. Armodius, Aoidius, et
30 Aristogedus Inparcum regem interficerunt, et Lena meretris amica eorum cum tormentis quogeretur ut socius proderit linguam suam morsibus amputauit. Pulsis urbe regibus adtenuatum est ualde Romanum imperium. Romanorum rege vii a Romolo usque a Tarquinio Superbo emperauerunt ann. ccxlIIII. Romae post exac-
35 tis regibus inicium consolis a Brutu [10] esse coeperunt. Deinde tribuni plebis ac dictatoris et rursum consolis rem publicam tenue-

---

[1] reliquie [2] Olimpiade [3] inperfectum [4] Zorobabel [5] omne t. captiuitates [6] conpotantur [7] que Olofernem [8] construitur [9] Zorobabel [10] Bruto.

runt per annos ferme quadrignentus [1] sexagenta quattuor. Censo
Romae agitato inuenta hominum cxx milia. Lapis tunc in AEuis
fluuio de caelo ruit. Persarum septemus Artabanus regnauit, viii
Artaxersis ann. xl. Anno ab urbe condita anno cccii tribuni plebis
5 Romae stricti consolibus eiectis. 'Niaemias tunc AEbreos menister
uinarius consenciente domino suo uecesimo eiusdem regnauit annus [2] (f. 40 v°.) de Babyllonem uenit [3] Hierusolimis struxit. Romam [4]
dinuo consolis creati sunt. Si quaesieris de ebdomades septuaginta,
quae in libro Danihil scriptae sunt, repperies eas esse expletas in
10 tempore Nerones imperatores, quae faciunt annos ccccxl. Secundo
postea Vespasiani anno Hierusolima capitur, ut Danihil profetauit.
Ex Atena monte ignis erupit. Temporibus consolum Galli Senonaci
Romam incenderunt excepto Capitulium.

XXVIII. Alexander filius Phyliphy et Olimpiades nascetur. Romani
15 Gallus superant. Nectenebon regi AEgyptiorum in AEthiopia pulso
AEgypciorum regnum destructum est, et in Romana dicione redigetur. Romani Samnitas] duobus proeliis et reliquas uicinas gentis
superant. Discriptio Romae facta inuenta sunt ciuium clxii milia
hominum.

20 Alexander aduersus Illirius et Tregas feliciter demicans, quibus subuersis in Persas arma conruit, et apud Granecum flumen
regi [5] ducibusque oppressis urbem Sardis capit. Romanorum consul Torquatus filium suum (f. 41.) qui plures proelia hostis uicerat
uirgis caesum secure percussit. Alexander, capta Tyro, Iudaeam
25 inuadit. Post multas pugnas triumphans Alexandria [6] in AEgypto
septemo rigini [7] sui anno aedificauit ; et tenit omnia quae coeperat
ann. xii. Alexander Ercanus et Mardus coepit. Alexander Aonem
Petram et Indum [8] amnem transgreditur. Bellum aegit Alexander aduersus Porum [9] et Taxilem demicauit, et uicit. Arpalus fugit in
30 Asiam.

XXVIIII. Alexander trecesimo aetatis suae anno moretur in Babyllonem. Post quem translatum est in multus [10] eius imperium. Macedonum regnauit Phyliphus frater Alexandri.

XXX. Romani Samnitas diutissime aduersus se pugnantes ad ex-
35 tremum in seruitute subieciunt. Seleucus consol Babyllonia [11] obtenuit et plures urbes aedificauit. Censo Romae agitato inuenta sunt ci-

---

[1] quadrignentos [2] anno [3] uenit et murus, *corr. en* muros [4] Rome [5] rege [6] Alexandriam [7] septimo rigni [8] Indorum [9] Forum [10] multos [11] Babylloniam.

uium Romanorum ccLxx milia hominum. Legati Alexandria Tolo-
meo transmissi Romanorum amicicia [1] peterunt. Romani Gallus
superant et Sauinorum terra sorte deuidunt. Seleucus in Sicilia
capto (f. 41 v°.) Demitrio Siriae et Asiae pariter imperauit. Saratis in-
5 gressus est Alexandriam, Romano subdedit imperio, farum magnum
in Alexandria fecit. Aracus arteis [2] nummus primus in urbe figu-
rare fecit. Romani Cartageninsis nauale proelio superant et cento
ibi urbis capiunt. Cartagenensis ex Romanorum nauis in Sicilia
capiunt Metello console in fuga uerso. Censo Romae tunc agitato
10 inuenta sunt hominum ccLx milia. Post anno tercio Romae templum Vestale incensum ; post annus xiii, xL feri milia Gallorum fuerunt a Romanis cena [3]. Post anno septimo pars Romae terre
moto concossa est, ita ut Coloseos magnus ruerit. Post ann. item
vii, uicti Iudaei et sexaginta milia armatorum ex numerus [4] eorum
15 a Romanis [5] caesa Romanam redacti sunt dicionem. Post ann.
iii Romae Marcello console Seracusas capiunt, Siciliam capiunt.
Post annos sedete Romani Grecos liberos esse iusserunt et uniuersa
(f. 42.) Ebria ita fecerunt. Postea per Anciocum [6] regem Iudaei
contra Romanos coeperunt reuellare et in idolatria cogente An-
20 cioco [7] sunt conuersi. Tunc sacerdotes et docis [8] Machabei propter
lege [9] costudienda surrexerunt, sicut scriptum in libro Machabeorum est. Romani interfecto Felepo regi [10] Macedones tributarius
facint [11]. Discripcio Romae facta inuenta sunt hominum cccxxii
milia. Oppius consol Gallus [12] capit, et Cartago in dicione Romana
25 per Scupione redigetur [13] ; habens, quod [14] condita fuit ann. dccxL
et nouem. Tholomeus Dimitrium [15] filiam suam tradit uxorem cum
regnaret in AEgypto et in Hierusolimis super Iudaeos, et dedit Deme-
trium genero suo regnum quod abstolerat Alexandro patri suo. Anciocus [16] rex, filio Alexandro [17] frater Demitrio [18] interfecto, ad extre-
30 mum se interfecit. Bellum ciuile ortum est in illo tempore Sicilia.
Primus liber Machabeorum temporibus Ancioco [19] ortum est in
Iudaea. Arsacis Pardus Anciocum interfecit. Serui qui in Sicilia
reuellabant obsidiones necessitate conpulsi ad suam (f. 42 v°.) inuicem cadauera deuoranda conuersi sunt. Aruersia tunc nobelis Gallia-
35 rum urbis capta, et rex Vetuetus iuxta Eule insolam ignis est flatus.

[1] amiciciam [2] argenteis [3] cesa [4] numero [5] in Romanum [6] Antiochum [7] An-
tiocho [8] duces [9] legem costudiendam [10] Filepo rege [11] faciunt [12] consul Gallos
[13] Scypionem redigitur [14] quo [15] Demetrio [16] Antiochus [17] filius Alexandri,
[18] Demitrii [19] Antioco.

Samariam urbem Herodis restaurans Sabastiam in honorae Agusti appellare uoluit. Graciani uicti a Romanis subieciuntur. In Secilia bellum ciuile consurgit. Depraehenso Tholomeo per matre Cleupatra in Secilia bellum ciuile conpescuit. Tholomeus rex Cyrinae [1] oriens
5 Romanis testamentum reliquid heredis. Seleucos ab Ancioco uiuos exuretur [2]. Anciocus [3] in Partus [4] fugiens, Pompegio console [5] se deinceps tradedit. Pompegius Siri [6] in dicione Romana redegit. Anciocus reuersus de fuga regnum obtenuit. « Plucius Gallus Latinorum rethorecam docuit, sicut Cetero [7] refert : Pueris nobis primum
10 latini ducere cipisse Plucium quendam.» Discriptio tunc Roma [8] facta inuenta sunt hominum ccccLxiii milia. Voltacilius [9] Plutus Pompegi consolis [10] libertus doctor scolam Romae primum iniuit. Pompgius [11] gloriosissime (f. 43.) triumphauit.

XXXI. Lucullus primus imperator appellatus est, uicta Arminia,
15 Mesopotamia cum fratre regnauit capta Ponpegius uniuersa Ebrea subiugauit. Lucullus diuersis triumphauit. Virgilius Maro in pago, qui Aedis dicetur, non procul a Mantua nascetur. Anciocii Assiriae capta a Romanis. Arestobolus et Ercanus fili Alexandri contra se de imperio demicantes occansione praebuerunt Romanis ut
20 Iudaeam inuaderint. Pompegius in Hierusolimam ueniens capta urbe et templum obseruato ad sancta sanctorum accedit. Aristobolum uinctum secum adducit. Escanum [12] deinde ante patrem Herodis Ascalonitis filium procuratorem Palastine fecit. Pompegius captis Hierusolimis tributarios Iudaeos facit. Pompegius se-
25 cundus imperatur appellatur. Caesar Lusitaniam e quasdam insolas in Ocianum capit. Caesar Pompegius Renum transiens Germanus uastat. Caesar Pompegius Germanus et Gallus capit.

XXXII. Post quem Gaius Iulius Caesar (f. 43 v°.) primus Romanis singulare obtenuit imperium; Romanorum princeps appellatus pri-
30 mus Gaius Iulius Caesar. Pompegius proelio uictus fugiens a espadones Alexandrini regis occidetur. Tholomeus cadauer cum lurica aurea in Nilo inuentum. Caesar in AEgypto regnum Cleupatre confirmat ob stubri gratiam. Cleupatra regio comitato urbem ingressa prohibet electecis margaritisque uti. Antunius decernit Quintilem
35 mensem Iulium debere dicere quia in eo fuisset natus. Gaius Iulius

---

[1] Cyriniae, [2] heredes Seleucus ab Anciocho uiuus exuritur [3] Anciochus [4] Parthos [5] consule [6] Siriam [7] Cycero [8] Romae [9] Vultacilius [10] consulis [11] Pompegius [12] Ircanum.

Caesar in curia occidetur, corpus in rustro humore concrematur. Romae tres simul exorti consolis [1] in eadem urbem fuerunt. Inter citera [2] portenta quae toto urbe facta sunt bus [3] in suburbano adarantem locutus est; frustra se urguere non enim frumenta sed homines breui defuturus.

XXXIII. Romanorum secundus post Vlium [4] singulare Octauianus adsumpsit imperium qui primum Agustus Caesar appellatus est; (f.44.) regnauit annis LVI et mensibus VI, per quem Aufusti [5] appellati sunt reges Romanorum. Antonius aduersum Caesar Augyrex bellum mouit. Falcidius tribunus plebs legem tribuit ne quis plus testamentum ligaret quam ut quarta pars heredibus superesse. Trans Tibirem fluuium oleum terrae erupit quae tota diae sine intermissione fluxit significans Christi gratiam ex gentibus. Antunium superat Agustus Octauianus et interueniente senato eum in gracia recepit. Anticonus patricius contra Iudaeus demicans tandem occidetur et regnum Iudaeorum tunc fuit distructum. Herodis post eum a Romanis constitutus est princeps. Virgilius in Cappadocea moritur. Herodis a Romanis Iudaeorum suscepit principatum. Cuius tempore Christi natiuitate uicina regnum et sacerdocium Iudaei quod prius per successionem enorum [6] tenebatur destructum est; conpleta profetia quae ita per Moysen loquitur(f.44 v°.) : « Non deficiet princeps ex Iuda neque dux de femoribus eius donec ueniat cui repositum est et ipse erit expectatio gentium.» In hoc loco etiam Christus quem Danihelis scriptura praefatur accepit finem. Nam usque ad Herodem Christi id est sacerdotis erant reges Iudaeorum qui [7] imperare coeperunt CCLXV olimpiade, et ab instauracione templi sub Dario usque ad Ercanum et centesimo octoagesimo quinto olimpiade ann. CCCCLXXXIII in medio anno transactis; quos Danihel significat dicens : « Et sciens et intelligens ab initio sermonem respondendi et aedeficandi Hierusalem usque ad Christi principatum ebdomade septem et ebdomade LXII, » quae sexaginta et noue [8] ebdomate [9] faciunt ann. CCCCXLIIII. Herodis Antepatre filias [10] nihil ad se pertenentem Iudaeam ab Agusto et senato accipit; filiique eius post eum regnauerunt usque ad nouissimam Hierusolimae captiuitatem. Quae omnia etiam Danihel profeta (f. 45.) uatizinatur ita dicens : « Et post ebdomades septem et LXII inibit crisma et iudicium non erit in eo et

---

[1] consules [2] cetera [3] bos [4] Iulium [5] Augusti [6] annorum [7] quo [8] nouem [9] ebdomadas [10] filius.

templum et sancto conrumpit [1] populus duci ueniente, et cae-
dintur [2] in cataclismo belli. Et in consequentibus et super templum, inquid, abominatio dissolationum usque ad consumptionem
tempore [3] et consummatio dabit super desolationem. » AErodis
5 Ananelum quendam ponteficem Iudaeorum instituit et post exi-
guum temporis Arisbolum fratrem uxoris suae nepotem successo-
rem ededit. Post anno uno interfecto Ananelo reddit sacerducium.
Lunae cursus tunc a Romanis inuentus est. Antunius Cleupatre
Arabiem tradit. Agusti et Antoniae tercie desensiones exordiae fuit,
10 ut repudiata sorore Caesaris Cleupatram duxit uxorem. Cleupatra
et Antonius semet interficiunt et ob hoc AEgyptus fit Romana prouincia, quam primus tenuit consol Cornilius.

A tercio decimo anno imperiae Octauiani monarchiam habere
meruit Caesar Augustus [4] appellatus, (f. 45 v°.) a quo sextilis mensis
15 Agusti nomen accepit. Cum ingente triumphorum ponpa Agustus Romam ingressus, et Cleupatre liberi, sol et luna, ante currum eius
ducti. Agustus Romanus plurimas leges statuit. Censo Romae agitato
inuenta sunt ciuium Romanorum xli centena et lxiiii milia ; haec
discriptio xvi anno imperii Octauiani facta est. Agustus Calabriam
20 et Gallus uictigalias facit. Monacios Plancos Ceterones discipulos [5]
oratur insignis habetur, qui cum Galleam Comeatam [6] regerit Lugdunum condedit. Anno xxiii imperii Octauiani Tyberius ab Agusto
missus occubauit Armoeniam. Herodis ab Hierusolima multas et
magnas aedis construit. Herodis Samariam olim iam in ceneribus [7]
25 sedentem a fundamentis suscitans in honorem Agusti Agustam, id
est Sabastiam, appellauit. Agus Samies libertatem dedit. In Cebro
plurimae ciuitatum partis terre moto conruerunt. Germanus in
arma uersus Lullius superat. Agustus xxviiii anno (f. 46.) imperiae
suae Gaium adoptauit in filium. Tiberius Vindecolus et eos qui
30 Traciarum confenistrant [8] Romanas prouincias facit. Herodis Caesariam in nomine Caesaris condedit ; Antidanam et Patridanam condedit, innumerabilia quoque operia in singulis Siriarum urbibus
quas regebat sollertissimae aedificauit. Tyberius Caesar de captiuis
Pannonies triumphauit. Herodis Arcanum [9] quo olim sacerdus Iu-
35 daeorum fuerat de captiuitate Partica regresso et filium eius quae
sacerducium patris successerat interfecit, sororem quoque eius

---

[1] conruet [2] caedentur [3] consumationem temporis [4] Agustus [5] discipulus [6] Co-
meatum [7] cineribus [8] confenistrantiarum [9] Ircanum.

uxorem suam cum duobus propriis filiis aduliscentibus et matrem uxores socrum suam crudelissimi negat [1]. Agustus Iuliam filiam suam in adulterio depraehensam damnat exilio. Tullius Tyro Ceteronis [2] libertus ipse primus notas commentatus est. Herodis ad ea
5 quae super crudeliter gesserat etiam hoc addedit uirum sororis suae Salame interfecit, et cum eam alii tradedissit uxorem etiam et ipsum negat [3]. (f. 46 v°.) Interpraetas diuini legis occidit.

Colleguntur omnes ab Abraam usque ad natiuitatem Christi ann. IIXV. Titulianus in eo libro quem contra Iudaeos scripsit
10 adfirmat Christum quadraginsimo primo anno Agusti natum et quinto decimo Tiberiae esse passum. Agustus Tiberium et Agrippam in filius [4] adoptauit. Iudas Gallileos ad reuelandum Iudaeos quoortat. Herodis cum Christi natiuitatem Magnorum [5] iudiciu cognouisset uniuersus Bethlem paruulos iussit interfeci. Herodis
15 morbo intertutis [6] quae et scatentibus toto corpore uermebus miserabiliter et diuinae moreretur [7]. Agustus quinquagensimo quinto imperii sui anno cum Tyberio filio suo, censo Rome agitans inuenta sunt hominum nonagis [8] ter centena et septuaginta milia. Arcelaus nono anno regni sui in Viennam urbe [9] Galliarum more-
20 tur. Defectio solis facta. Agustus septuagesimo sexto aetatis suae anno Telle in Campania moritur; sepultusque est Rome in campo Marcio. Imperauit Tiberius ann. XXIII. Germanecus Caeser [10] (f. 47.) de Partis triumphauit. Tiberius multos regis ad se per blandicias euocauit, num amisit quem adtrai potuit et Arcelaum Capadocim cuius
25 regnum in prouincia uersum Aghyacham nouelissimam ciuitatem Caesariam appellare iussit. Tiberius Drusum consortem emperiae facit. Drusus Caesar uenino perit [11]. Anno XIIII imperiae Tyberiae Iohannis filius Zachariae in deserto iuxta Iordane fluuio praedicans Christum filium Dei, in medio eorum adesse testatur. Ipse quoque
30 dominus ipse Christus, hic in principio salutari uiam adnunciat signis atque uirtutibus, ueram consprobans [12] esse quae dicerit.

Conprobantur in praesenti anni, id est Tyberiae Caesares [13] a secundo anno instauraciones templi quae facta est sub altero [14] anno Dariae [15] regis Persarum [16] anni DXLVIII, a Salamone autem et primam
35 aedificacionem templi anni ILX, a Moysen et egressu Israhel ex

---

[1] crudelissime necat [2] Ciceronis [3] necat [4] filios [5] Magorum [6] intercutis quae [7] diuinitus moritur [8] nonagies [9] urbem [10] Caesar [11] periit [12] conprobans [13] Tyberiae [14] secundo [15] Dariai [16] *en marge :* rex.

AEgypto ann. ɪ̄DXXXVIIII, ab Abraham et regno Nini et Semesamis [1] anni ɪ̄IXLIIII, a diluuio usque Abraham anni DCCCCXLII.

XXXIIII. Ab Adam usque (f. 47 vᵒ.) ad diluuium anni ɪ̄ICCXLII. Ipse Christus filius Dei salutarem cunctis praedicans uiam miracula quae in euangelio scripta sunt facit. Iesus Christus filius Dei discipulos suos diuino inbuens sacerducium ut uniuersis gentibus conuersio‑ nem ad Deum nuncient imperat. Ipse Christus filius Dei secundum profetias quae de eo fuerant praelocuti ad passionem uenit anno Ti‑ beriae [2] quinto decimo. Quo tempore etiam in aliis AEthnicorum conmentariis haec ad uerba scripta conperimus. Solis facta defec‑ tio ita ut in tenebrosa nocte [3] dies media conuerterit et stillae appa‑ ruerunt. Bettinia terrae moto concussa est, quae omnia haec con‑ gruunt, quae in passione salutaris accesserant. Argumentum autem huius diei quod saluator isto anno passus sit euangelium praebit Iohannis [4] in quo scribitur post quinto decimo anno Tiberiae Caesaris tribus annis Dominum praedicasse. In templum [5] Hierusolimis su‑ bito erupit uox dicentium: « Transmigremus ex his sedibus.» (f. 48.) Eodem anno Pilatus praesis secreto noctis imaginem Caesaris in templo statuerit, haec prima sedicio et turbarum Iudaeis causa stetit. AEclisiae Hierusolimarum primus episcopus ab apostolis ordenatur Iacobus, frater Domini; ex hoc considerandum quanti deinceps calamitatis Iudaeorum gente oppresserint. Pilatus post supra‑ dicta sedicione quae ob Caesaris imagines fuit concitata, sacrum thensaurum, quem Corbanan Iudaei uocant, in aqueducto Hierusoli‑ marum reposuit. Secunda sedicio Iudaeorum fuit annus XXII impe‑ riae Tiberiae. Agrippa filius Herodis regis [6] accusatur Herodis tetrarce Romam profectus a Tiberio in uincla mittitur. Pilatus de Christianorum dogmatae ad Tiberio referente, Tiberius senatu di‑ cens ut inter citera sacra reciperint praecepit. Tiberius per aedictum accusatoribus Christianorum comminatus est mortem ; multis sena‑ toribus et aequitum Romanorum interfecti. Tiberius in Campania moritur.

XXXV. Romanorum IIII Gaius imperauit ann. IIII, mensis [7] X. Gaius Caesar cuinomento [8] Calicola Agrippam uinculis liberatum regem Iudaeis facit. Gaius semet ipsum in deos refert. Flaccus multis multis Iudaeos calamitatis, praemit consenciente Alexandriae populo. Gaius

---

[1] Semeramidis [2] Tiberiai [3] tenebrosam noctem [4] Iohannes [5] templo [6] reghium
[7] mensibus [8] cui nomen.

Mammeae (f. 48 v°.) Regulae uxorem duxit inpellins eum ut uxoris
suae patrem esse se scriberit. Poncius Pilatus in multis [1] incedens
calamitatis propria se manu interfecit. Gaius Hierusolimam statuam
suam sub nomen [2] Iouis Maxime [3] ponere praecepit. Plurime [4] no-
5 bilium a Gaio sunt interfecti. Gaius sorores suas quibus stubro in-
tulerat exilio condemnauit. Gaius omnes exolis iussit interfeci. Gaius
a protectoribus suis in palacio occidetur anno aetatis suae xxviiii.
   Romanorum v [5] Claudius emperauit ann. xiiii, mensis [6] viiii, dies
xxviii. Iste est Claudius patruus Drusi qui apud Moconcia monu-
10 mentum habit. Petrus apostolorum cum primus Anciocinum [7] eclesiae episcopatum [8] fundassit Romam mittetur, ubi euangelium
praedicans xxv ann. eiusdem urbis episcopis perseuerat. Marcus
euangelista interpraes Petri AEgyptum [9] et Alexandriam Christum
adnuntiat. Primus Anciociae [10] episcopus ordenatur Euodius. Agrip-
15 pa rex Iudaeorum regnauit ann. xxvi, post quem filius suus item
Agrippa a Claudio substituetur in regno. Famis ingens quae praedita
fuerat sub Claudio toto urbe [11] fuit. (f. 49.) Claudius de Brittanes
triumphauit et Orcadas insolas Romanum subgicit [12] imperio. Discripcio Rome v anno imperiae Claudiae facta, inuenta sunt ciuium
20 Romanorum lxviiii centena et xliiii milia. Tracia ucusque regnata
in prouincia Romana redigetur. Hierusolimis horta sedicio, ut
in portarum exitu populus conruerit, xxx milia Iudaeorum perierunt. Claudius Felicem procuratorem Iudeam mittit, aput quem
Paulus apostolus accusatur. Sub Felice procuratore Paulo dicetur
25 a tribuno : « Nonne tu es AEgypcios [13], qui ante os [14] dies con-
gregasti et docuisti [15] in deserto quattuor milia uirorum ? » Claudius xiiii anno imperii sui in palacio anno aetatis suae lxiiii
moretur.
   XXXVI. Romanorum vi regnauit Nero, ann. xiii, mensis vii, diebus
30 xxviii. Huius auunculus fuit Gaius Calecola. Felice raenante [16] in
Iudaeam sedicio in Caesariam Palistine orta, magna Iudaeorum
multitudinem perit [17]. Festus successit Felici, apud quem praesenti
Agrippa regi Paulus apostolus religionis suae rationem exponens
uinctus Romam mittitur. Anno iii emperiae Neronis terrae motus
35 Romae exolis [18] facta defectio. Nero Agrippinam matrem suam et
sororem matris suae interfecit. Nero tantae luxoriae fuit ut frigidis

---

[1] multas [2] nomine [3] Maximi [4] plurimi [5] Vque [6] mensibus [7] Antiocinum [8] in
episcopatum [9] AEgypto [10] Antiociae [11] orbi [12] subiecit [13] AEgypcius [14] hos [15] du-
xisti [16] raegnante [17] multitudo periit [18] et olis.

(f. 49 v°.) et caledis unguentis labaretur, retibusque aureis pisca-
retur quae purporeis funebus extrahebant. Iacobu fratrem Domini
quem omnes iustum appellabant a Iudaeis lapidebus opprimitur ; cui
Semion secundus episcopatum adsumpsit. Ante mensam Neronis
5 fulmen de caelo cecidit; termas Neronianas aedecatae sunt [1]. Nero
ad similitudinem Troge ardentes inspecerit [2] plurimam partem
Rome urbis incendit. Duae tantum prouinciae sub Neronae factae,
Pontus Poleminiacus et Alapis Cottidie. Scotto regi defuncto multi
nobilium a Neroni interfecti. Nero in expensas cencies centena
10 milia decreto senatus annua submenistrantur. Nero cum citeris
Octauiam uxorem suam interfecit; Cornotum philosophum [3] Persis
in exilio negat [4]. Primus Nero super omnia scelera sua etiam persecutionem in christianos [5] facit. Petrus et Paulus gloriosae [6] Romae occubuerunt : Petrus crucifigetur, et Paulus gladio capite trun-
15 catur. Iudaeos tunc contra Romanus reuellantis [7] Vespasianus a
Neroni transmissus plurimas orbis [8] Iudaeorum capit. Nero cum
a senatu quaeretur ad poenam a palatio fugiens ad quartum orbis [9]
miliarium (f. 50.) in suborbano liberti sui inter Rabariam et Num-
mentatriam uiam semet ipsum interfecit anno aetatis suae XXXII,
20 atque in eo omnes Agusti familia conrupta est. Post Neronem Galba
in Eberia, Vetellius in Germania, Oto [10] Romae imperium [11] adhebue-
runt. Magister militum Fauios Quintilianus Roma Galba perducetur.
Galba septimo mense emperii sui in medio Romani [12] urbis forum
capite truncatur. Vespasianus duobus proeliis superat Iudaeos. Oto
25 tercio regni sui mense apud Vitriacum propria manu occubuit.
Vetellius a Vespasiani ducibus occisus in Tibirem progicitur [13].

Romanorum septemus emperauit Vespasianus ann. VIIII, mensis XI,
dies XXII. Vespasianus apud Iudeam imperator appellatus et bellum
Tito filio suo commendans Romam per Alexandriam proficescitur.
30 Tunc Iudaeorum regnum finitum est. Titus Iudaea capta et Hierusolimis subuersis sexcenta milia uirorum interfecit, undecies centena milia fame et gladio ex eis perisse, et cento milia captiuorum
publice sunt captiuata ; ob que ex omni gente Iudaeorum ad Tem-
pulens [14] urbe quasi carcere sunt reclausi ; oportuit enim in his
35 diebus pasce eos interfici qui saluatorem crucifixerunt. (f. 50 v°.)
Colleguntur [15] omni tempus in secundo anno Vespasiani et nouissi-

---

[1] aedefecatae sunt [2] inspexerit [3] phylosophum [4] necat [5] christianis [6] gloriosai
[7] reuellantse [8] urbis [9] urbis [10] Aucto [11] imperio [12] Romane [13] progicitur [14] Tempu-
lensem [15] collegitur

mam euersionem Hierusolimarum ccxv anni, Tiberiae Caesaris et
ab ex ordio euangelici praedicationis anni xlii, a captiuitate autem
quam ab Ancioco [1] perpessi sunt anni ccxxxviii. Porro a Dariae
secundo anno rursum templum aedificatum est anno dclxl. A
5 prima autem aedificationem templi sub Salamonem usque ad nouissimam eius ruinam, qui a Caesare Vespasiano facta est, anni ͞icii.
Vespasianus Capitulium Romae aedificauit. Germanus reuellantis
superat et Auenticum ciuitatem aedificare praecepit, a Tito filio suo
postea expletur, et nobelissima in Gallea [2] Cisalpna [3] atficetur. In
10 Alexandria facta est sedicio. Coloseos [4] Romae erictus [5] habens
altitudinem pede [6] cento septem, quem in nomen et laude uicturiae [7] suae quae [8] in Germania fecerat erixit. Vespasianus mortuus
est profluuium [9] uentris in uilla propria anno aetatis suae lxviiii.
Romanorum viii Titus emperauit ann. ii et mensis ii. Titus filius
15 Vespasiani in utraque lingua peritissimus fuit et tante bonitatis ut
cum quadam diem [10] (f. 51.) recordatus fuisset in cenam nihil se
cuiquam praestetisse dixerit : « Amici odie perdedi diem ».Mons Bibios
in Asiam [11] ruptus in uertice tantum eiecit incendio ut regiones uicinas
cum hominbus exhurerit. Titus anpeteatrum [12] Romae aedificauit
20 et [13] dedicacione eius quinque milia ferarum occidit. Romanae e-
clesie secundus episcopus Cletus, ann. xii. Titus uniuersam Gal-
lileam circuiuit et Auenteco ciuitate quem pater inciperat expleuit,
et gloriosae eo quod eam diligebat ornabit [14]. Titus Romam rediens
morbo perit in ea uilla qua pater suus.
25 XXXVII. Regnauit Domicianus ann. xv et mensis quinque, Titi
frater iunior fuit. Domiciani uxor Agusta appellabatur. Domicianus.
eunucus [15] fieri prohibit [16]. Plurimos senatorum Domicianus in exilio
mittit. Domicianus templum sine lignorum admissione construxit.
Primus Domicianus dominum se et deum appellare iussit. Duos men-
30 sis aliter appellare fecit, september Germanico et october Domiciano.
Domicianus plurimos nobilium in exilio mittit atque occidit. Domicianus de Dacis et Germanis triumfauit. Domicianus tantae superbia fuit
ut aureas et argenteas statuas sibi in capitulium puni iusserit.(f. 51 v°.)
oDmicianus multos nobilium perdedit, quosdam uero exilio misit.
35 Secundus post Nerone Domicianus christianus persequitur, et sub eo
apostolus Iohannis in Patmum insolam relegatus apocalypsi [17] uidit.

---

[1] Antioco [2] Galle. [3] Cisalpina [4] Goloseos [5] erectus [6] pedes [7] uictoriae [8] quam
[9] profluuio [10] die [11] Asia [12] anfiteatrum [13] et in [14] ornauit [15] eunucos [16] prohibet
[17] apocalypsin.

Domicianus rursum filosophos et mattimaticus Romae per aedictum strudit [1]. Domicianus eos qui de genere Dauid erant interfeci praecepit, ut nullus Iudaeorum regni [2] relequus esset [3]. Domicianus in palatio occisus et per uespeliones ignobeliter exportatus anno aetatis
5 suae xxxv. Romanorum decimus regnauit Nerua anno i, mensis [4] iiii. Senatus creuit [5] ut omnia quae Domicianus statuerat irritum [6] essent, itaque multi quos iniustitia [7] eiecerat de exilio reuersi. Et apostolus Iohannes hoc tempore exilium [8] solutum Aefesum secessisse, in qua urbe ospiciolum et amicus [9] amaneissemus [10] habebat. Nerua morbo
10 perit in ortis Salustianis anno aetatis suae lxxii, cum iam Traianum adoptassit in filium. Traianus Atripina in Galleis imperatur factus, natus in Spania. Romanorum xi regnauit Traianus ann. xviiii, mensis vi. Decreto senatus Nerua in deos relatus. Iohannis apostolus usque ad Tragani tempore permansit. Traianus (f. 52.) de Decis et
15 Scitis [11] triumfauit. Traianus uicto regi Decibalo Deciam fecit prouinciam; Iberus, Sauromatus, Vsroinus, Arabas, Busforanos, Colcos in fidem accepit; Seleucam, Etisifontem, Babyllonem occupabit [12]. Romae aurea domus incendio conflagrauit. Terrae mota [13] quattuor urbis [14] Asiae sunt subuersae. Traianus aduersum christianus [15] per-
20 secutione [16] mouentem multos christianos interfecit. Traianus Arminiam, Assiriam, Mesopotamiam infetit [17] prouincias. Traianus morbo profluuio uentris extinctus est anno aetatis suae lxiii, mense nono, die quarto. Romanorum xii regnauit Atrianus ann. xxi. Atrianus in Spania natus, consubrini Traiani filius fuit. Atrianus Alexandriam
25 subuersam a Romanis publecis instaurauit expinsis. [18]Atrianus Traiani inuidens gloriae de Assiriam, Mesopotamiam et Arminia, quas illi prouincias fecerat reuocauit exercitus. Atrianus Iudaeos reuellantes capit. Senatus Traianum in deos refert. Atrianus in utraque lingua eruditus benigniter tributa urbium plurima relaxauit. Polepticis po-
30 blicis incensis plurimos a tributis liberos fecit. Atrianus aedictum dedit sine obiectione criminum (f. 52 v°.) christianus non condemnandus. Imperatur [19] Atrianus pater patriae appellatur et uxor eius Agusta. Atrianus beblioticam muri operis struxit. Iudacos reuellantis [20] Atrianus mittit ad repremendum exercito [21], eorumque reuellio finem
35 accepit; ita oppressi sunt ut ex eo tempore etiam eis introeundi est

---

[1] trudit [2] regnare [3] reliqueretur [4] mensibus [5] decreuit [6] irrita [7] iniustetia [8] exilio [9] amicos [10] amantissimos [11] Scitheis [12] Seleuciam occupauit [13] motu [14] urbes [15] christianos [16] persecutionem [17] infecit [18] expensis [19] christianos non condemnandos. Imperator [20] reuellantes [21] exercitum.

Hierusolimis licentia ablata est. Primus ex gentibus Hierusolimis tunc constituetur Marcus episcopus, cessantibus his qui fuerant ex Iudaeis. Atrianus morbo moritur sexagenarius. Romanorum XIII regnauit Titus cuinomento pius ann. XXII, mensis IIII cum libris [1] suis

5 Aurilio et Lucio. Antonius pater patriae appellatur. Antonius pius in uillam propriam XII ab urbe miliario moretur anno uitae LXXVII. Romanorum XIIII regnauit Marcus Antunius ann. XVIIII, mense I; cum quo consortes fuerunt regni Lucius et Aurilius Quomodus. Hy primum aequo iure imperium admenistrauerunt; cuiusque ad hoc

10 tempus singuli Agusti fuerint. Lucio Caesare Attenis sacrificante, ignis in caelo ab oriente in occidente ferre uisus est. Lucius Caesar de Partis [2] cum fratre triumfauit. Plurime in Galleis gloriose ob nomen Christi interfecti. Lucius imperatur [3] anno regni VIIII in concordia (f. 53.) apoplexi extinctus est, sedens cum fratre in cobiculo.

15 Seudoprofetia, quae Catebretas nominatur [4], accipit exordium. Tanta undique tunc fuit inundatio gentium, ut totus Romanorum exercitus ad internitionem delitus [5] sit. Emperatur Antunius [6] multis aduersum se nascentibus bellis sepe ipse intererat, sepe ducis nobelissimus destinabat, semel pertenaci exercito cum eo in Godorum [7]

20 regione, sete oppressus a pluuia deuinetus [8] missa est, cum e contrario Germanus et Sarmatus persequerentur christianus milites fortiter depraecantis ad extinguendum illorum sete haec fuisset prestitum. Antunius Quomodom filium suum consortem regni facit. Descriptiones [9] iniquas incendi in foro iubet; leges seueriores integra emen-

25 datione instituit. Antunius post uicturiam in aeditione numerum miriuecus [10] fuit. Emirna urby Asiae terre motus ruit. Antunius in Pannonia morbo perit [11]. Romanorum regnauit Quomodus annis XIII. Quomodus de Germanis triumfauit. Quomodus imperatur coloseae capite sublato suae imagine caput iussit inpuni [12]. Quomodus multus-

30 nubilium interfecit. (f. 53 v°.) Incendio Romae facto palatium et Veste plurimaque urbis pars solo quoaequatur. Quomodus strangulatur in domo Vestale.

XXXVIII. Romanorum XVI regnauit Eulogius mensis VI. Pertenaco [13] obsecrante uxorem suam Agustam et filium Caesarem appella-

35 ret, contradixit, subfecerit quod ipse regnarit inuitus. Pertenac occidetur in palatio Iuliani iuris perdeto scelere, quem postea Saeuerus

---

[1] liberis [2] Parthis. [3] imperator [4] nominantur [5] deletus [6] emperator Antonius
[7] Gothorum [8] at diuinitus [9] Discriptiones [10] mirificus [11] periit [12] inponi [13] Pertenaxo-Pertenax.

apud Muluium pontem interfecit. Romanorum xvii regnauit Seuerus
annis xviii. Seuerus Partus et Auarus superauit. Seuero imperante
terme Saeueriani Rome factae; persecutione in christianis facta.
Leundis gloriose martirium accipit. Claudio Albino, qui se in Galliam
5 Caesarem fecerat apud Lugdunum interfectum, Seuerus in Brittanis
bellum transferit, ubi receptam maximam eiusdem prouinciae partem, murum per cento xxx et duo milia a mare ad mare duxit. Saeuerus moritur AEboraci in Brittania.Romanorum xviii regnauit Antunius
cuinomento Caracalla Saeueri filius annis vii. Antunius Romae ter-
10 mas sui nomenis Antunianas aedificauit. Tam inpaciens leuidines [1]
suae fuit ut nouercam suam Iuliam uxorem ducerit. Antunius interficetur (f. 54.) anno aetatis suae xliiii. Romanorum xviii regnauit
Magrinus anno i, interficetur in Arcelaide. Romanorum xx regnauit
Aurilius annis iiii. Inpudete [2] in imperio fuit; Romam occidetur to-
15 multo [3] militare.　　　　　　　　　-

XXXVIIII. Romanorum xxi regnauit Alexander Mammeae filius
annis xiiii. Alexander Xersem regem Persarum gloriosissime uicit.
Termae Alexandrinae Rome aedeuectate. Alexander occidetur Mocon-
cias super Renum fluuio tumulto militare [4]. Romanorum xxii regnauit
20 Maximus annis iii. Maxemus primus ex corpore militare [5] ab exercito [6]
electus est imperator; a Popiaeno occidetur. Romanorum xxiii reg
nauit Gurdianus; in palacio occiduntur [7] Gurdianus cum de Partis
triumpharit fraude Phyliphi [8] praefecti. Consortem regni facit primusque omnium ex Romanis imperatorebus christianus fuit. Regnan-
25 tum Filipis millissemus annus Romane urbis expletus est. Phylippus
nomenis sui in Tracia urbem construit. Phylipus senior Verona occidetur. Romanorum xxv regnauit Decius anno i mensis [9] tres qui in
Pannonia inferiore natus fuit. Cum duos Filipus patrem et filium
interfecisset ob odium eorum in christianis persecutionem mouit.
30 (f.54 vᵒ.) Antunius monachus in AEgypto nascitur. Decius cum filio in
Afrito occidetur. Romanorum xxvi regnauit Gallus et Volusianus Galli
filius anno i, mensis [10] iii.Gallus et Volusianus ab Amiliano interfecti
sunt. Romanorum xxvii regnauit Valerianus et Gallienus annis xv.
Valerianus in Ricia ab exercito Caesar appellatus est. Valerianus in
35 christianis conmota statim a Sapore Persarum rege capitur, ibique
seruitute mirabile [11] consenescit. Sapora rex Persarum Siriam Caeci-

---

[1] libidinis [2] inpudice [3] tumultu [4] militari [5] militari [6] exercitu [7] occiditur
[8] Phyliphy [9] mensibus [10] mensibus [11] miserabile.

liam depopulatur. Valeriano in Persas ducto, Sapora rex de dorsum
Valerani semper aequum ascendebat.

XL. Gallienus firmatus [1] in imperio. Germani Rauennam uenerunt.
Alamanni uastatum Auenticum praeuencione uuibili cuinomento et
5 plurima parte Galliarum in Aetalia transierunt. Greci Pannoniam occu-
pauerunt. Germani Spanias obtenuerunt, etiam et Siriam incursauerunt
Francos in eorum habentes auxilium. Gallienus Mediolano occidetur.
Romanorum xxviii regnauit Claudios anno [2] et mensis viiii. Claudius
Gotus Liricum et Macedonia uastantis superat. Claudius Sirmia ciui-
10 tate in Pannonia oretur. Quintilius Claudii pater a senato Agustus
(f. 55.) appellatur; xvii dia emperii sui occidetur. Romanorum xxviiii
regnauit Aurilianus annis v, mensis ii. Aurilianus Tetrico apud Cata-
launis exercito gobernantem Gallias recepit. Cuiinouia apud Emnas
nec longe ab Anciocia, quae occiso marito suo, orientes tenebat impe-
15 rio : in qua pugna strenuissimae apud eam demicauit Pompegianus
dux genere Francos, cuius familia hodiequae apud Anciociam perse-
uerant. Cuius Pompegiani instantia maxima pars Asiae dicione Romana subicitur : ex cuius stirpe AEuacrius carissemus nobis presbiter
discendit. Aurilianum Romae triumphantem Tetricus et Gerubia
20 praecesserunt. Aurilianus templum solis aedificat, Romam firmioribus
muris uallat. Aurilianus quomodo aduersus christianus persecutione
mouisset a fulmine occidetur. Romanorum xxx regnauit Tacitus mensis vii. Quo apud Pontiom [3] occiso, optenuit Florianus imperium dies
lxxxviii, qui apud Tarsum interfecitur. Romanorum xxxi regnauit
25 Prouos annis vi, mensis iiii. Prouos Gallias a barbaris occupatus [4] ingenti
uirtute restituit. Prouos Gallus et Pannonius (f. 55 v°.) uinias habere
permisit. Probus tumulto militare [5] apud Sirmiam in turre, qui uocatur Ferrata, occidetur.

XLI. Romanorum xxxii Carus [6] cum filius [7] Carino et Nomeriano.
30 Carus fulmine est mortuus. Nummerianus ob oculorum dolore dum
lecticula uegeretur insidies Apri soceri sui occisus est, uix foetor
cataueris [8] post aliquos dies conperti. Carus in proelio uinctus apud
Margum occidetur. Romanorum xxxiii regnauit Deoclicianus ann. xx,
qui Aprum pro scelere genere suo interfecit. Deoclicianus in con-
35 sortio regni sui Arculium Maximianum adsumit, qui rusticorum multitudine oppraessa quae factionis suae Bacaudarum nomen indederat,

[1] firmatur [2] anno I [3] Pontium [4] occupatas [5] militari [6] regnauit Carus [7] filiis [8] ca-
daueris.

partim Gallies reddedit. Carausius sumpta purpora Brittanias occupauit. Narseus oriente bellum intulit. Accillis [1] AEgyptum obtenuit, ob
que Valerius Maximianus Caesaris adsumuntur in regno. Deoclicianus
etiam adfinitate coniungetur, et Constancius priuegnam Ercolei Theu-
5 doram accipit, ex qua postea sex liberus Constanciani fratres habuit,
Galerius filiam Diocliciani Valeriam ; ambo uxores quas habuerunt
repudiare conpulsi. Carborum [2] et Basternorum gentis [3] in Romano
solo translati. (f.56.) Primus Deoclicianus adorare se ut deum iussit,
uestibus calciamentisque gemmis insiri, cum ante eum omnes impe-
10 ratores in modum iudecum salutarentur et clamidem tantum purpo-
ream a priuato habito plus haberent. Post x annum Brittania reuel-
lante ab Asclipidicto recepta est. Iuxta Lingonas a Constantio Caesare
LX milia Alammannorum caera [4]. Paulatim ex illo tempore, persecutionem uersum christianis [5] incipiente, Valerius, superatu Narseo,
uxoribus ac liberis sororibusque eius captis, a Deocliciano ingenti
15 honore suscipetur. Termae Romae Deocliciane factae. Deoclicianus
et Maximianus Agusti insigne ponpa Romae triumfauerunt. xviiii
annis Deocliciano regnante quattuor eclesias [6] cum populo eodem
iobente [7] subuersi sunt. Secundo anno persecutionis Deoclicianus et
Maximianus Mediolano purpora deposuerunt, Maximianus et Seuerus
20 a Valerio Maximiano Caesare facto. Constantiu xvi imperii sui anno
obiit in Brittania.

XLII. Romanorum xxxiiii regnauit Constantius [8] ann. xxx, mensis x. Constantinus Bicianciam ciuitatem mire magnitudinis ampliauit,
et gloriosae construxit, quem sui nominis Constantinopule appellare
25 iussit. Constantinus cum matrem (f. 56 v°.) Helenam crucem domini
nostri Iesu Christi Hierusolimis inuenit, effectusque est christianus ab
Helena. Crux Domini Hierusolimam fabricatur et stabilitur. Constantinus per signum crucis omnes gentes superat. Seuerus Caesar a Gale-
rio Carnetis cum Gallia regerit imperatur factus. Valerius Maximia-
30 nus moretur. Constantinus filius Constantini Caesar factus. Erculius
Maximianus a filia Fausta deiectus, quod dolum Constantino uero [9] suo
pararit Massilia fugiens occidetur. Galerius Maximianus moretur.
Crispus et Constantinus fili Constantini, et Licinius adoliscens [10] Licini
Agusti filius Constantini ex sorore nepos quorum Crispos Lactantius
35 latinis litteris erudiuit. Constancius filius Constantini Caesaris et Lici-

[1] Acchillis [2] Carporum [3] gentes [4] caessa [5] christianus [6] aeclesias [7] iubente [8] Constantinus [9] uiro [10] aduliscens.

niae filius crudelissime interficetur. Aedictum Constantini gentilium
templi subuersi sunt. Romani Gotus in Sarmatarum regione uicerunt.
Constans filius Constantini prouigetur ad regnum. Constantinus cum
liberis suis honorificas ad Antunium litteras mittit. Constantinus ad
5 extremum uitae suae témpore ab Eusebio Nichomedinse episcopo
baptizatus in Arrianam dogmam declinat. Constantinus (f. 57.) bellum
parans in Persas in Aquilone uilla publica moretur anno aetatis suae
LXVI; post quem tres liberi eius consilio senato consilio appellantur
et imperio. Romanorum XXXV regnauerunt Constantius et Constans
10 annis XXIIII, mensis quinque, diebus XIII, a quos multi nobilium sunt
occisi. Sapor rex Persarum Mesopotamia uastata Nisiben obsedit. Dal-
matius Caesar quem patruos Constantinus consortem regni filiis dere-
liquerat factione Constantiae patruelis et tumulto militare [1] interemi-
tur; ex hoc loco impietas Arriana Constantiae regis fulta est, carceribus
15 adflictionem modis primum Atanasium episcopum persecutus est,
iuxta Aquilegiam Alse occidetur. Vario aeuento aduersum Francos a
Constante pugnatur. Multi oriente urbis terre moto orribile consederunt. Franci Constante [2] perdomiti, pax cum eis facta. Solis facta
defectio. Bellum Persecum nocturnum apud Signera uicturia militum
20 stabilitate [3] perdederunt, neque uiro ullum Constantium et nouissimum grauissimis proeliis [4] contra Persas bellum fuit; nam ut alia
obmittam Nisebes obsessa Niceabde et Amida capta sunt a militum
(f. 57 v°.) LX milia.

XLIII. Magnentium apud Agustidunum arripiente imperio Constans
25 aut [5] longe ab Spania in castro cui AElena nomen est interfecetur [6]
anno aetatis suae XXX. Quamobrem turbata rempublicae [7] Vetraniu
Morse Nepucianus Romae ex [8] imperatores facti. Rome populus aduersum Nepucianum insurgunt, capud eius ablatum, multusque nobilium
cede [9] interficiunt. Magnentius Luiduno in palatio propria se manu
30 interfecit. Decentius frater eius quem ad tuendas Galias Caesar miserat apud Senonas laqueo se suspendit.

XLIIII. Gallus Caesar sollicitis in Constantio patrueli cui in suspi-
cione ab [10] egregias isti occidetur. Siluanus in Galleam res nonas
molitur, XXVIII diae stinctus est. Eusebius Vercellinsis episcopus, et
35 Lucifer, ac Dionisius Araletani et Mediolaninsi [11] aeclesie episcopi, Pan-
cratius Romanus presbiter a Constantio damnantur exilies[12]. Antunius[13]

---

[1] militari [2] a Constante [3] stabeletate [4] proelies [5] haut [6] interficitur [7] turbatam
rempublicam [8] ex *barré*. [9] caede [10] apud [11] Mediolanensi [12] exiliis [13] Antonius.

monachus centesimo quinto aetatis suae anno moritur, de Paulo quodam Tibeo [1] mire beatitudinis uero [2] referre, cuius in exitum breue
libello explecuemus [3]. Sarracini in monasterium beati Antuniae [4]
inruentis [5] Sarmatam interficiunt. Constantium [6] Romam ingressum [7],
5 ossa Andreae (f. 58.) apostoli et Lucae euangelistae a Constantinopo-
litane simiro [8] fauore suscepta. Paulinus Triuerorum episcopus in
Frigia exolans moritur. Gratianus qui post imperatur fuit nascitur.
Helarius cum apud Constantinopulem [9] librum pro se Constantio
perrexisset [10] Gallias redit. Omnes paene tunc totus urbis [11] aeclesiae
10 sub nomine pacis et legis Arrianorum consortio polluuntur. Gallia
per Helarium perfidiae dolos damnat. Constantius Cappadocia moritur
anno XLV aetatis suae. Romanorum XXXVI regnauit Iulianus anno I,
mensis [12] octo. Iuliano ad idolorum culto [13] conuerso blanda persecutio fuit inliciens magis quam inpellins. Multi ex christianis uo-
15 luntate propria conruerunt. Iulianus in Persas profectus post uictoriam a contrariis ostibus separatur, a suis conto illia [14] percussus
interiit anno aetatis suae XXII.

XLV. Post quem Iuiieanus [15] arripuit imperium. Romanorum
XXXVII regnauit Iulianus mensis [16] octo. Iulianus necessitate con-
20 pulsus Mesiuin et magnam Mesopotamiae partem Sapore Persarum
regi tradedit. Iulianus de castra [17] moritur anno aetatis suae XXXIII.
Post quem Valentinianus tribunus scutariorum Niseam Agustus appellatus est; (f. 58 v°.) fratrem Valentem [18] Constantinopulae in commu-
nione regni adsumit. Romanorum XXXVIII regnauit Valentinianus.
25 Valens ab Eudoxio [19] Arrianorum episcopo baptizatus christianus [20]
persequitur. Gratianus Valentiniani filius Ambianis imperatur [21] factus. Apud Atrabatas lana e caelo pluuiae mixta refluxit. Helarius
episcopus Pectauinses Pectauis moretur [22]. Atanaricus rex Gotorum
in christianis persecucione conmuta plurimus [23] interfecit, et de pro-
30 priis sedibus ad Romano [24] solo expellit. Eusebius Vercellensis episcopus moritur. Valentinianus in Brittania antequam tirannidem inua-
derit [25] oppraessus est. Saxones caesi Diosone in regione Francorum
consedit qui superfuerunt.

XLVI. [26] In illo tempore Burgundionum octoaginta fere milia, quod
35 numquam antea nec nominabantur, ad Renum discenderunt, et ubi

---

[1] Tebeo [2] uiro [3] breuem libellum explecuimus [4] Antoniai [5] inruentes [6] Constantio
[7] ingresso [8] miro [9] C Polem [10] porrexisset [11] totius orbis inpellens [12] ·mensibus
[13] cultu [14] cuncto ilia [14] Iulianus [16] mensibus [17] castris [18] Valentis [19] a Teudoxio
[20] christianos [21] imperator [22] moritur [23] commota plurimos [24] a Romano [25] inua-
deret [26] *en marge* : de gente Burgundionum.

castra posuẹrunt, quasi Burgo uocitauerunt; ob hoc nomen acciperunt Burgundiones : ibique nihil aliud praesumebant nisi quantum
praecium ementis a Germanis eorum stipendia accipiebant. Et cum
ibidem duobus annis resedissent, per legatis [6] inuitati a Romanis uel
5 Gallis qui Lugdunensium prouinciam et Gallea Comata, Gallea Domata
(f.59.) et Gallea Cesalpinac manebant ut tributa reipublice potuissent
rennuere : ibi cum uxoris et liberes uisi sunt consedisse. Valentinianus subito a sanguine eruptione, quod Greci eproploxia uocatur,
Briuione moritur.

10   XLVII. Post quem Gracianus adsumptum imperium Valentiniano
fratri cum patruo [7] Valente regnat. Valens legi [8] dat ut monaci mili-
tarent : nolentis iussit interfeci. Alamannorum xxx circiter milia
apud Argentarea oppedum Gallearum ab exercitu Gratiani strata.

    XLVIII. Gens Hunorum Gotus uastat; qui a Romanis sine armorum
15 congressione suscepti per auariciam Maximi ducis fame, ad reuellandum quoacti sunt. Superati in congressione Romicnis [9] Goti fun-
duntur in Tracia. Valens de Anciocia exire conpulsus christianus
de exilio reuocat. Lacrimabile bellum in Tracia praesidio Romanorum legiones a Gotis uicti usque ad internicionem caesi sunt. Ipse
20 imperatur Valens cum saggita [10] saucius fugerit et ab dolore nimium
saepe aecolaberetur [11] ad cuiusdam nillole casam deportatus est, quo
persequentibus barbaris et incinsa [12] domo, sepulturaque caruit.

    XLIX. Ab urbe condita usque (f.59 v°.) ad extremum huius operis
anni fiunt īcxxxi, hoc modo : sub regibus anni ccxl, sub conso-
25 libus [13] anni ccccLxiiii, sub Augustis et Caesaribus anni ccccxxvii a
quinto decimo Tiberiae anno et praedicatione domini nostri Iesu
Christi; a secundo anno Dariae regis Persarum, quo tempore templum Hierusolimis restauratum est, anni dcccxlxviiii; ab olimpiade
prima, qua aetate apud AEbreos Esaias profetabat, anni īclv; a Sala-
30 monem et primam aedificationem templi anni īcccxi; a Mosi et Cico-
prae primo regi Attuci anni īdcccxl; ab Abraham et regno Nini et
Semeramidis anni īīcccxlxv; a diluuio autem usque ad Abraham suppotantur anni dccccxlii; ab Adam usque ad diluuium anni īīccxlii.
Fiunt ab Adam usque ad quarto decimo Valentis anno et Valentiniani
35 iterum omnis anni v̄dlxxxviii. Et quia deinceps uarietatibus temporum
et incursionibus barbarorum ita cuncta mixta sunt ut gestorum ueri-
tas, quae istoriae inseri possit, ad plenum reperire non potest. (f. 60.)

---

[1] legatos [2] patrio [3] legem [4] Romanis [5] sagitta [6] aecoleberetur [7] incensa [8] consolebus.

III.

Adacius seruus domini nostri Iesu Christi uniuersis fidelibus in
domino nostro Iesu Christo et seruientibus se in ueritate salutem.
Probatissimorum in omnibus uirorum studio quos praecipue in
fide catholica et conuersatione perfecta testis ueritatis diu me cultus
5 docet adsertio hucusque ad sancto Hieronimo et ipso sicut in capite
istius uoluminis praefatio prima declarat cognomine Eusebio hesto-
ria [1] in aliquantis Spaniorum prouinciis conscripta retenetur, cui si
quid postea subdedit in locis quibus decuit certo stili studio declara-
tur. Verum ad haec ignarus indignissimus omnium seruorum Dei
10 Vdacius seruus Iesu Christi et domini nostri quae secuntur ab
anno primo Theodosii Agusti et conperet descripsi breui ante factae
praefationis indicio.

Romanorum xxxviiii, Theudosius per [2] Gratianum regnat ann. xvii.
Theudosius, natione Spanus prouinciae Gallileae ciuitatis a Gratiano
15 Agustus appellatur. Inter Romanos et Gothos (f. 60 v°.) multa certamina conseruntur. Theudosius secundo regni sui anno Agustus appellatur. Tercio regni Theudosiae anno Atanaricus rex Gotorum
Constantinopolae quinto decimo diae ex quo a Theudosio fuerat
receptus interiit. Quarto rigni Theudosiae [3] in foeda Romanis pace se
20 tradunt; Martinus in Galliis Toroniae episcopus et uitae meretis et
patratis miracolis [4] uirtutum habetur insignis. Theudosius quinto
rigni [5] sui anno Arcadium filium suum Agustum appellans consortem regni sui fecit esse. In sexto regni Theudosiae [6] anno Honorius
filius nascetur. Octauo anno regni Theudosiae Graotingorum gens
25 a Theudosio superatur. Vndecemo [7] anno Theudosius regni sui Romam cum filio Honorio ingressus est, legis [8] Romanorum integra
emendacione ededit. Quarto decimo regni sui anno Valentinianus

[1] istoria [2] post [3] regni Theudosii [4] miraculis [5] regni [6] Theudosii (bis.) [7] undecimo
[8] legisque.

iunior apud Viennam scelere comitis Aruagastis occidetur [1]. Septimo decimo anno Theudosius ualetudine metropis Mediolano defunctus est. Anno regni sui septemo decimo aromatus [2] sancti [3] eclesiae Laurencii sepultus est.

5   Romanorum XL Arcadius et Honorius filii (f. 61.) Theudosio [4] defuncto patri regnauerunt ann. XXX. Anno VIII regni eorum Theudosius Arcadi filius nascetur. Anno XI regni Arcadiae Martinus episcopus sanctus et uir apostolicus transit a Domino carne deposita, cuius uita et mirabilia quae fecit Seuerus uir summus discipulos [5] 10 ipsius qui et cronicam alias quam haec sunt ab inicio genesis perniciosissime scripsit. XV anno regni [6] Arcadiae [7] et Honoriae [8] Alani, Vandali [9] et Suaeui Spanias ingressi. Tercio idus octobris Honorio et Theudosio Arcadi filio consolebus [10] Alaricus rex Gothorum Romam ingressus, cum intra et extra urbem cedes agerentur omni-15 bus indultum est qui ad sanctorum limina confugerunt. Placidaa Theudosiae [11] filia, Honoriae imperatore [12] soror, a Gotis in urbe capta est. Alaricos [13] moretur [14], cui Ataulfus succedit in regno. Anno XVI imperiae Honoriae [15] debaccantibus per Spanies [16] barbaris pestelentiae malo [17] opes condeta in urbis [18]; substantiam tirannecus 20 cus exactor derepit [19], famis dira grassatur ut humani carnis ab humano genere famis fuerunt deuoratae, matris quoque negatis [20] uel coctis natorum suorum sint baste corporibus (f. 61 v°.) bistiae [21] occisorum; gladio, fame, pestelentiae, bestiarum infestatione interementur homines. His quattuo [22] plagis ferri, famis, pestelentiae, 25 infestatione bistearum [23] ubique in toto urbe [24] saeuientibus, praedictae a Domino per profetas suos adnuntiantes impletur. Anno XVI Honoriae [25] regni Gallicia Vandali [26] occupant et Suaeui in stremitate succedunt, Alani Lusitania et Chartageninse prouincias, Vuandali cotnomento [27] Silingi Beticas sorciuntur. Constanti-30 nus post triennium inuasit tirannidem ab Honorio duci; Constantio in Gallicia occidetur [28]; Iuuinianus [29] et Sabastianus tiranni ab Honori ducibus Narbona interfecti. Anno XX imperiae Honoriae [30], Adaulfus apud Narbonam Placidiam duxit uxorem, in quo prophetia Danihelis putatur impleta, ut agit: « Filiam regis Austri socian-

---

[1] occiditur [2] aromatibus [3] sanctae [4] Theudosii [5] discipulus [6] regni [7] Arcadii [8] Honorii [9] Vuandali [10] consulibus [11] Placidia Theudosii [12] Honorii imperatori [13] Alaricus [14] moritur [15] imperii Honorii [16] Spanias [17] male [18] urbibus [19] deripuit [20] necatis [21] bestiae [22] quattuor [23] bestiarum [24] orbe [25] Honorii [26] Vuandali [27] cognomento [28] occiditur [29] Iuuianus [30] imperii Honorii.

dam regi Aquilonis, nollo tamen ex ea semine subsistenti. » xxii anno
imperiae Honoriae [1] Adaulfus a patricio Constantio pulsatur ut relicta
Narbona Spanias petiret; a quendam Gotho Barcilona iugulatur. Cui
successit Vallia in regno, cum patricio Constantio pax mox facta,
5 Alanis et Vandalis cotnomento [2] Sylingis in Lusitania (f. 62.) et
Beteca sedentibus aduersatur. Constantius Placidiam duxit uxorem;
Fredbalum regi gentis Vuandalorum sine ullo certamine ingeniose
captum ad imperatorem Honorium destinat. Anno xxvii Honoriae [3]
regni Vuandali in Beteca per Valliam regem plurimae sunt extincti.
10 Alani a Deo caesi a Gothis fortiter uallati, Addacher regem ipsorum pauci qui superfuerant oblito regni nomine Gunderico regi
Vuandalorum qui in Gallicias resedebat se patrocinio subiugauerunt.
Gothi sedentes in Aquitania Tholosa sibi sedem elegunt a mare terrenum et fluuio Rodano per Ligerem fluuium usque Ocianum possi-
15 dent; Vallia eorum regi defuncto Theudorus succedit in regno. xxv
imperiae [4] Honoriae anno inter Gundericum Vuandalorum regi et
Ermenricho Suaeuorum bellum orto [5], Suaeui in Neruasis montibus
obsedentibus a Vuandalis, Valentinianus Constanti et Placidiae filius
nascitur. Vuandali Suaeuorum obsidione demissa, relicta Gallicia ad
20 Betecam transierunt. Honorius apud Rauennam Constantium consortem regni facit; Constantius imperatur [6] Rauennam moritur in suo
tercio consolatus [7] anno. xxviii imperie Honorio (f. 62 v°.) anno
Castinus magister militum cum magna manu in auxiliis Gothorum
bellum Betece Vandalis infert, quos cum ad inopia obsidionis artaret
25 et tradere se pararent inconsulto publico certamine confligens auxi-
liorum fraude deceptus Terragona uictus fugit. xxx Honorie imperiae [8] anno Rauenna obiit.

Romanorum xli Theudosius Arcadi filius post obetum Honori
patrueli [9] monarchiam tenit [10] imperans ann. xxii. Theudosius Va-
30 lentiniano, ametae suae Placidiae filio, Constantinopole Caesarem
facit, quem contra Iohanne tyranno [11] mittit, a ducibus suis Rauenna occidetur [12]. Felix patricius ordenatur. Valentinianus Caesar
Romam Agustus appellatur. Anno iiii Theudosi regni, Gundericus
rex Vuandalorum capta Spali cum insidias aeclesiarum intenderit
35 mox Dei iudicio correptus interiit. Cui Gaisiricus frater succedit in
regno ann. v regni Theudosiae [13]. Gaisiricus rex Vuandalorum cum .

---

[1] imperii Honorii [2] Vuandalis cognomento [3] Honorii [4] imperii [5] ortum [6] imperator
[7] consulatus [8] Honorio imperii [9] obitum Honorii patrui [10] tenuit [11] Iohannem
tyrannum [12] occiditur [13] Theudosii.

Vandalis cunctaque eorum familia Mauritania [1] in Africam transiit, interfecto Ermengario regi [2] Suaeuorum, iniuria sancti [3] Eulaliae in eodem ac si nollens ulciscetur. Consederunt Vuandali in Betaca [4] ann. LIIII. Septimo anno (f. 63.) imperiae Theudosiae [5] Agrecius [6] dux

5 utriusque miliciae. Suaeui inita cum Gallicies [7] pacem libeta sibi occansione conturbant. Anno VIII regni Theudosiae [8] Agrecius dux utriusque miliciae patricius appellatur. Anno x regni Theudosiae [9] Burgundiones qui reuellabant Romanis a duci Agiecio [10] sunt per-domati. XIII anno regni Theudosiae [11] ab Agecio duci [12] et magistro

10 militum Burgundionum caesa xx milia, Gothorum qui eis auxiliaue-rant VIII milia caesa sunt. XIIII anno regni Theudosiae [13] Suaeui cum parte plebis cui aduersabantur pacis iura confirmant. Ermenricus rex Suaeuorum morbo oppressus Rychilam filium suum substetuit [14] in regno [15], quem postea Betece fluuio Gothi prostrauerunt, auri et

15 argenti opibus occopatis. [16] Cartago magna fraude decepta. Bellum Go-theco sub Theuderico regi apud Tolosa Litorius dux Romanus incon-sulcius cum auxilia Chunorum manum magna inruens caesis parte plurima suis, ipse uulneratus a Gothis capetur [17] et post dies paucos occidetur [18]. Gaisiricus rex Suaeuorum multas in sacerdotibus fecit

20 stragis [19]. Richyla rex Suaeuorum qui Gaisirico successerat (f.63 v°.) AEmereta ingreditur. XVI regni Theudosiae [20] Richyla Spale op-tenta Beteca et Cartagine [21] capit. Anno XXIIII regni Theudosiae [22] solis-facta defectio. Richyla rex Suaeuorum AEmereta gentilis moretur [23] cui mox filios suos [24] Richarius succedit in regno [25]. Agyulfum nobi-

25 lem Gothum in Palae Caesarius comiugulatur [26]. Richarius rex accep-tam in coniugium Theudoris Gothorum regis filiam Vasconias de-praedatur. Anno XXVII regni, Theudosius imperatur moretur [27] Constantinopulae annus [28] aetatis suae quadragensimo nono.

Post quem XLII Marcianus a militantibus et ab exercito [29] instante

30 etiam Pulceriam sororem Theodosiae [30] regina efficitur et ipsi sublima-tur in regno [31], eamque Valentinianus in coniugium adsumpsit. Valen-tinianus et mater Placidia moriuntur Romam. Gallia terre motus factus tercia feria post solis occasum ; ab Aquilonem plaga e caelo ruens quasi ignis aut sanguis efficetur [32]. Gens Chunorum pace rupta ruunt

---

[1] Mauritanea [2] rege [3] iniuriam sanctae [4] Betaeca [5] imperii Theudosii [6] Agecius (bis.) [7] Gallicis [8] Theudosii [9] Theudosii [10] Agecio [11] Theudosii [12] duce [13] Theudosii [14] subs-tituit [15] regnum [16] occupatis [17] capitur [18] occiditur [19] strages [20] anno r. Theudosii [21] Carthaginem [22] Theudosii [23] moritur [24] filius suus [25] regnum [26] Spalae C. coiu-gulatur [27] moritur [28] Constantinopoli anno [29] exercitur [30] Theudosii [31] regnum [32] efficitur.

in Galliis, quos cum Agecius patricius uenientes conperisset, sanctum
Anianum Aurilianinsium episcopum ad Theudorum regi Gothorum
in legacionem dirigit petens auxiliare contra Chunis [1], (f.64.) si praeualebat resistere, mediam partem Galliae Gothis daret. Cum a Theudoro regi huius peticionis annuens auxilium fuisset promissum, Egecius legatus [2] mittens ad Attilanem regem Chunorum obuiam petens
auxilium contra Gothis [3] qui Galleas conabant inuadere, si praeualebant Chuni haec contra Gothis defendere medietatem Galliae ab
Agecio perciperint. Attila rex cum Chunis festinans et partens ciuitatebus [4] Germaniae et Galliae contra Gothus super Legere [5] fluuio nec
procul ab Aurilianes confligit certamine; caesa sunt Gothorum
ducenta milia hominum. Theudor rex hoc proelio occubuit; caesa
sunt Chunorum CL milia. Ciuetas [6] Aurilianes oracionibus beatissimi
Aniani liberata est. Chuni repedanter Trecassis in Mauriacensim consedentis Campaniam, Thoresmodus filius Theodorus [7] qui ei successit in regnum collectum [8] Gothorum exercito [9] patrem ulcis siderans [10] cum Attilanem et Chunis Mauriaco confligit certamine, ibique
tribus diaebus uterque falange in inuicem proeliantes et innumerabiles multitudo genti [11] occubuit. Agecius cum esset strenuosissimus consilii (f. 64 v°.) per noctem ad Attilanem ueniens dixit ad
eum : « Optabilem duxeram ut tua uirtute regionum [12] hanc a perfidis
Gothis potuissem erepere [13] sed nullatenus fieri potest; usque nunc
cum menimis [14] pugnatoribus proelias hac nocte Theudericus germanus Thoresmodi cum nimia multitudinem [15] et fortissimus Gothorum pugnatores aduenit, haec non sustenis adque utinam uel
euadere possis. » Tunc Attila dedit Agecio decem milia uirorum [16] et
per suo ingenio [17] Pannoniam repedaret; ipsaque nocte Agecius ad
Thorismodo idque perrexit [18], dicensque ei causam consimilem
quod apud uilis Chunorum pugnatores usque nunc pugnauerat,
nam maxima multitudo et fortissimi pugnatores a Pannonies ipsaque
nocte Attilanem aduenerant et audissent fratrem suum Theudericum in rauris [19] Gothorum occupasse regnumque uellit adrepere
nisi festinus ad resedendum [20] pergeret periculum addegradandum
haberit [21]. Acceptis idemque Agecius a Tursemodo decim milia
soleas [22] ut suo ingenio a persecutionem Chunorum liberati Gothi ad

[1] Chunos [2] Agecius legatos [3] Gothos [4] ciuitatibus [5] Ligere [6] ciuitas [7] Theodori
[8] collecto [9] exercitu [10] ulcisci desiderans [11] gentium [12] regionem [13] eripere [14] minimis
[15] multitudine et fortissimis G. pugnatoribus [16] soledorum [17] ut per suum ingenium
[18] Thorismodum peruexit [19] in auris [20] resistendum [21] haberet [22] soledos.

sedis proprias remearint [1] (f.65.) protinus abigerunt [2]. Agecius uero
cum suis etiam Francos secum habens post tergum direxit Chunorum
quos usque Toringia a longe prosecutus est, praecepitque suis ut
unusquisque nocte ubi manebant decim sparsim focus facerint [3] ut
5 inmensa multitudine semelarint [4]. Quieuit hoc proelium Ageci consilium ; Gallia ab aduersariis liberatur. Postea cum a Tursemodo regi
et Gothis haec factio perlata fuisset requirentis promissionem Ageci
emplendam [5], et ille rennuerit per pacis iura urbiculum aureum
gemmis ornatum pensante quingentas liberas ab Agecio conposicio-
10 nes causa transmittetur Tursemodo ; et haec iurgia quieuerunt, quae
species deuotissime usque hodiernum diem Gothorum thensauris
pro ornatum ueneratur et tenetur. Anno ii principis Marciani Chuni in
AEtaliam inruunt eamque depraedant, aliquantis ciuitatibus inruptis
diuinetus [6] parte fame, parte [7] morbo quadam, plagis caelestibus fi-
15 niuntur. Iussu Marciani ab Aiecio duci caeduntur, in sedibus suis
quoacti [8] reuertunt et mox Attila moretur [9]. (f. 65, v°.) Turismo [10]
rex Gothorum a Theuderico et Frederco [11] fratribus interficitur. Cui
Theudericus succedit in regno [12]. Tercio regni anno principis anni
Marciani regina moretur Pulcerea. Agecius dux et patricius fraudo-
20 lenter Valentiniani imperatorum manu propria occidetur [13]. Quarto
regni anno principis Marciani per duos barbarus Ageci familiaris
Valentinianus imperator occidetur [14]. Post quem mox Maximianus ex
consolebus [15] xliiii Romae Agustus appellatur, qui cum imperator
factus relicta [16] Valentiniani sibi duxit uxorem. Maximianus quarto
25 regni sui mense urbe Romae tumulto militare [17] occidetur [18]. In ipso
anno Auitus Gallus ab exercito Gallicano primo Tolosa, dehinc apud
Arlato Agustus appellatur, Romam pergit.

Romanorum xliii Marcianus quarto iam regni sui anno obtenta
monarchia per Auitum qui a Romanis aeuocatus et susceptus fuerat
30 imperator. Legati ad Marcianum pro unianimitate mittuntur imperiae.
Gaisiricus sollicitatus relicta Valentiniani et malum fama dispergit,
priusquam Auitus Agustus fieret Romam ingreditur ditatusque opibus
Romanorum Cartaginem redit, relicta Valentiniani (f. 66.) et filias
duas et Agece filium Gaudentium secum ducens. Suaeui Cartage-
35 nensem regionem quas Romanis reddederant [19] depraedantur. Mar-

---

[1] remearent [2] abierunt [3] facerent [4] simularent [5] implendam [6] diuinitus [7] partim (bis.) [8] coacti [9] moritur [10] Turismodus [11] Frederico [12] regnum [13] occiditur
[14] occiditur [15] ex consulebus [16] relictam [17] tumultum militari [18] occiditur [19] red-
diderant.

cianus et Auitus concordis principato [1] Romano utuntur imperio.
Suaeui Taragoninsem prouinciam uastant. Theudericus rex initam
fidem imperiae [2] in Suaeuis [3] legatus [4] mittit ut se a prouincias quas
inuaserant remouerint [5]. Consilio et consinso [6] Auiti imperatores [7]
5 Theudericus rex contra Suaeuis [8] mouit exercitum et in Taragoninsem campaniam super Vrbecum fluuium cum Richario regi Suaeuorum confligit certamine, plurimisque Suaeuis extinctis ipso regi pla-
cato in Gallicias fugaciter fecit adgredi ; ipsoque itinere Theudericus
cum Gothis Romanis qui in Spanias consedebant captiuitatem uasta-
10 uit et multas deripit ciuitatis [9], sanctasque baselecas [10] aefranguntur. Richarius ad loco [11] ubi Portugale appellatur profugus regi [12]
Theuderico captus ducitur et in custudia redagetur [13]. Suaeui oblito
regno se tradent Theuderico ibique regnum eorum distructum est.
Auitus imperator legatum ad Theudericum cum sacris muneribus
15 mittit (f. 66, v°.) nuncians in Corseca caesa' multitudine Vuanda-
torum, Auitum de AEtalia [14] ad Gallias Arelate secessisse. Orientalium
nauis [15] Spalens [16] uenientes per Marciano exercito [17] caesa nunciant.
Occiso Richario, rex Theudericus de Gallicia ad Lusitaniam uenit.
Suaeui dinuo rege Maldra sibi constituunt, Theudericus Emeretam
20 depraedare molliens. Auitus tercio ;anno quam a Gothis et Gallis
factus fuerat imperator carit imperium [18], Gothorum promissa destitu-
tus et auxilia [19] carit et uitam [20]. Septimo anno imperiae suae more-
ur [21] Marcianus.

Romanorum xLIIII Maiorianus in AEtaliam [22], et Constantinopole
25 Leo Agusti appellantur. Theudericus aduersis sibi nuncies [23] territus
mox post dies paschae de Emereta egreditur Gallias repetens,
partem ex ea quae habebat multitudine uariae nationis cum ducibus
suis ad campos Galliciae dirigit, qui dolis et periuriis instructus ad
Suaeuos qui remanserant iussam sibi expeticionem ingrediuntur,
30 pace fugata, soleta arte perfidiae. Nec mora, illic celetur multitudo
Romanorum, (f. 67.) sanctae aefranguntur eclesiae, sacer omnes
ornatus et usus aufertur, episcopi, clerici captiuantur, domebus [24]
dantur incendia. Agiulfus dum regnum Suaeuorum sperat, Portugale
moritur. Suaeui in soletam perfidiam uersi regionem Galliciae
35 adherentem fluuium Durio circa litora manentes depraedantur. Gothe-

---

[1] principatu [2] imperii [3] Suaeuos [4] legatos [5] remouerent [6] consenso [7] imperatoris [8] Suaeuos [9] deripuit ciuitates [10] basilecas [11] locum [12] rege [13] custodia redigitur
[14] Aitalia [15] naues [16] Spalensim [17] Marciani exercitum [18] caret imperio [19] auxilio
[20] caret et uita [21] imperii sui moritur [22] Italiam [23] nunciis [24] domibus.

cus exercitus duci suo Cyrola ad Theuderico regi Spanias missus
succedit ad Betega. Theudericus duci suo Sunnerico exercitus sui
aliquantam partem ad Betecam dirigit. Cyrola reuocatur ad Gallias.
Suaeui Lusitaniam cum Maldare regi et alii cum Richymundo Gallicias
5 depraedantur. AEroli ad Betecam pertendentes, Maldras Germanoso
nomen [1] fratre [2] interfecit et Portugali castro inuadit. Legati a Maioriano Agusto et Theuderico regi [3] pacem inter se initam ad Suaeuis et
Vandalis [4] diriguntur. Anno iiii regni Maioriani Maldras rex iugulatur mense madio. Maiorianus imperator Spanias ingreditur ad Car-
10 tagininsem prouinciam pertendens, nauis ad transiendom [5] aduersus
Vuandalus [6] praeparare iubet, quas Vuandali subripiunt. (f. 67, v°.)
Maiorianus imperator sua ordenatione frustrata ad AEtaliam [7] repe-
tit. Gotecus exercitus a Sunnarico et Nepuciano comitebus [8] uerte-
tur, Suaeuos depraedantur. A Theuderico legati ad Suaeuos ueniunt et
15 recurrunt. Theuderico legati ad gentis pacem postulatam et optentam
reuertunt. Quinto Maioriani regni anno Gaisiricus rex a Maioriano imperatore per legatus [9] postulans Maiorianum de Gallies [10] ad Romam rede-
untem romano imperio uel res necessarias ordenantem [11]. Richymeris
Vaedorum [12] consilio fultus fraude interficetur [13].

20 Romanorum xlv Seuerus a senato Romae Agustus appellatur. Anno
imperiae [14] Leonis v Atrepennus Gallies comis et ciuius inedus [15]
AEgidio insignis inimicus ut Gothorum fideretur Narbonam tradit [16]
Theuderico mense iunio. In Gallicia coruscationem [17] uillae exuste,
gregis ouium concrematae, carnis concise, pluuiae de caelo mixtae
25 cadent. Duo aduliscentes carne in inuicem soledati adhaerentes sunt
mortui. In Armoricana prouincia Fridericus frater Theuderici regis
insurgens cum his cum quibus (f.68.) fuerat superatus occidetur [18].
Luna xv tunc conuersa est in sanguine in speciae lunae quinta [19]; sol
ab hora tercia usque nona obscuratus. Vuandali per Marcellinum in
30 Sicilia caesi aefugantur. AEgidius comes ueneno perit [20].

Romanorum xlvi regnat Antimius, Romam Agustus appellatur.
Anno Leonis imperiae [21] viii expedicio ab Africam aduersus Vandalus [22] ordenatur. Per Theudericum Salla legatus mittetur [23] Remus-
mundum regem Suaeuorum qui reuersus eum a fratri suo Teu-
35 derico nuntiat interfectum. Gothi qui ad Vuandalus missi fuerant

[1] germanus sonem [2] fratrem [3] rege [4] Vuandalis [5] transiendum [6] Vuandalos [7] Italiam [8] comitibus [9] legatos [10] Galliis [11] ordinantem [12] Suaedorum [13] interficitur
[14] imperii [15] Galliis c. et c. inuidus [16] tradidit [17] coruscatione [18] occiditur
[19] quintae [20] periit [21] imperii [22] Vuandalus [23] legatos mittitur.

supredicte [1] expediciones romore perterreti reuertuntur. Conembra ciuetas in pace decepta domebus [2] destructis cum aliqua parte murorum, habitatores capti atque dispersi, et regio dissolatur et ciuetas [3].
Anno II regni Antimiae medio Tholose ciuetatis sanguis erupit de
5 terra et tota diae fluxit signeficans Gothorum dominatione sublata Francorum adueniente regno. Exercitus Leonis aduersus Vuandalus [4] cum tribus ducibus discendit. Rychimir [5] gener Antimiae imperatores [6] et patricium factum (f. 68, v°.) adfatim degradato ad priuatam uitam filium eius occiso. Aduersus Romanorum imperium
10 conuentique sunt Vuandali consolentis Gothi eundem tempore hoste legate deseuiunt, partem etiam Lusitaniae depraedantebus [7] Richymundum cum Suaeuis ad imperatore transeuntem. Durissimus extra soleto hoc eodem anno hibernus hiemis et aestatem, autumni fructuumque mutatione defundetur [8]. Temporibus imperatores Honoriae [9]
15 regnum Gothorum post captam Romam befaria deuisione partitur, et qui in AEtalia [10] consederunt dicionem imperiae se tradent [11], reliqui Aquitania [11] prouincia ciuitatem Tolosa eligentes sedem regem elegunt Ataulfum ; postea ut supra gesta confirmat a Gothis regnatum est. In his uero qui in AEtaliam [13] consedentes Romano perti-
20 nebant imperio Theudericus natione Macedonum permissum Leonis imperatores [14] principatum adsumit sicut huius libri gesta testatur [15], nam ille alius Theudericus Theudoris regi filius natione Gothus fuit. (f.69.)

III [1].

25 Natiuetas [16] Theuderici regis ex genere Macedonum ita fuit qui in AEtalia [17] Gothis et Romanis regnauit. Idacius patricius et uxor Eugenia, cum sine liberis essent, habentes in ministerio credetarius [18] sibi puerum nomine Theudorum et puella nomine Liliam, quos comperissent diligentes, inuicem coniugium permiserunt copu-
30 lare [19], erantque ambo natione Macedonis, unde paruuli captiui fuerant adducti. Eugenia iussit puellae : « Cum ad uiri coetum accesseris, quodcumque eadem nocte sopore somnii uisaueris [20], mihi in crastinum narrare non sileas ; quia creditur ueritate subsistere

---

[1] supradicte [2] ciuitas in p. d. domibus [3] ciuitas [4] Vuandalos [5] Rychimer [6] imperatoris [7] depraedantibus [8] defunditur [9] imperatoris Honorii [10] Italia [11] tradunt [12] Aquitanea [13] Italiam [14] imperatoris [15] testantur [16] Natiuitas ; *dans la marge supérieure :* De Teodericom et Tolomeom [17] Italia [18] credetarios [19] copulari [20] uisa habueris.

quod nubentes prima nocte uisauerint [1]. » Quod cum coiugati [2] eadem
nocte fuissent, uidit puella somnium quod natus ille fuesset [3] arbòr
exiliens de umbolico uentris tam excelsus [4] quod nubebus [5] paenetra-
ret, narrauitque uirum iussionem dominae suae et uisionem quem [6]
5 uiderat. Dixit ad eam uir suus : « Cum steteris hodie in conspectu do-
minę tuae, eo quod sine liberis est, sic dicis ad eam : Visaui [7] nocte hac
aequum et aequam ambos pulcherrimus cunctorum et coma nimia
(f. 69, v°.) pulchritudinem habentis ; sequebat eos tercius aequus
paruolus eorum consimilis et haec ambulabant in domo dominorum
10 meorum. Quod cum dixeris, inuenies gratiam in conspectum eius. »
Surgensque Lilia, omnia sicut uir praeceperat, protinus nuncians
dominae suae ; Eugenia cum audisset uirum narrans putauerunt liberum esse futurum, repleti gaudio Theudoro et Lilia liberus [8] esse
iusserunt, et per tabularum adscriptione firmantis [9], etiam rebus
15 plurimis ditauerunt. Conceptum Lilia peperit filium nomen Theudericum, qui diligenter nutritus, Idacio et Eugeniae praesentatur,
quem secum esse iusserunt, tanta in eum amplectentes amorem, ut
ipsum sibi adoptarent in filium. Criscensque [10] puer decorus ualde
couetum [11] super aliorum statura effectus est prudens et fortis ualde.
20 Defuncto Idacio et Eugenia, praeceptum imperatores [12] Leonis
Theudericus iussus est militaris. Duodecim annis miliciam agens,
tante fortitudines [13] et ingenies [14] prilia [15] gessit primum ut ab omnes
senatores palaciae uehementer diligeretur. Posttremum sagaci inuidiae morbum aduersus eum dolore fremebant, (f. 70.) inuesti-
25 gantis [16] qualum iusso imperatores [16] interirit [18].

Tolomeus quidam ex senatoribus huius consiliae tacitae contrarius, uehementer cum Theuderico amicicias inians [19], quousque
die ouetus custudiuit. Gothi postquam Romam uastauerunt et terra
AEtaliae [20] possiderant, sedicionem imperatores [21] Leonis esponta-
30 niae [22] tradiderunt ab Odoagro rege et Erolis seo et reliquas uicinas
gentes eorum adsiduae uastarentur, per legatus [23] Leonem imperatorem postulauerunt ut Theudericum eis instituerit [24] patricium, ut per
ipsum aduersariis resisterint [25]. Quod Leo imperator clementer annuens cum consilio senato Theuderico [26] Romam direxit. Qui a
35 Romanis seo [27] Gothis patriciati honorem gloriose susceptus est, et

---

[1] uiderint [2] coniugati [3] fuisset [4] excelsum [5] nubibus [6] quam [7] uisum habui
[8] liberos [9] firmantes [10] crescensque [11] cubitum [12] imperatoris [13] fortitudinis [14] ingeniis [15] praelia [16] inuestigantes [17] imperatoris [18] interiret [19] iniens [20] terram Italiæ
[21] imperatoris [22] spontaniæ [23] legatos [24] institueret [25] resisterent [26] Theudericum [27] seu.

cum AErolis plures prilia [1] gessit. Nam quadam uice apud Odoagrum
rege [2] et AErolis Theudericus cum Gothis prilium [3] concitasset,
Theudericus fugiens cum suis Rauennam ingressus est, ibique mater eius Liliam obuiam ueniens increpans eum, dicens : « Non est
5 ubi fugias, fili, nisi ut leui [4] uestimenta mea ut ingredias utero de
quo natus es. » Quod ille audiens, nimium confusus, cum suis quos
potuerat repperire (f. 70, vᵒ.) plus mori uellens quam uiuere,
obuiam Odoagri et AErolorum exiuit. Quod cum eos imperatos [5] et
dispersos obuiasset, tandem cum paucis eos superat. Resumptis
10 uiris [6] Gothis se concolliens persequitur Odoagrum, quem cum uxore
et liberis uinctum interfecit, gentemque et regnum AErolorum diliuit.
Quod cum perlatum Leoni imperatori fuisset, et a senato saepius sua-
deretur ut Theudericum deliret, praecepit eum uenire ad se. Theudericus, collictis secum utilissemus [7] pugnatoris [8] Gothorum armatus [9]
15 et qui nobilis [10] erant utrumque xii milibus tantum euecto nauale
quasi oboediens in occursum Leonis imperatoris Constantinopole
uenit. Amicus eiusdem Tolomeus nullo ingenio potebat qualiter eidem
res agebatur narrare, nisi tantum in consilio prudentissime et suptili
ordine qui Theuderico erant contrarii destruebat. Decreto imperato-
20 res [11] Leones et [12] senato cum esset ut Theudericus cum in palatio
ingrediebatur [13] seductus, membratem [14] et separatus a suis ut interficeretur. Consilio Tholomei amici sui de hoc periculo liberatur
dicens ad imperatorem : (f. 71.) « Non est utile gloriae tuae ut homine [15] ille sic fraudulenter interficiatur, nec dictum sit a suis qui
25 cum eodem uenerunt, quod non publice eum potuissetis interficere, nisi ingeniosae separatum a suis. Sed iobe [16] eum uinctum
tenere, et mittantur seniores senatores ad castra Gothorum foris
ciuitate, qui cum Theuderico uenerunt, narrint [17] eis offensionem
Theuderici et iram gloriae tuae, eo quod dignus est morte; ipsi
30 decernant utrum capite truncetur, an bistiis [18] deuorandum trada-
tur. »

Cumque placuisset consilius [19] Tolomei, transmissi sunt quinque
senatores qui erant citeris [20] et Tholomeus cum ipsis haec uerba
Gothis nuncianda. Ibique Tholomeus secretissime mittens puerum
35 nuncians Gothis ut cum ipsi et reliqui senatores eis uerba haec nar-

---

[1] prelia [2] regem [3] prelium [4] leuas [5] imparatos [6] uiribus [7] collectis secum utilis-
semis [8] pugnatoribus [9] armatos [10] nobiles [11] imperatoris [12] et a senato [13] ingre-
dieretur [14] membratim [15] homo [16] iube [17] narrent [18] bestiis [19] consilium [20] ceteris excelsiores.

randum accederint [1], eos Gothi cincgerint [2] et legarint [3] imperatores [4] mandatis [5] : « Nisi dominum nostrum Theudericum
uiuum et saluum nobis reddederit et sacramentis firmauerit ut
incolomis [6] nos cum ipso patriae remeare permittat (f. 71, v°.) se-
5 natores hos interficiemus, et aduersus ciuitatem hanc, qua uirtute
possumus priliauemus [7]. » Quod cum consilius [8] Tolomei fuisset im-
pletus [9], Theudericus uinctus in palatio teneretur, et Tholomeus cum
sociis itemque a Gothis uicti [10] sub eius modi ordine tenerintur [11],
uellit nollit Leo imperator Theudericum sanum Gothis reddedit,
10 insuper promittens eum cum suis incolomem patriae repedare. Saluatus est Theudericus consilium [12] Tholomei regressus Romam,
cum Auaris bellum intulit; plurimae strages utique [13] facti. Chuni
AEtaliam [14] inundantes, Theudericum et Gothis superant, plurimas
ciuitates AEtaliae [15] uastant. Tandem Theudericus, resumptis uiris [16],
15 inruit super Auaris [17] quos uinctus Pannoniam in fugam dirigit.
Quos cum sequeretur finibus in Pannoniae non est ausus ingredi,
ibique cum castra sederit, [18] cum quattuor pueris in aequis sedentibus, extra castra isibi quintus agressus est ut praeuederit [19]
ne forte Auaris [20] dinuo aduersus ipsum insurgerint [21]. Cum
20 iam procul a castra essit [22], Auar nomen Xesxer (f. 72.) utelis-
simus cunctorum singulus [23] ad praeuidendum Theudericum ex se-
cretum eum obuians, quod cum a longe repertus fuisset missi ad
Theudericum [24] tres uiri bellatores ut eum ait uiuum caperint, aut
interficerint [25]. Quos Auar fugam fingens singellatim interfecit. Dinuo
25 Theudericus alios tres uiros ad ipsum capiendum direxit qui itemque
ab Auare interfecti sunt. Postea Theudericus singulare certamen
cum Auari [26] bellum iniuit ; quem contho in brachio percusso diutissime in inuicem cum aequis girantis [27] a Theuderico Auar superatus
est, quem uinctum Theudericus secum ducit ad castra. Quem cum
30 cognouisset fortissimum esse in bellum, uerbis blandiciis eum sua-
debat ut suo sacramento fidem Theuderico promitterit et eum postea
multis muneribus Theudericus ditarit [28]. Quod Auar, Xerser nomen [29],
uehementer rennuens, fidem promittere noluit nisi terram suam
cupiens remeare ; postea minis et diuersis adflictionibus a Theude-
35 rico coactus est ; sed tamen eius imperio denegans, fidem paenitus

---

[1] accederent [2] cingerint [3] legarent [4] imperatori [5] mandantes [6] incolomes [7] proe-
liabimus [8] consilium [9] impletum [10] uincti [11] tenerentur [12] consilio [13] uterque [14] Italiam [15] Italiæ [16] uiribus [17] Auares [18] sederet [19] praeuedaeret [20] Auares [21] insurge-
rent [22] castris esset [23] singulos [24] Theuderico [25] caperent aut interficerent
[26] Auare [27] girantes [28] ditaret [29] nomine.

promittere noluit. Cumque uehementer rennuerit [1], (f. 72, v°.) permisit eum Theudericus patriae renneare.Natans cum aequum fluuium
Istria, respiciens ex alia parte ad Theudericum, dixit : « Liberatus
sum a dominatione tua, liberum me arbitrium esse cognusco,
5 nihil super me modo est tua potestas, reuertam ad te, ero [2] tibi
fidelissimus citeris [3]. » Quem Theudericus multis opibus ditans
cunctis delectissimum habuit et cum pluris prilia [4] Vuandalis et Suaeuis ceterisque gentis [5] agebat, eum semper proximum et fortissime
priliantem [6] suae custudiae [7] in agmenibus [8] cognuscebat [9], ideoque
10 uehementer a Theuderico delictus [10] est. Cumque utilitas Theuderici et
prilia quae gesserat perlata aula imperatoris fuisset [11], Leo imperator
iussit eum dinuo uenire consilio senato [12], ut tractatum perficerint [13]
quem de ipso iniuerant [14]. Iuramento senatores constringit, ut huius
consiliae [15] nullus proditur [16] esset : et si quis agnetus [17] prodedisse,
15 capite puniendus esset. Tunc Theudericus dirigens secraetae puerum
ad Tholomeum inquirensque suae utilitate proficerit [18] aut uenirit [19],
aut forsitam oportebat rennuere. Tholomeus (f. 73.) his verbis secre-
ssime auditis, dixit ad puerum : « Nihil paenitus Theuderico re-
mando hodiae dies festus est, iussionem Agusti omnes senatores in
20 aula imperiae [20] discumbent ad prandium, tu uero ad instar puerum
meum [21] mihi ad dorsum obidiens [22] diligenter adtende, quod ad
senato loquer fabolis [23], protenus reuerte nuncians ad eum qui te
misit.» Quod cum puer ille huius eadem diae obidiretur [24],discumben-
tibus senatoribus ad prandium, dixit Tholomeus : « Laetus dies huius
25 prandii sit, iocundemur in fabolis [25]. »

Cum esset leo fortissimus bistiarum [26] fuitque elictus [27] a
cunctis bisteis [28] rex, uenientis [29] cunctique in eius occursum, cum
iam esset hora prandiae [30], uenit ceruus. Cum adorasset leonem,
adpraehendit cornum [31] eius ut ei ceruus esset ad prandium. Ille
30 uehementer rétragens [32] cornum [33] amisit, cursuque ueloci fugit in
heremis. Iusso leonis inter [34] his bisteis [35] missa est uulpis ut eum
ueniendum [36] subuerterit [37].Illa, cum sit artis suæ ingeniosa, iuramen-
tis non pauida sacramentis, praeuentum ceruum in conspectu leonis
adducit. Quod cum iterum adorasset leonum (f. 73, v°.) uehementer

---

[1] rennueret [2] eroque [3] ceteris [4] plures proelia [5] ceterasque gentibus [6] proeliantem
[7] custodiae [8] agminibus [9] cognoscebat [10] delectus [11] fuissent [12] senatus [13] perficerent
[14] inierant [15] consilii [16] proditor [17] agnitus [18] proficeret [19] ueniret [20] imperii
[21] pueri mei [22] oboediens [23] senatum loquor fabulis [24] oboediretur [25] fabulis [26] bestiarum [27] electus [28] besteis [29] uenientes [30] prandii [31] cornu [32] retrahens [33] cornu
[34] Iussu I. de his [35] besteis [36] ad ueniendum [37] subuerteret.

ad [1] ipso leone capitur et membratem [2] disrumpitur. Vulpes [3] illa forto [4] ablato [5] cor eius comedit. Leo cum diligerit [6] cor cerui ad manducandum inquirens et fremens uehementer, omnes bistii [7] paue- factae tremebant eo quod cor cerui inuenire non potuissent, dixerunt:
5 « Vulpes [8] qui eum adduxit ipsa proxemior [9] cunctis fuit quando deru- ptus est, illa furauit cor eius. » Adpraehensa cum esset in poena, et quaereretur ei ut redderet quod furauerat, dixit: « Sine culpa poenas patior; ceruos [10] ille non habet [11] cor, nam si cor habuisset, ego eum praeualere [12] non potueram, nec hic numquam [13] uenisset, primo amis-
10 sum [14] cornum [15], uix tandem euasit. Qo pacto cor habens [16] hic re- uerti [17] potuerat? » Puer ille diligenter audiens memoriam retenens, Theuderico uelociter narrauit consilium [18] Tholomei. Iterum Theu- dericus de periculis [19] liberatur. Post haec rennuens dicione imperie [20] cum summa felicitate uiginti et duobus annis cum Gothis regnauit.
15 Fiunt omnes anni quibus Theudericus in AEtalia [21] regnum tenuit XXXII. A finibus Pannoniae usque ad Rodano fluuio, (f. 74.) a Terreno mare [22] usque Alpis Poenunas [23] et Isera fluuio unum tantum modo [24] plenum terrae annis singulis haerariis publecis dissoluebat, ut diceretur Theudericus rex modio [25] pleno [26] aerariis per singulis
20 annis reddit publecis, decretum imperiae [27] ut amplius ei nullo tempore quaereretur. Ciuitates uniuersas quas regebat miri operis restaurare et munire sollertissime fecit. Palatia quoque splendedissime Rauennae urbis, Veronae et Papiae, quod Ticinum cognomentum [28] est, fabri- care iussit. Tantae prosperetatis post regnum tenuit, pacem cum gen-
25 tibus uicinas habens, ut mirum fuisset. Cuius filiam Sigysmundus rex Burgundionum habuit uxorem.

Quadam uicem [29] Chlodoueus rex Francorum et Alaricus rex Go- thorum, qui sedem Tolosa habebat, post multa prilia [30] quae inuicem gesserant, intercedentes legatus [31] cum pacem inire coepissent, huius
30 conuenentiae ut Alaricus barbam tangerit [32] Chlodouei effectus ille Patrenus [33], perpetuam ab inuicem pacem seruarint [34] et ad huius pla- cita coniunctione nec Francos [35] nec Gothos [36] armatus [37] paenitus (f. 74, v°.) non accederit [38], actatuentes [39] diem ad locum designatum ab inuicem. Ibique legatus Chlodouiae [40], Paternus nomen [41], ad Ala-

. [1] ab [2] membratim [3] uulpis [4] furto [5] ablatum [6] diligeret [7] bestiae [8] Vulpis [9] proxi- mior [10] ceruus [11] habuit [12] fallere [13] umquam [14] amisso [15] cornu [16] quo pactu si cor habeset [17] non potuerat [18] fabulam [19] periculis [20] imperii [21] Italia [22] mari [23] Poeno- nas [24] modium [25] modium [26] plenum [27] imperii [28] cognomento [29] uice [30] proelia [31] legatos [32] tangeret [33] efficetur illi Patrinus [34] seruarent [35] Franci [36] Gothi [37] armatis [38] accederent [39] statuentes [40] Chlodouii [41] nomine.

ricum accessit, inquirens utrum eo habito [1] Gothi in armis [2] quo
spoponderant placitum custodirent, aut forte more soleto [3], ut post
probatum est, mendaciis apparerint [4]. Cum loqueretur Paternus ab [5]
Alaricum regem, nuncians salutes Chlodouei, et diligenter inquirens
5 quo ordine deberint [6] coniungere, Gothi fraudulenter uxos pro ba-
culis in manum ferentis [7], adpraehensum unum ex his Paternus
extrait dicens : « Mendacia tua placita sunt, rex, ut fraude coneris cum
tuis Gothis dominum meum et Francos decepere [8]. » Accepto placito
cum Alarico espondens Paternus pro Francis ut iudicium Theuderi-
10 ce [9] regis AEtaliae [10] huius rei terminus [11] fieretur, ibi legatus Alarice [12] regis et Paternus directus a Chlodoueo conspectum properant Theuderici. Exponens per ordine Paternus causam Chlodouiae [13] et Francis quod legatus Alarice [14] denegare non potuit, nisi
tantum petens ut iudicium Theuderici fineretur. Cogitans in semet-
15 ipsum Theudericus huius causae aeuentum et futuris (f. 75.) temporibus quae oportebant [15] obliuionem non tradens, zelum aduersus
hos duos regis [16] retenens, dicens his legatis in crastinum quod attencius huius rei pro pacis concordiam ut iusticiae ordo poscuerit cum
seniores [17] palatiae [18] pertractare potuero fratribus meis cum integra
20 delectione et amore praefuso [19] mandare non sileo, tractansque in
archana [20] cordis iam olym caelauerat, cupiens his duobus regibus ab
inuicem semper esse discordis [21] , talem inter eosdem iudicium ter-
menauit, ut difficile Gothis quos Alaricus regebat huius culpa conpo-
sitio suppleretur, ut ueniret legatarius Francorum sedens super
25 aequum, contum aerictum [22] tenens in manum, ante aula palatiae
Alarice [23], et tamdiu Alaricus et Gothi super eum solidos iactarint [24],
quousque legatum et aequum et cacumine conti cum soledis cope-
rirent, renuntiantes legati Alarico protenus quod Theuderici huius rei
terminasset iudicius [25]. Et cum esset difficile haec Alarici uel Gothis
30 (f. 75, v°.-76.) [26] supplere, uolentis fraudem Paterno legato Francorum
decepere [27] quem in solarium missum per noctem quod supposetum
erat, ruens fracto brachio, uix tandem euasit. Ducitque eum Alaricus
in crastinum suos ostendens thesauros et cum sacramento dicens :
« Amplius soledus non haberit [28], quam ad praesens arcis plenis osten-

---

[1] habitu [2] inermis [3] solito [4] apparerent [5] ad [6] deberent [7] ferentes [8] decipere
[9] Theuderici [10] Italiae [11] terminos [12] Alarici [13] Chlodouii [14] Alarici [15] oportebat
[16] reges [17] senioribus [18] palatii [19] dilectione et a. perfuso [20] archano [21] discordes
[22] aerectum [23] palatii Alarici [24] iactarent [25] iudicium [26] *Le f. 75, v° est occupé en
entier par un dessin à la plume représentant probablement sainte Hélène,* [27] decipere
[28] haberet.

derit[1].» Vbi Paternus unum soledum de pugno extrahens suum proiecit dicens : « Hos solidos adarrabo[2] ad partem dominae mei Chlodouei regis et Francos[3].» Reuertens ad Chlodoueo narrans per singula, Chlodoueus aduersus Alaricum arma commouit, quem in Campania
5 Voglauensem decimo ab urbe Pectaua miliario interfecit, et maximam partem exercitus Ghothorum inibigladium trucidauit, regnumque eius a Legere fluuium et Rodanum[4] per mare Terrenum et montes Pereneos usque ocianum mare abstulit, quod hodiaeque dicione[5] condigno permanet ad regnum Francorum.

10 Theudericus, cum papa romensum[6], apostolicum uirum Iohannem, sine culpa morte damnassit[7], et Symmacum patricium, (f. 76,v°.) nullis causis extantibus, itemque trucitare[8] fecisset, ira percussus diuina, a germano suo Gaisirico interficetur[9]. Fertur in dialiquos[10] sancti Gregorii a quaedam sacerdoti[11] uisibibiter ab ipso pontefici[12]
15 et patricio Theudericus uinctus tragetur Sicilia in olloam[13] ignis. Explicit.

Chrocus, rex Vuandalorum, cum Suaeuis et Alanis egressus de sedibus, Galleas[14] adpetens, consilium matris nequissimam utens, dum ei dixisset : « Se[15] nouam rem uolueris facere et nomen adquirere,
20 quod alii aedificauerunt, cuncta distruae, et populum quém superas totum interfice ; nam nec aedificium meliorem a praecessorebus[16] facere noᴜ potes, neque plus magnam rem per qua[17] nomen tuum eleuis[18].» Qui, Renum Magancia ponte ingeniosae transiens, primum ipsamque ciuitatem et populum uastauit. Deinde cunctasque
25 ciuitatis[19] Germaniae uallans, Mettis peruenit, ubi murus ciuitatis diuino noto[20] per nocte ruens, capta est(f.77.) ciuetas[21] a Vuandalis. Treuerici uero in arenam huius ciuitates[22] quem munierant liberati sunt. Post haec, cunctas Galleas[23] Chrocus cum Vuandalis, Suaeuis et Alanis peruagans,alia subsidione deliuit,aliasque ingeniosae rumpens,
30 uastauit. Nec ulla ciuetas[24] aut caster[25] ab eis in Galliis liberata est. Cumque Arelato obsederint[26] Chrocos[27] a Mario quaedam militae captus et uinculis constrictus est. Qui ductus ad poenam per uniuersas ciuitates quas uastauerat impia[28] uita[29] digna morte finiuit. Cui Trasemundus successit in rignum[30]. Alamanni aduersus Vuan-

---

1 ostenderet 2 adnumerabo 3 Franci 4 Ligere fluuio et Rodano 5 hodiae dicioni 6 papam romensem 7 damnasset 8 trucidare 9 interficitur 10 dealogo libro 11 sacerdotii 12 pontifice 13 traheretur S. in ollam 14 Gallias 15 Si 16 praecessoribus 17 quam 18 eleues 19 ciuitates 20 nutu 21 ciuitas 22 ciuitatis 23 Gallias 24 ciuitas 25 castellum 26 obsederent 27 Chrocus 28 impiam 29 uitam 30 regnum.

dalus [1] arma commouunt. Vterque consencientes singulare certamen
priliandum [2] duos miserunt, sed et ille qui a Vuandalis missus est ab
Alamannos superator [3]. Victusque Trasemundus et Vuandali secundum placetum [4] cum Vuandalis, Suaeuis et Alanis de Gallias praeter-
5 missis Spanias adpetiuit, ibique multos christianorum pro fide catholica interfecit. Post paucum tempore [5] mare traducta [6], in Mauritania, credo diuino noto [7] fera ducente cum Vuandalis uadando
transiuit. (f.77, vᵒ.) Fertur mare ibi septe milia passum latitudinem
esse. Mortuo in Mauritania Trasemundo, Hunericus, mente crudelior,
10 Vuandalis successit in regnum, auream [8] tutam occupans nimia
estrage [9] in christianis [10] exercuit, consiliante Cyrola, hereticorum
episcopo, cuius persecucionem plurimos [11] numerus christianorum
martyrii palmam [12] sunt coronatae. His diebus Eugenius, Longinus et
Vindemialis episcopi miras uirtutis [13] in Christi nomen [14] ostendebant.
15 Etiam et mortuos suscitabant. Cyrola quaedam hominem praeuentum
datis quinquaginta auries ut se caecum fingerit et clamarit coram Hono-
ricum regem Cyrolae uirtutibus lumen accipere. Qui tactus a Cyrola
caecus efficitur. Postea orationis Eugeniae [15] lumen recepit. Instigante
Cyrola ab inuidiae morbum, Honorico iobente [16], Eugenius capo [17]
20 truncatur. Longinus et Vindemialis diuersis poenis adfecti pro Christi
nomen [18] ad aeternam migrant beatitudinem. Honoricus merito exi-
gente propriis se morsibus laniauit, indignam uitam iusta morte finiuit.

Cui Childericus successit in regnum. Ipsoque defuncto (f. 78.)
Ghildemeris regnum suscepit, apud quem Bellesarius patricius for-
25 tissime demigauit. In quem [19] regnum Vuandalorum finiuit.

Iustinianus, priusquam temporibus Iustini imperatore [20] regnum
adsumerit [21], cum esset comex [22] cartarum et Bellessarius comex
aestabolarius, erantque ab inuicem nimia delictione [23] amplexi, iu-
rantes sibi quantum cuiusquam ex his causa proficerit [24], pare sem-
30 piternam fidem seruarit [25]. Cum quadam die cum duas gesna [26] de lo-
panar [27] electas ex genere Amazonas, sibi cumcubito meridiae sub
quasdam [28] arboris in pomario, senior Antonia cum Iustiniano
discubuisset, Iustiniano sopore] oppraesso sol declinans, capud
eius incaluit. Veniens aquila diuino noto [29] eodem dormiente

---

[1] Vuandalos [2] proeliandum [3] superatur [4] placitum [5] tempus [6] transducta [7] nutu
[8] Mauritaneam totam [9] strage [10] christianos [11] plurimus [12] palma, [13] uirtutes
[14] nomine [15] oratione Eugenii [16] iubente [17] capite [18] nomine [19] demicauit [20] imperatoris [21] adsumeret [22] comis (bis.) [23] dilectione [24] proficeret [25] seruaret
[26] germanas [27] lupanar [28] quadam [29] nutu.

calorem solis extinsis [1] alis obumbrabat. Quod cum Antonia uigilante fuisset repertum, sperans hoc signum Iustinianus imperium adsumerit [2], expertum a somno dicens ei : « Si imperatur [3] effectus fueris, erit digna ancilla tua tibi concubito. »

5 Et ille subridens, cum ei fuisset difficile hoc esse honore dignum, dixit ad eam : (f. 78, v°.) « Si imperatur [4] effectus fuero, tu mihi eris Agusta. » Commutantis [5] ab inuicem anolis [6], ait Iustinianus ad Bellesarium : « Scias inter me et Antunia [7] placuisse, si ego efficior imperatur, ipsa sit mihi Agusta ; anolis [8] commutantis [9]

10 hoc foedus iniuimus. » Dixitque Antunia [10] : « Si soror mea tibi Agusta, ego Bellesario matrona efficiar. » Dicensque Bellesarius : « Diuino noto [11] si Antunia Agusta [12] efficitur, tu estratus mei matrimonium sociaris. » Idemque anolis [13] commutandis [14], abierunt. Nec multo post tempore, Iustinus imperator bellum in Persis [15]

15 mouit. Quod cum Calcedona transisset, morbo perit [16]. Consenso [17] senato et militum, eleuatus est Iustinianus in regnum. Oppraesso rege Persarum, cum uinctum tenerit [18], in cathedram quasi honorifice sedere iussit, quaerens ei ciuitatis [19] et prouincias reipublice restituendas, factisque pactionis uinculum firmarit [20]. Et ille res-

20 pondebat : « Non dabo. » Iustinianus dicebat : « Daras. » Ob hoc, loco illo ubi haec acta sunt, ciuetas nomen Daras fundata est iusso Iustiniano [21], quae usque (f. 79.) hodiernum diem hoc nomen nuncopatur [22]. Post receptas prouincias et ciuitatis [23] plurimas quae a rege huiusce modi ordine Iustinianus suae dicione [24] adsumserat omnibus

25 que firmatis, permisit eum in Persas [25] regnum recipere. Reuertens Iustinianus cum magno triumpho Constantinopole [26], sedem tenens imperiae [27], Antunia [28], sumtis secum quinque aureis, duos dedit hostiariis, permissa est introire palatio [29]; tres dedit ad tenentis [30] uelum, ut sua causa permitteretur suggerere, dicens ad Iustinianum : « Cle-

30 mentissime imperator; iuuenis aliqui in hanc ciuitatem dedit mihi anolum in sponsaliae arras, et meum sibi accepit, promittens et sacramento firmans aliam non nuerit [31] sed me haberit uxorem. Dilatatur haec causa quod iobis [32], piissime imperator, ut fiat. » Dixitque Iustinianus : « Non liceat hanc promissionem, si facta est, mutare. »

35 Tunc illa porrigens anolum : « Dominus cognuscat cuius fuisset

---

[1] extensis [2] adsumeret [3] imperator [4] imperator [5] commutatis [6] anulis [7] Antoniam [8] anulis [9] commutatis [10] Antonia [11] nutu [12] Antonia [13] anulis [14] commutatis [15] Persas [16] periit [17] consensu [18] teneret [19] ciuitates [20] firmaret [21] Iustiniani [22] nomine nuncupatur [23] ciuitates [24] dicioni [25] Persa [26] Constantinopoli [27] imperii [28] Antonia [29] palatium [30] tenentes [31] nueret [32] iubis.

anolus isti [1] ; et quis eum mihi dedit, tibi latere non potest. » Cumque cognuscens [2] Iustinianus anolum quem dederat, recordatus
suae promissione iobit [3], eam (f. 79, v°.) cobigolum [4] intromitti,
uestisque induae [5] splendedis, suo aestratu in nomini Agusti [6] so-
5 ciauit. Quod cum perlatum fuisset in populo, factione senatus uulgo
clamitat: « Domine emperator [7], redde muliere nostra [8]. » Quod
Iustinianus audiens, diligenter inquirens inicium factionis huius,
duos ob hoc uerbo iubet senatores interfeci. Omnes quiaeuerunt in
posterum ; ne quisquam audebat exinde uerbo proferre. Accipit et
10 Bellesarius Antoninam uxorem.

Cum unico amore Iustinianus diligerit Bellesarium, et eum patricium partibus Africe quod a Vuandalis non fuerat occupatum, insti-
tuisset, eumque multis opibus adsiduae ditaret, quaerebat senatus
ob inuidia [9] quo pacto eum perdere potuessent [10], dicentes Iustinia-
15 num unianimiter,ingredientes segillate [11] ad eum : « Si Bellesarii
consilium uoluissemus subcumbere, iam olim ab imperio fueras
degradatus. Ipse disponit ut tibi succedat in regnum. » Quod ille
audiens, tacite aduersus Bellesarium zelum ducens, cum consilio
senatu [12], iobet [13] eum ab Africa Vandalus [14] expugnare ; ibi uiri fortis-
20 simi (f. 80.) et multi legionis [15] militum a Vuandalis saepe fuerant
trucidati. Bellesarius habens pueros proprios xii milia, quos propriis
stipendiis alebat, uiros fortis [16] ad prilio [17], et de patriciatum [18] xviii
milia priliatores ueros [19] qui procedebant ad bellum. His auditis,
Bellesarius cum arbitraret impossebile [20] Vuandalos superare,
25 grauem [21] errore perterritus ad propriam remeauit. Cumque eum
Antunina adflictum et merentem uidisset, et non potebat cognuscere
quae haec esset adflictio, sollicita per pueris [22], nec quisquam ei
hanc rem indicare potebat, dum omnibus illis esset incognetum,
reuertens ad ipsum, dixit : «Domeni mi, quare merore depraemeris,
30 et, more solito ueniens de imperio non laeteris ? Ne forte aliquid
sit offendiculum ? Indica mihi huius causae euentum. Fortam [23]
ancilla tua inibit tibi consilium oportunum ut reuertatur meror in
laeticia [24]. » Dixitque Bellesarius ad eam : « Haec [25] causa [26] consi-
liare mulieribus non expedit, nec quicquam est tecum in hanc rem
35 utle [27]. » Illa uero, cum esset christiana, narrans uirum : «Scriptum

---

[1] iste [2] cognoscens [3] promissiones iubit [4] cubigulum [5] indui [6] nomine Aguste
[7] imperator [8] mulierem nostram [9] nuidiam [10] potuesset [11] sigillatim [12] senatusi
[13] iubet [14] Vuandalus [15] fortissime et m. legiones [16] fortes [17] proelia [18] patriciatu
[19] proeliatores uiros [20] inpossibile [21] graui [22] pueros [23] Forte [24] laeticiam [25] Hanc
[26] causam [27] hac re utile.

est : Saluabitur uir infidelis (f. 80, v°.) per mulierem fidelem.
Indeca [1] mihi quae sit ista condicio, credo de omnipotentis Dei uirtute
ut detur tibi consilius [2], diuina inspiratione, ut possis dies malos
euadere. » Bellesarius haec audiens, narrat uxori decreto imperatoris
5 contra Vuandalis [3] iret ad bellum. Dixitque Antunina [4] ad eum :
« Voui tae deinceps baptizatum Christum dominum trinitatem inse-
parabilem credi fideliter. Scias illius uirtutem [5] et solatium [6] Vuandalus [7] superabis, et eris ob hoc gloriosior quam fuisses. » Quod
Bellesarius deuotissime se impleturum promittens, dixit ad eum
10 Antonina : « Duodece milia pueros quos proprios habemus, adhibe
tecum iiii milia et decem et octo, patriciatus tui pugnatores adhibe
tecum xii milia. Ibis cum eis terrenum exercitum, et ego de pueris
viii milia, et ex militibus vi milia uadam euicto nauale. Statuta diae,
pariter undique circumdemus castra Vuandalorum, diuino protecti
15 auxilio, superauimus [8] eos, domine mi, si huius fueris usus consilium [9] ancillae tuae, prouidentia Dei optata perficies. Qui nobis cum
in domo sunt (f. 81.) non te cognuscant merentem quid corde rete-
neas hilari uulto [10] significa. Cum tu terreno, et ego mare iter arri-
pemus signum daturi, inuicem noctis tempore focos, tui in litore
20 faciant, et nos lucernas in naues erigemus utaque [11] sit euentus
noster. Nec oportet quemquam urguere, sed pariter phalangis uterque circumdemus inimicis. » Cum fuisset consilius [12] huius rei An-
tuninae [13] utelis, uterque sic properant. Vuandali cum Ghyldemere
eorum principe cumperto exercito terreno, nauali [14] prilio [15] paenitus
25 ignorantis, [16] castra metantes super litore maris congregatis liberis et
mulieribus, contra Bellesario procedunt ad bellum. Cum iam prope
conflictum adessent certamine Antunina cum suis exiuit in litore,
omnesque liberos et mulieres Vuandalorum deliuit [17], nec anima
quicquam ex illis uiuere permisit. Nuncius uelocissime ad Ghylde-
30 mere [18] peruenit uxores et liberos Vuandalorum fuisse delitis [19].
Ghyldemer et Vuandali, destructa phalanga priliae [20] retrorsum curso
ueloci pergunt (f. 81, v°.) ad [21] castris. Tunc Bellesarius et Antunina [22]
undique circumdatis Vuandalis trucidant et usque ad internitionem
deliti [23] sunt. Ghyldemer rex cum paucis duodecem tantum Vuan-
35 dalis, in quodam castro tutissimo fugiens, nec tamen liberatos,

[1] Indica [2] consilium [3] imperatoris quod contra Vuandalos [4] Antonina [5] uirtute
[6] solatio [7] Vuandalos [8] superabimus [9] consilio [10] uultu [11] uteque [12] consilium
[13] Antoninae [14] terreno et nauali [15] proelio [16] ignorantes [17] deleuit [18] Ghylde-
merem [19] deletos [20] proelii [21] de [22] Antonina [23] delete.

coartatus angustians [1] Ghyldemer petebat Bellesario tantummodo non legato eum imperator praesentaret [2], Bellesarius promittens nec ferri, nec ligni neque corridiae [3], nec aeris legamini non [4] constringeretur. Ghyldemer credens a Bellesario captus est, regale tamen
5 legam [5], catena argentea eum constrigit, sociusque [6] suos interfecit, illum tantum singulum Iustiniano praesentauit. Quem Iustinianus in palatio habitare iussit suo. Sed, a suis exputus, a diuersis opprobriis, oppraemebatur grauiter; petensque imperatore [7] : « Non possum tantis oppropriis sustenire [8] ; exputum me et repinctum habi-
10 tatores palatii tui oppraemunt. Melius mihi est mori quam uiuere. Si iubebas, qui me expuunt et oppraemunt duodecim ex his (f. 82.) ego singulos cum aequum quem habui, ante conspectum gloriae tuae armati accederemus ad prilium [9]. Cognuscebas cui ex nobis sit utelitas [10] an ignauia. » Quod Iustinianus pro spectaculum XII
15 iuuenis huius prilii [11] Ghyldemer cum aequites [12] iussit confligi. Ghyldemer uero, cum contra eos adgreditur, fuga fingens, hos XII singillatim totus interfecit. Post haec, iusso Iustiniani Ghyldemer eunucus fietur, et in prouincias contra Persas uicinas patricius ordenatur [13], et multa prilia et uicturias [14] contra Persos aegit. Senatus aduersus
20 Bellesarium dinuo inuidia sectantis [15], cum Iustinianum [16] eum faciunt odiosum, quod ille uicturiam [17] super Vuandalis elatus, imperio uellet arrepere [18], de patriciati honorem [19] degradatur, cum non potuissent perficere ut interficeretur. Iustinianum ab honore imperiae [20] dignitate conantis eiecere factionem quadam die Iusti-
25 nianum hortantes ut circum expectaret et consolatum populi daret, electum quaedam [21], nomen Florianum, uolentes imperio sublimare, Iustinianum custodia [22] singulum (f.82, v°.) retenentes, eiusque coronam abstulta. Iustinianus mittens puerum ad Bellesarium ut ei [23] adiuuaret, illi dicens : « Sublimatus honoribus quod [24] habui
30 fuissem [25], poteram adiuuare. Modo nihil ei posso [26] praestare adiuturium [27]. » Ordenans suis pueris circum adpraehendere ubi cathedra imperiae [28] Floriani parabatur. Ipse illis partibus adoraturum se Florianum fingens, praecedit, dicensque pueris : « Omnes inimicos meos circuaeto [29] cathedram imperatori [30] uideo. Quodcumque me
35 inientem uideritis, et uos sitis facturi. » Illi [31], fingens Florianum

---

[1] angustia [2] praesentare [3] corrigiae [4] legamine non (*barré.*) [5] legamen [6] socios [7] imperator [8] sustinere [9] proelium [10] utilitas [11] proelii [12] aequite [13] ordinatur [14] proelia et uictorias [15] sectantes [16] Iustiniano [17] uictoriam [18] arripere [19] honore [20] imperii [21] quendam [22] custodia [23] eum [24] quos [25] non (*barré.*) fuissem [26] possu [27] adiutorii [28] imperii [29] in circuitu [30] imperatoris [31] ille.

adorare, gladium [1] percussit, omnesque inimicos suos suae [2] circumdantes pueri interficerunt [3]. Coronam imperiae [4] captam, ad Iustinianum ueniens dixit : « Adulatores tui te ab honorem [5] imperiae [6]
degradati sunt. Ipsorum consilium usus consensus es humilitatem
5 meam, ego uero tibi reddam bona pro malis et non fidem tuam trac-
tans, sed meam meminens promissionem, fidemque seruans inlibatam. »
(f. 83.) Inposuit coronam capitis [7] Iustiniani, eumque in imperio
constituit. Bellesarius multa prilia [8] cum Persis agens, eos gloriosis
sime uicit. Ab Vccelenum [9] quidam [10] Franco in AEtalia [11] superatus
10 est tantae uicturiae [12] nomenis gloriosus ab Vcceleno uictus, nomen
uitamque admisit.

---

[1] gladio [2] sui? [3] interfecerunt [4] imperii [5] honore [6] imperii [7] capiti; [8] proelia
[9] Vcceleno [10] quodam [11] Italia [12] uictoriae

IIII

PRAEFACIO GREGORII.

Decedente atquae immo potius pereunti ab urbibus gallicanis liberalium cultura litterarum, cum nonnulliae res gererentur uel rectae uel inprobe, ac feretas gentium desaeuiret, regum furor acuaeretur, aeclisiae inpugnarentur ab hereticis, a catholicis tege-
5 rentur, ferueret Christi fides in plurimis, tepisceret in nonnullis, ipsaae quoquae aeclisiae uel ditarentur a deuotis uel nudaren-tur a perfedis, nec repperire possit quisquam peritus dealectica in arte gramaticos qui haec (f. 83, v°.) aut stilo prosaico aut metrico depingerit uerso, ingemiscebant saepius cleri[1] que dicentes : « Vae
10 diebus nostris quia periet studium litterarum a nobis nec repperi-retur in populis qui gesta praesentia promulgare possit in paginis. » Ista etenim atque et his similia iugiter intuens dici pro commemo-racione meritorum ut noticiam adtengerent[2] uenientum etsi incultu effatu neque tamen obtigere uel certamina flagiciosorum rectae
15 uiuentium et praesentem his inlicitus stimulis quod a nostris fari plerumque miratus sum, quia phylosophantem rethorem intellegunt pauci. loquentem rusticum multi, libuit etiam anim ut pro supput-atione annorum ab ipso mundi principium libri primi poneretur inicium (f. 84.-84, v°.)

20 Incipit capetolares libri quarti quod est scarpsum de cronica Gre-gorii episcopi Toronaci. In Christi nomine fiat.

I. De Chunis et Agecium[3] patricio.

---

[1] clerici [2] adtingerent [3] Agecio.

II. De Francorum origene et eorum regibus.

III. De docibus Francorum tres, et pugnas cum republeca.

IIII De Francis et Valentiniano imperatore.

V. De regis [1] dinuo in Francis creatis.

5 VI. De Iuuiniano et Constantino uel Honorio imperatores [2].

VII. De euersione urbis Treuerice que a Francis facta est per Lucium.

VIII. De Castıno domesticorum comite pugna cum Francis.

VIIII. De initium regis [3] dinuo Francorum.

10 X. De Auito imperatore.

XI. De Hilderico regi Francorum et Vuiomado Franco.

XII. De Basina regina et Chylderico.

XIII. De Eorico rigi Gotorum et baseleca sancti Iuliani.

XIIII. De Idicium aelemosina tribuente.

15 XV. De inicium rigni [4] Chlodouiae et Syagrium [5] patricium [6].

XVI. De Chlodoueum et sanctum Remidium episcopum urbis Reminsis.

XVII. De Gundiocum regem Burgundionum et filies eius.

XVIII. De Chlodoueo rigi et Chrodehilde rigina et Auriliano qui
20 follem perdedit (f. 85.)

XVIIII. De Aridio sapiente et eius consilio.

XX. De coniuncione Chrodechilde et Chlodoueo [7].

XXI. De initium [8] christianetates [9] Chlodouiae [10] et beatum Remedium qui eum baptizauit.

25 XXII. De Godeghisilum et Gundobadum et Chlodoueum.

XXIII. De consilium Aridis sapientis, Gundebadum et Chlodoueum regis.

XXIIII. De Alarico regi Gotorum et Chlodoueo.

XXV. De interitum Chloderico filium Sygiberti regis.

30 XXVI. De interitum Charirico rigi.

XXVII. De interetum Ragnachari regis.

XXVIII. De interetum Chlodoueae regis.

XXVIIII. De diuisionem regni inter filiis [11] quattuor Chlodouiae [12] reges [13].

35 XXX. De Amalrico filium Alarici regis.

XXXI. De Alanis qualiter in regno Francorum interfecti sunt.

---

[1] regibus [2] imperatoribus [3] initio regum [4] regni [5] Chlodouei et Syagrio [6] patricio [7] Chlodouei [8] initio [9] christianetatis [10] Chlodouei [11] filios [12] Chlodouei [13] regis.

XXXII. De regis [1] Toringorum et Toringia dicione Francorum subgicitur.

XXXIII. De Gundobadum [2] et filium [3] eius Sigismundum [4].

XXXIIII. De transetum [5] Sigismundi.

5   XXXV. De obetum [6] Chlodomere. (f. 85, v°.)

XXXVI. Quod rignum Burgundiae dicione Francorum subgicitur.

XXXVII. De pacem falsam inter Childeberto et Theuderico.

XXXVIII. De Chrodechilde regina et nepotebus suis qui Chlo-
10 thario [7] sunt interfecti.

XXXVIIII. De obetum Theuderici.

XL. De Childebertum [8] et Theudebertum [9] contra contra Chlothario [10] agentes.

XLI. De Childebertum [11] et Chlotharium [12] in Spanicim exercitum
15 adgressis.

XLII. De Theuthachadum [13] regem [14] Spaniae interfectum [15].

XLIII. De uxorem et filia Theuderici regis Italiae interfectis et conpositione.

XLIIII. De Theudebertum [16] in AEtalia ingressum [17] et AEthaliam [18]
20 receptam [19].

XLV. De Virduninsis a Theudeberto recoperatis.

XLVI. De mortem [20] Chlodechilde riginae.

XLVII. De Agylianem [21] regem [22] Spaniae.

XLVIII. De Atagildum [23] regem [24] Spaniae.

25 XLVIIII. De Theudebaldum [25] filium [26] Theudeberti.

L. De Buccelenum [27] ducem [28] Belesarium et Narsaedem patricies [29].
(f. 86.)

LXVIII. De Mummolo patricio et Langobardis uel Saxonebus.

LXVIIII. De Chlodoueum [30] filium Chliperici [31].

30 LXX. Quod Chilpericus ciuitates de rignum [32] Sigiberti peruasit.

LXXI. De interetum [33] Sigyberti et pacem Gunthaechramni.

LXXII. De exilio Brunichilde [34] et rignum Childeberti.

---

[1] regibus [2] subiicitur-Gundobado [3] filio [4] Sigismundo [5] transetu [6] obeto [7] a Chlothario [8] Childeberto [9] Theudeberto [10] Chlotharium [11] Childeberto [12] Chlothario [13] Theuthachado [14] rege [15] interfecto [16] Theudeberto [17] ingresso [18] Aithalia [19] recepta [20] morte [21] Agyliano [22] rege [23] Atanagildom [24] rege [25] Theudebaldom [26] filiom [27] Buccelenom [28] duce [29] patriciis. *Les rubriques* LI-LXVII *manquent par suite de l'enlèvement d'un feuillet* [30] Chlodoueu [31] filiu Hlliperici [32] rigno [33] interetu [34] Brunichildis

LXXIII. De reppotacionem [1] annorum ab Adam usque transitum Sigyberti.

LXXIIII. De Meroueum [2] filium [3] Chilperici et Brunichilde [4].

LXXV. De Chlodouium [5] filium [6] Chilperici et pugnam Mummoli patricii et Desideriae ducis.

LXXVI. De pugnam [7] inter Suaeuos et Saxones.

LXXVII. De comete Brittanorum.

LXXVIII. De Guntharamnum et Childebertum adoptatum filium [8].

LXXVIIII. De Iustiniani imperatoris amentiam et uxorem eius Suffiam.

LXXX. De tinsuro Narsedis patricium [9].

LXXXI. De largissimis aelemosenis Tiberiae [10] imperatoris et Subfia agusta.

LXXXII. De rigimini [11] Childeberti, et inundacionem aquarum et igne de caelo ciuitati [12] et uicis [13] urentem.

LXXXIII. De filiam [14] Sigyberti nomini Sidegundem [15] uxorem [16] Ermengildu [17]. (f. 86, v°.)

LXXXIIII. De mortem [18] filiis [19] Chilperici tres [20].

LXXXV. De fugam [21] Mummoli.

LXXXVI. De pacim [22] Chilperici et Childeberti falsa.

LXXXVII. De reclauso, nomini Ospicio.

LXXXVIII. De mortem Chlodini ducis.

LXXXVIIII. De Gundoaldo filio Chlothariae qui rignare ciperat et interfectionem [23] Mummoli.

LXL. De quod Chilpericus Parisius inuadit.

LXLI. De temorem [24] Chilperici ut Eternoacum fugit.

LXLII. De Childebertum [25] quod in AEtaliam fuerat adgressus.

LXLIII. De Chilperico, quod filiam suam in Spania cum tinsauris derexit, et incontinuo Cala uilla mortuus est. (f. 87.)

---

[1] suppotacione [2] Meroueo [3] filii [4] Brunichildis [5] Chlodouio [6] filiu [7] pugna [8] Gontharamno et Childebertom adoptatos in filios [9] patricii [10] Tiberiai [11] rigimine [12] ciuitates [13] uicos [14] filia [15] Sidegunda [16] uxore [17] Ermengildi [18] morte [19] filiorum [20] trium [21] fuga [22] pace [23] interfectione [24] timore [25] Childeberto.

I. Cumque Vuandali praeterissent a Galliis, nec multo post tempore Chum[1] Gallias ingredi disponebant; quod cum beatus Aruatius
episcopus Thungrorum ciuetatis[2] audisset Romam pergit ad limina
sancti Petri apostoli,ibique cottidianum ieiunium et uigilias adsiduae[3]
5 faciens, in uisione somnii ab apostulo responsum accipiens decretum
ab altissimo Chunus ingredi Gallias, protenus ad ciuitatem süam redi-
ret precidens eius oboetus hoc malum non uideret.Aecium[4] patricium
huius chronici gesta laudatur, uirilis habitu formatus, animo alacer,
membris uecitus, aequis prumptissimus, sagittarum peritus, conti
10 impiger, bellis aptissimus, pacis aptatur caelebris, nullus[5] auariciae
(f. 87, v°.) sectatur, bonis animae praeditus, iniuriarum pacientissi-
mus, labores adpetens, inpauidus pericolorum, famis, sitis, uigilia-
rum tolorantissimus, cui ineunte aetate praedictum liquet[6] quanti
potentiae fatis destinarentur temporibus suis lucisque caelebrandus;
15 haec superdictus storiographus de Aiecio narrat.Cum inisset certamen
cum Chunis que gessit Ydatius suae storiae huius uolumine narrat.
Nam his diebus [orationem üxoris suae ad limina beatissimorum
apostolorum Petri et Pauli ieiuniis et uigiliis discurrentem, interce-
dentibus apostulis, Aiecius a periculis liberatur. Reuelatum[7] cuius-
20 dam[8] pauperi nunciantem[9] uxoris Aieciae orationibus fuisse salua-
tum; quod cum a pauperi proditum (f. 88.) fuisset, pauper caecitate
percutitur.

II. De Francorum uero regibus beatus Hieronimus qui iam olym
fuerant scripsit. Quod prius Virgilii poetae narrat storia, Priamum
25 primum habuisse regi[10], cum Troia fraude Olexe caperetur, exinde
fuissent egressi; postea Frigam habuissent regem, befaria diuisione
partem eorum Macedonia fuisse adgressa, alii cum Friga uocati Fri-
giis, Asiam peruacantes, litoris Danuuii fluminis et mare Ocianum[11]
consedisse. Dinuo byfaria deuisione Eurupam media ex ipsis pars
30 cum Francionem[12] eorum rege ingressa[13] fuisse Eurupam,peruagantis
cum uxoris[14] et liberis Reni ripam occupant nec procul a Reno ciuitatem ad instar Trogiae nominis aedificare conati sunt. (f. 88, v°.)
Ceptum quidem, sed inperfectum opus remansit, residua eorum pars

---

[1] Chuni [2] ciuitatis [3] assidue [4] Aiecium [5] nullius [6] reliquet [7] Reuelatum est [8] cuidam [9] nunciante [10] regem [11] Ochianum [12] Francione [13] ingressi [14] uxoribus.

que super litore Danuuii remanserat, elictum [1] a se Torcoth nomen [2]
regem per quem ibique uocati sunt Turchi, et per Francionem hii
alii uocati sunt Franci, multis post temporibus cum ducibus externas
dominationis [3] semper negantes.

5   III. Francos transegisse [4] conperimus usque ad Marcomere, Son‑
noni et Genebaudum [5] ducibus, cum quibus temporibus imperatoris
Theodosiae in Germaniam prorumpentes pagus [6] depopulantes, etiam
Coloniae metum incusserunt ; quod cum Treuerus perlatum fuisset,
Nanninus et Quintinus magisteri militum collecto exercito Francos
10 de Germania eiexerunt. Apud Carbonariam de Francis stragis [7] fietur[8].
(f. 89.) Post Eraclio [9] et Iouiano cum exercito ultra Renum trans‑
euntis [10], disponentis [11] Francos ad internicionem perducere, tantae
strages ex militibus a Francis factae sunt ut AEraclius et Iouianus
cum paucis de eodem prilio [12]potuissent euadere, nec ulterius aduer‑
15 sus Francos praesumpserunt arma adrepere[13]. Post paucum temporis
Arbogastis [14] superbiae aelatus aduersus Francos arma commouit,
cum eos [15] demigans uictus effugit.

   IIII. Franci Treuerus hiemando resedere praesumunt; Valentiniano
imperatore infra priuatom modum redactum militaris rei cura Francis
20 satillitibus [16] tradita[17], cyuilia quoque officia transgressa in coniuratione
Arbogastis 'sacramentis obstricti sunt. Arbogastis Marcomerem et
Sonnonem ducibus [18] (f.89,v°.) odiis insectans, exercito [19] fraude Fran‑
cos deceptus [20] urendusque cum decursis foliis, nudi atque arentes
siluae insidiantes adgredere, transgressum Renum paum quem Amai
25 incolunt depopulatus est.

   V. Dehinc extinctis ducibus in Francis dinuo regis creantur ex
eadem stirpe qua prius fuerant.

   VI. Eodem tempore Iouianus ornatus [21] regius [22] adsumpsit. Cons‑
tantinus [23] fugam uertens AEtaliam [24] dirigit, missis a Iouiano principe
30 obuiam percussoribus super Mentia flumene capite truncatur. Multi
nobilium iusso Iouiani apud Aruernis capti et a docibus [25] Honoriae
crudeliter interempti sunt.

   VII. Treuerorum ciuitas factione uni ex senatoribus nomen Luci [26]
a Francis capta et incinsa [27] est. Cum Auitus imperator esset luxo‑

---

[1] electum a se T. [2] nomene [3] dominationes [4] transisse [5] Genebaudo [6] pagos [7] strages
[8] facta est [9] postea [10] transeuntibus [11] disponentes [12] prelio [13] adripere [14] Arbo‑
gastus [15] eis [16] satellitibus[17] tradita est[18] ducis[19] exercitu [20] deceptos [21] ornatum
[22] regium [23] Constantinum [24] Italiam [25] ducibus [26] nomene Lucius [27] incensa

riae deditus, et iste Lucius habens (f. 90.) mulierem pulcherrimam
cunctorum, fingens Auitus ab infirmitatem corporis lectum deprae-
mere, iussit ad omnis[1] sinatricis[2] eum[3] requererint.Cumque uxor uenisset Lucio [4] uim [5] ab Auito oppraessa fuisset, in crastino surgens
.5 de stratu Auitus dixit ad Lucio[6] : « Pulcras termas habes, nam frigido
labas. » Haec indignante Lucio suae factione derepta est ciuetas et
incensa a Francis.

VIII. Castinus domesticorum comex expedicionem accepit contra
Francos eosque proterit [7], Renum transit, Gallias peruagatur, usque
10 ad Paerineos montis peruenit.

VIIII. Franci electum a se regi [8], sicut prius fuerat, crinitum inqui-
rentes diligenter ex genere Priami,Frigi et Francionis super se creant,
nomene Theudemarem [9] filium Richemeris,qui in hoc (f. 90, v°.) prilio,
co [10] supra memini, a Romanis interfectus est. Substituetur filius
15 eius Chlodeo [11] in regno, utilissimus uir in gente sua qui apud Esbar-
gin[12] castrum resedebat, quod est in termino Thoringorum. Burgundionis quoque Arrianorum secta utebant, sedentes in Cysalpinis. Chlodeo [13] missis exploratoribus ad urbem Camaracum perlustras [14] omnia
ipse sequitur Romanus[15] proterit[16], ciuitatem capit, usque Summam[17]
20 fluuium occupauit. Haec generacio fanaticis usibus culta est. Fertur
super litore maris, aestatis tempore, Chlodeo [18] cum uxore resedens
meridiae, uxor ad mare labandum uadens, bistea [19] Neptuni quino-
tauri similis eam adpetisset. Cumque incontinuo aut a bistea aut a
uiro fuisset concepta, peperit filium nomene (f.91.) Meroheum per co[20]
25 regis [21] Francorum post uocantur Merohingii.

X. Auitus imperator luxoriose apud Placenciam urbem episcopus
ordenatur et post ad baselica sancti Iuliani fugiens uitam amisit.

XI. Childericus uiro filius Meroheo [22] cum successissit [23] patri [24] in
regno[25], nimia luxoria dissolutus filias Francorum stubro[26] tradit[27].Illi
30 uero ob hoc indignantes em[28] de regno eieceunt[29].Vuiomadus Francus
fidelissimus ceteris Childerico, qui eum cum a Chunis cum matre
captiuus duceretur, fugaciter liberauerat, haec euentum aureum
cum Childerico diuidens, dum cerneret eum Franci interficere cona-
rentur,dixitque ei: « Fugi [30] in Toringia, latita aliquantulum ibi; si tibi

---

[1] omnes [2] sonatrices [3] ut eum [4] Lucii [5] ui [6] Lucium [7] preteriit [8] rege [9] Theu-
demerem [10] prelio quod [11] Chlodoues[12] Esbargim[13] Chlodoueo [14]Camaram cum
perlustrans, corr. perlustrasset [15] Romanos [16] prodiit [17] Suminam [18] Chlodoucus
[19]bestia [20] quem [21] reges [22] Meroueo [23] successisset [24] patris [25] regnum [26] stupro
[27] tradedit [28] eum [29] eiecerunt [30] Fuge.

potuero Francos placare, istum aureum medium tibi ad signa dirigo,
etsi non (f. 91, v°.) potuero, ubicumque adgressus fueris mihi notam
facias uias [1] tuas [2]. Quando quidem potuero et istam partem tibi dire-
xero, partisque coniuncti unum efficerint solidum, tunc securus
5 patriam repedabis. » Childericus habitans in Thoringia apud regi [3]
Bysino [4] uxoremque eius Bysinam lacuit [5]. Franci tunc Eieio unianimiter regem adsciscunt. Vuiomadum amicus Childerici subregulus ab
Eieio Francis instituetur, eiusque consilio omnes Francos singulos
aureos tributauit, adquiescentes inpleuerunt, dicens iterum ad Eiegio
10 Vuiomadus: « Gens haec durissima quae mihi agendum iussisti, parum
adtributati sunt, superbiam [6] saeuiunt, iubae ut ternos soledus tribu-
tentur. » Quod cum factum fuisset adquiescentes Franci (f. 92.)
dixerunt : « Melius nobis est ternos soledus tributa dissoluere quam
cum Childerico grauissimam uitam ducere. » Vuiomadus iterum ad
15 Egegio dicens : « Reuellis [7] existunt tibi Franci, nisi preciperis ex eis
plurimus iugulari, eorum superbiam non migas [8]. » Electis a Vuiomado
c inutiles et in necessitatibus incongruos ad Eiegio direxit, quos
Eiegius consilio Vuiomadi usus interficere iussit. Vuiomadus secrecius dicens ad Francos : « Non suffecit tributa quas soluetis, quam-
20 dio hoc malum sustenere uolestis [9], ut parentes uestri sicut pecora
iugulentur? » Tunc Franci unianimiter dicentes : « Si Childerico [10]
ubicumque potuissemus conperire, libenter eum super nos recipe-
bamus [11] ad regem, forsitam per ipsum de his (f. 92,v°.) adflictionibus eripiebamur [12]. » Tunc Vuiomadus protinus ad Eiegium uadens,
25 dixit : « Modo est gens Francorum tuae disciplinae perdomita. » Dans
idemque consilio laegatus [13] ad Mauricio [14] imperatorem dirigi [15], gentes que uicinas [16] erant possi adtrahi, ut uel quiquaginta milia soledorum ad [17] imperatorem dirigerentur, quo pocius gentes accepto in
munere se imperio subiecerint. Addens dixitque ad eum : « Aliquan-
30 tulum solidos tuae instantiae locum accipiens militaui, parum seruus
tuus largentum [18] habeo. Vellebam cum tuis legatis puerum dirigere
ut melius Constantinopole mihi argentum mercaret. » Tunc acceptis
ab Eiegio quingentos in munere aureos quos ad hoc opus emendum
transmitteret, misit puerum creditarium sibi cum mediam (f. 93.)
35 partem aureae quem cum Childerico deuiserat, saccellum plenum

---

[1] uiam [2] tuam [3] regem [4] Bisinum [5] latuit [6] superbia [7] rebellis [8] mitigas [9] uoletis
[10] Childericum [11] recipiemus [12] eripiemur [13] consilium laegatos [14] Mauricium
[15] diregi [16] uicinae [17] ab imperatore [18] argentum.

plumbeis, quod puer pro solidos secum portaret. Conperto iam Childerico Constantinopole esse cum legatis Eiegii puer adgreditur his uerbis instructis [1], ut legatis [2] precederit [3] et Childeri [4] protinus nunciaret [5], prius quam legati conspectum [6] imperatoris uenirent, quod
5 Eiegius qui tributa publecis aerariis solui debebat tributa imperatori soluendum quereret. Quod cum Childericus Maurucio [7] imperatori nunciasset [8], repletus forore et indignationem, cum legati Eiegio ei presentati fuissent, his uerbis suggerentes, iobit [9] eos retrudi in carcerem. Dixitque Childericus ad Mauricium imperatorem : « Iobe [10] me
10 seruo tuo ire in Gallis [11]. Ego fororem [12] indignationis tuae super Eiegio (f. 93, v°.) ulciscor. » Multis munerebus a Mauricio Childericus ditathus euicto [13] nauale reuertit in Galliis. Quem cum Vuiomadus nunciante puero conperisset, castro Barro ad ipsum uenit, et a Barrentibus [14] receptus est, eorumque omnes redditus publecus [15] pro
15 inicium [16] receptionis consilio Vuiomadi benigne concessit. Deinde ab omnes [17] Francos [18] resublimatur in regno, multaque prilia [19] cum Eiegio egit; plures strages ab ipso facti sunt in Romanis.

XII. Basina qui Bysinum regem in Thoringia iugalem habebat, cum audisset Childericum a Francis in regno [20] sublimato [21], curso ueloci
20 relinquens Bisinum ad Childericum transit. Qui cum eam sollicite interrogaret qua de causa ad eum de tam longe uenisset, respondisse fertur: « Noui, inquid, utilitatem tuam, (f. 94.) quod sis ualde strenuus, ideoque ueni ut habitem tecum ; si uteliorem sub caelo scissem ad eodem [22] expetissem. » Quem [23] Childericus gaudens et
25 diligens eiusdem pulchritudinem in coniugio copolauit. Cum pri [24] nocte iugiter stratu iuncxissent, dicit ad eum mulier : « Ac nocte a coitu uirile [25] abstenebimus. Surge secrecius [26], et quod uideris ante aulans [27] palaciae dicis ancillae tuae. » Cumque surrexisset uidit similitudinem bisteis [28] leonis, unicornis et leupardi ambolanti-
30 bus [29]. Reuersusque dixit muliere [30] que uiderat. Dicit ad eum mulier : « Domini mi, uade dinuo et quod uideris narra ancillae tuae. » Ille uero cum foris adisset, uidit bysteas similitudinem ursis [31], et lupis [32] deambulantibus [33]. Narrans et haec mulieri, conpellit eum tercio ut iret et quod uidebat (f. 94, v°.) nunciaret [34]. Cumque tercio [35]

---

[1] instructus [2] legatos [3] precederet [4] Childerico [5] nuntiaret [6] in conspectum [7] Mauricio [8] nuntiasset [9] iubet [10] iube [11] Galleis [12] furorem [13] et uictu [14] Barrensibus [15] publicus [16] initium [17] omnibus [18] Francis [19] prelia [20] regnum [21] sublimatum [22] eundem [23] quam [24] prima [25] uirili [26] secretius [27] aulas [28] bisti [29] ambolantes [30] mulieri [31] ursi [32] lupi [33] deambulantes [34] nuntiaret [35] tertio.

exisset uidit bisteas [1] minores similitudinem canis et minoribus
bistiis [2] ab inuicem detrahentes et uolutantes. Cumque Basinae haec
uniuersa narrasset, abstinentes se caste usque in crastinum, surgen-
tes de stratu, dixit Basina ad Childericum : « Que uisibiliter uidisti,
5 uiritate [3] subsistunt. Haec interpretationem habent: nascitur nobis
filius fortitudinem leonis signum et instar tenens; filii uiro [4] eius
leupardis et unicornis fortitudine signum tenent. Deinde generantur ex illis qui ursis et lupis fortitudinem et uoracitatem eorum
similabunt. Tercio [5] que uidisti ad discessum [6] columpna regni huius
10 erunt que regnauerint ad instar canibus et minoribus bisteis [7] eorum
consimilis erit fortitudo. (f. 95.) Pluretas autem minoribus bisteis [8]
que ab inuicem detrahentes uolutabant, populos sine timore princi-
pum ab inuicem uastantur. » Concepit Basina et peperit filium nomen [9] Chlodoueum, haec [10] fuit magnus et pugnator egregius ad instar
15 leoni [11], fortissemus cyteris regibus. Childericus cum Odouacrum regi
Saxonorum Aurilianis pugnans, Andegabo uictor perrexit. Mortuo
Egegio reliquid filium Syagrium nomen [12]. Eodem tempore Brittonis [13]
de Betoricas ad Gothis expulsi multi apud Dolensem perempti.
Paulus comex [14] cum Romanis et Francis bellum Gothis intulit et
20 predas egit. Childericus, Odouacro superato, Paulo [15] cometae [16]
interfecit, Andegauo obtenuit. His actis, inter Saxones et Romanos
bellum gestum [17]. Saxones terga uertentes multis ex eis extinctis
insulae eorum cum multo populo interempto Francis capte adque
subuersunt [18]; ipso anno terre motus fuit.
25 XIII. Eoricos [19] Gothorum rex xiiii sui regni anno baseleca [20] sancti
(f. 95, v°.) Iuliani Briuate columnis ornatum [21] mirificae construxit ;
regnans Eoricus ann. xx.
XIIII. In Burgundia nimia famis oppressio aduenit, cumque populus a fame diuersis regionibus dispergeretur, nec esset qui alimunia
30 preberit [22], AEdicius quidam ex senatoribus magnam tunc rem in Deo
fecisse perhibetur. Misit pueros suos cum aequitibus et plaustris per
uicinas sibi ciuitatis [23] ut eos qui inopia uexabantur sibi adduceriut.
Cunctus [24] pauperis [25] quos inuenire potuerunt adduxerunt ad domum
eius, ibique eos tempore sterelitatis pascens a fame liberauit. Fuerunt
35 plusquam iiii milia quos aluit usque tempore ubertatis. Post quorum

---

[1] besteas [2] bestiis [3] ueritate [4] uero [5] tertio [6] discensum [7] besteis [8] besteis [9] nomine [10] hic [11] leonis [12] nomene [13] Brittones [14] comes [15] Paulum [16] comitem
[17] gestum est [18] subuersi sunt [19] Eoricus [20] baselicam [21] ornatam [22] preberet
[23] ciuitates [24] cunctos [25] pauperes.

discesso [1] uox e celis lapsa peruenit dicens AEdicio : « Quia fecisti rem hanc, tibi et semine tuo panes non indiget [2] in sempiternum. » AEdicius mirae uelocitatis fuit, pluris uicibus multitudinem Gothorum cum paucis in fugam conuertit. Cceuatrix rex Gothorum excidens Spanum limitem grauem in Gallies intulit (f. 96.) persecutionem.

XV. Defuncto Childerico, Chlodoueus eiusdem filius regnat pro eo. Anno autem quinto regni eius Syagrius Romanorum patricius apud ciuitatem Sexonas, quam quondam pater suos [3] tenuerat, sedem habebat, quem Chlodoueus cum Ragnachario inruens, Syagrius inlisum [4] cernens exercitum terga uertit et ad Alaricum regem Tolosa curso ueloce [5] perrexit. Glodoueus legatus [6] ad Alaricum mittens ut eum redderit [7] alioquin nouerit sibi bellum inferre. Ad ille metuens, ut Gothurum [8] pauere mus est, Siagrium uinctum legatis tradit [9]. Quem Ghlodoueus custodiae mancipauit, regemque[10] eius acceptum [11] eum gladium [12] truncare precipit [13]. Chlodoueus eo quod esset fanatecus ecclesias depretare [14] permisit.

XVI. Igitur de eclesia Remiciani urbis orcium magnum hostis abstulerat cum reliqua[15] menisteria. Sanctus ac apostolicus Remedius pontifex eiusdem urbis ad Glodoueo[16] ueniens (f. 96,v°.) postolas[17] si aliut de sacris uasis recipere non mereretur, saltim uel orcium illum reciperet. Audiens rex dixit : « Mitte nuncium usque Suissionas; ibi quae adquisita sunt deuidenda erunt. Si mihi illud sors dediret, peticionem [18] tuam implebo.» Cum preda in medio deuidenda puneretur [19], ait rex : « Rogo ut saltim mihi uas istud extra partem concedatis. » Haec regem dicenti, respondent Franci : « Gloriosi rex, que cernimus tua sunt, sed et nos tuos [20] sumus, domini [21], quod tibi placet fac. » Tunc unus leuis, inuidus et facilis uoce magna orceum inpulit dicens : «Nihil hinc accipies nisi quod tibi sors uera largitur. » Rex iniuriam hanc patientiae lenuit[22], sortem positam, acceptum orceum beati [23] Remedii [24] transmisit, seruans abditum sub pectore uulnus. Kalendas marcias iussit omnes armorum phalangiae [25] ostensurus ubi cunctis [26] circuebat [27] uenit ccd orciae [28] percussorem dicens ad eum : «Inculta est[29] arma tua, neque securis est (f. 97.) utiles[30].» Adpre-

---

[1] discessum [2] indegerit [3] suus [4] inlusum [5] ueloci [6] Clodoueus legatos [7] redderet [8] Gothorum [9] tradidit. Quem Chlodoueus [10] regnumque [11] accepto [12] gladio [13] precepit [14] depredare [15] et liqua [16] Chlodoueo [17] postolans [18] petitionem [19] poneretur [20] tui [21] domine [22] linuit [23] beato [24] Remedio [25] phalangias [26] cunctos [27] circuibat [28] ad orcii [29] sunt [30] utilis.

hensam [1] securae eius terrae deiecit, et ille cum paulolum inclinatus fuisset, rex eleuatis manibus securae capud eius defixit. « Sic, inquid, et tu Suisionas orceo fecisti ; » magnam sibi per hanc causam timorem statuens.

5 XVII. Fuit igitur Gundiochus rex Burgundionum ex genere Athanarici regis persecutoris. Huic fuerunt quattuor fili [2] : Gundobadus, Godegyselus [3], Chilpericus et Gudemarus [4]. Gundobadus Chilpericum fratrem suum interfecit gladium [5], uxorem eius legato ad collo [6] lapide aquis inmersit, duos filius [7] eorum gladio trucidauit ; 10 duas filias exilo [8] condemnauit, quarum senior nomen [9] Saedeleuba, mutata ueste se Deo deuouit, iunior Chrothechildis uocabatur.

XVIII. Porro Chlodoueus legationem in Burgundia saepius mittens, conperentes[10] Chrothechilde, et cum non esset licetum [11] eam uidere Chlodouius [12] Aurilianum quendam ex Romanis, (f. 97, v°.) in- 15 genio quo potebat Chrotechildem praeuidendam direxit. Ad ille nisi singulos [13] ad instar mendico [14] peram ad [15] dorso ferens ueste deforme [16], illis perrexit partibus, anolum Chlodouei quo pocius crederetur, secum portans. Cumque ad Ianuam [17] ciuitatem ubi Chrotechildis cum germana Saedeleuba sedebat uenisset, et 20 illas [18] hospitalitate [19] peregrinis sectantes eum causae mercides suscepissent et pedis [20] eius Chrotechildis lauaret, Aurilianum [21] uerbo secreto inclinans ad cam dixit: « Domina mi, grande uerbo[22] tibi nunciaturus [23] sum, si loco [24] dare dignas ubi [25] secrecius [26] suggeram. » Illa annuens uerbo secreto audiens dixitque Aurilianus : « Chlodoueus 25 rex Francorum me direxit, si uoluntas Dei fuerit te uult culminis [27] sui sociare coniugium, ut certeficeris [28] hoc anulum tibi direxit. » Quem illa accipiens, gauiso[29] gaudio magno dixitque [30] ad eum: « Accipe centum soledus pro laboris tui munere et anolum hoc meum[31]. Festinans reuerte [32] (f. 98.) ad dominum tuum et dic ei : Si me 30 uult matrimunium[33] sociari protenus[34] per legatus[35] patruo meo Gundebado postoletur. Legati qui ueniunt, obtenta[36] ad presens firment [37] placitum sub caeleritate instituant. Nisi ad perperficiendum festinent Aridii cususdam [38] sapientis de Constantinopole aduentum uereor,

---

[1] adprehensa [2] filii [3] Godegysilus [4] Godemarus [5] gladio [6] collum [7] filios [8] exilio [9] nomine [10] cum perentes [11] licitum [12] Chlodoueus [13] singulus [14] mendici [15] in [16] deformis [17] Iaenuam [18] illae [19] hospitalitatem [20] pedes [21] Aurilianus [22] uerbum [23] nuntiaturus [24] locum [25] ut [25] secretius [27] ad culminis [28] certefacias [29] gauisa [30]dixit [31] anolum meum [32] reuertere [33] matrimonio [34] protinus [35] legatos [36] obtentam [37] firmum [38] cuiusdam

cuius consilio si prius uenerit, haec omnia dissipantur [1].» Aurilianus
eodem habito [2] quo uenerat redit ad propriam [2]. Cum iam prope
Aurilianensim territorium nec procul a domo propaccesset [4] quedam [5]
pauperi mendico [6] in uia secum iteneris [7] socium habebat, iam
5 securus Aurilianus sopore depressus a collegam [8] suam [9] pera cum
soledus [10] eiusdem furatur. Cumque a somno expertus fuisset maerore plenus curso ueloci perrexit ad propria dirigensque pueros
inquirendum [11] mendicum qui peram eius portabat. Quem adprehensum Aurilianum presentant, eumque fortiter triduo caeso permisit ire
10 mendicum.Protenus Aurilianus Chlodoueo regi per singula (f. 98, v°.)
narrans, Soissionas [12] nunciat [13]. Quod cum Clodoueo utilitas et consilius Chlotechilde [14] placuisset, legatus ad Gundobadum dirigit, petens ut Chrotechildem neptem suam ei coniugium [15] sociandam traderit [16]. Quod ille denegare metuens et sperans amiciciam cum Chlo-
15 doueo inire, eam daturus spondet. Legati offerentes solido [17] et
dinario [18] ut mos erat Francorum, eam partibus Chlodouei sponsant,
placitum ad presens petentes, ut ipsam ad coniugium traderit [19]
Glodoueo [20]. Nulla stante mora, inito placito Cabylonno nupcii[21] pre-
parantur. Venientes cum caeleritate Franci, Chrotechildem a Gunde-
20 bado acceptam leuantes in basternam cum multis theusauris ad
Chlodoueo[22] diregunt. Chlotechildis [23] cum iam conperisset aduentum
Aridio [24] reuertentem [25] ab imperio, dixit ad seniores Francis [26]: «Si
uolestis me domino uestro presentare, remouite me de basterna,
supra [27] aequum leuate et quantum protenus (f. 99.) potueritis, illis
25 partibus caeleraeae [28]; in hanc basternam ad suam non posso [29] uenire
presenciam [30].» Franci leuata Chrotechilde super aequum festini ad
Chlodoueo [31] pergunt.

XVIIII. Cumque Aridius a Massilia uelocissimo curso haec audiens
ad Gundobado [32] uenisset, dixitque ei Gundobadus : « Audisti quod
30 amiciciam [33]cum Francis iniuemus[34] neptemque meam Chlodoueo tra-
dedi uxorem ?» Respondensque Aridius dixit : «Non est haec amiciciae[35]
cultus, sed inicium[36] discordiae perpetuae. Remeniscere debueras, domini [37] mi,quod genitorem Chlotechilde [38] germano [39] tuo [40] Chilperico

---

[1] dissipentur [2] habitu [3] propria [4] propia accessisset [5] quendam [6] mendicum
[7] in iteneris [8] collega [9] sua [10] solidis [11] ad inquirendum [12] Suissionas [13] nuntiat
[14] Chrotechilde [15] ad coniugium [16] traderet [17] solidos [18] dinarios [19] traderet
[20] Chlodoueo [21] nupcie [22] Chlodoueum [23] Chrotechildis [24] Aridii [25] reuertentis
[26] Francos [27] et, supra [28] caelerate [29] possum [30] presentiam [31] Chlodoueum
[32] Gundobadum [33] amicitiam [34] iniuimus [35] amicitiae [36] initium [37] domine
[38] Chrotechildis [39] germanum [40] tuum

gladium [1] trucidasti, matrem eius lapidem [2] ad collo [3] legata [4] negare
iussisti, duos eiusdem germanos capite truncato in puteum fecisti
proiecere. Si preualuerit iniuria [5] parentum uindecauit. Dirige protinus exercitum post eam ut reuertatur. Facilius unus [6] feris iurgium
5 quam omni tempore tu et tui [7] scandalizeris (f. 99, v°.) a Francis. »
Haec audiens Gundobadus ercitum [8] post tergum Chrotechildis reten-
tandum [9] dirigit, qui consequentes thensarus et basternam cuncta
retentant. Chrotechildis uero cum propinquasset Vilariaco in qua
Chloueus [10] resedebat in territorio [11] Trecassino, aduc [12] antequam
10 terminus Burgundiae Chrotechildis preteriret, rogans eis aulebus
ducebatur duodicem leuuas [13] in utrasque partis [14] de Burgundia pre-
darint [15], et incenderint [16]. Quod cum permittente Chlodoueo fuisset
impletum, dixit Chrotechildis : « Gratias tibi ago Deus omnipotens
quod inicium [17] uindicte de genitoribus et fratribus meis uideo. »
15   XX. Tunc ad presens Clodoueo perducetur [18], ipsamque in matrimonium Chlodoueus accepit, quam culto regale [19] perfecto dilixit
amore. Habebat iam tunc Chlodoueus filium de concuba [20] nomen
Theudericum. Chrotechildis cum primogenitum filium habuisset
quem baptismum consecrare uellit, uerum [21] adsiduae [22] suadens
20 (f. 100.) christianus [23] efficere, nullatenus ad conciliandum regis
animus mouebatur dicens : « Deorum nostrorum iussione cuncta
creantur, Deus uestor nihil posse manifestatur. » Regina filium ad
baptismum exibet. Baptizatus autem puer quem Ingomerem uocita-
bant in albis obiit. Qua de causa permutus [24] falle [25] rex increpabat re-
25 gina [26] dicens : « In nomine [27] deorum meorum puer fuisset, uixerat.»
Regina Deo omnipotenti gratias agens, ut de utero suo genitum in
regno suo acceperit [28]. Post hunc genuit filium quem Chlodomere [29]
uocauit. Cum baptizatus aegrotare coepisset, dicebat rex : « Et isti [30],
sicut frater moritur. » Orante matre, Domino adiuuante, conualuit.
30 Regina tamen adsiduae regi uerbis blandiciis ad Christi cultum suade-
bat.
    XXI. Cumque bellum contra Alamannus Glodoueus [31] rex moue-
rit [32], suadente regina, uouit si uicturiam [33] obnebat [34] effecerit [35]

---

1 gladio 2 lapide 3collum 4 legato 5 iniuriam 6 unius 7 tuis 8 exercitum 9 reten-
tandam 10 Chlodoueus 11 territurio 12 adhuc 13 leuguas 14 partes 15 predarent
16incenderent 17 initium 18 perducitur 19 regali 20 concubina 21 uirum 22 assiduae
23 christianum 24 permotus 25 felle 26 reginam 27 Si in nomine 28 acceperet
29 Chlodomerem 30 iste 31 Chlodoueus 32 moueret 33 uictoriam 34 obteneret
35 efficeretur.

christianus. Cumque uterque _phalangiae certamine iungentes,
dixitque[1] Chlodoueus: « Deum inuoco (f. 100, v°.) quem Chrotechildis regina colit; si me iobaret[2] in hoc prilium[3], ut uincam hos
aduersarius[4], eroque illi fidelis.» Alamanni terga uertentes in fugam
5 lapsi[5]. Cumque regem suum cernerint[6] interemptum, nouem annis
exolis[7] a sedibus eorum nec ullam potuerunt gentem conperire qui[8]
ei[9] contra Francos auxiliaret, tandem se dicionem Chlodouiae[10]
subdunt. Nam cum de prilio memorato superius Chlodoueus Remus
fuisset reuersus, clam a sancto Remedio Remensis urbis episcopum[11]
10 adtrahentem etiam Chrotechilde regina baptismi gratiam cum sex
milia Francis[12] in pascha Domini consecratus[13]. Cum a sanctum Remedium[14] in albis euangelio[15] lectio Clodoueo adnunciaretur, qualem[16]
dominus noster Ihesus Christus ad passionem uenerat, dixitque Chlodoueus : « Si ego ibidem cum Francis meis fuissem, eius iniuriam
15 uindicassim[17].» Iam fidem his uerbis ostendens christianum se uerum
esse adfirmat.

XXII. Gudegiselus frater Gundobadi solatium per laegatis[18](f. 101.)
Chlodoueo postulans, cum eum conperisset fortissimo in prilies[19] promittens si eiecerit Gundobadum cum suo solatio a regno
20 tributum partibus Clodouiae[20] dissoluerit[21]. Gundobadus ignorans do
lum fratris Godegiselus ad eum misit dicens : « Veni ut resistamus[22]
Francis unianimiter, ut quod aliae gentes passi sunt non feramus[23].»
Ad ille : « Vadam, inquid, et prebeam tibi auxilium.» Chlodoueus cum
Francis aduersus hos duos regis[24] castra Diuionense campania diri-
25 xit[25] ad prilium. Godegyselus Chlodoueo coniungetur, ac uterque
exercitus Gundobado[26] populo[27] adterit. Ad ille dolo[28] fratris cognuscens terga uertit, Rodani ripam percurrens, Auenionem urbem ingreditur. Godegisilus obtenta uicturia[29], promissa Chlodouio ex parte
emplens[30], Viennamque triumphans, Chloueus rex post Gundoba-
30 dum dirigit[31], eumque de ciuitate extragi uellit.

XXIII. Aridius prudentissimus uir cum Gundobado in[32] castra sedens ad Gundobado[33] agit[34]: « Oportet te linis[35] huiuri[36] homines
(f. 101, v°.) feritatem, ego simulor a te fugire ad eum transibo ut
faciam neque te neque hanc noceat regionem. Quodcumque tibi per

---

[1] dixit [2] adiuuaret [3] proelio [4] aduersarios [5] lapsi sunt [6] cernerent [7] exoles [8] que
[9] eis [10] Chlodouio [11] episcopo [12] Francorum [13] consecratus est [14] Remedio
[15] euangelii [16] qualiter [17] uindicassem [18] laegatos [19] priliis [20] Clodouei [21] dissol-
ueret [22] resistemus [23] perferamus [24] reges [25] direxit [26] Gundobadi [27] populum
[28] dolum [29] uictoria [30] implens [31] diregit [32] intra [33] Gundobadum [34] ait [35] lenis
[36] huiusi.

meo[1] iniungit consilio[2], faciendum promitte, donec causam tuam
dominus prosperat. » Aridius ualedicens[3] ad Chlodoueum perrexit,
dicens : « Illum perfidum Gundobadum relinquens tuae gloriae
expeti ac benigniter[4] a Clodoueo recipetur. » Eratque iogundus in
5 fabulis, strenuus in consiliis, iustus in iudicio et conmisso fidelis.
Dixit ad Chlodouio[5] : « Tua est haec regio, quare eam uastare per-
mittis ? Iube Gundebadum tibi tributa soluendum; et ipsum et regionem dominabis. Quod si noluerit, perfice quod cepisti. » Haec
iniuncta a Chlodoueo Gundobadus implere promittens, Chlodoueus
10 rediit in Francia, relictis cum Godegyselo[6] quinque milia Francis.
Exiens Gundobadus de Auinione, resumptis uiribus, Gudegyselus[7]
Viennam circumdat, per aquedoctum in ciuitatem ingrediens, Go-
degiselum interfecit. Francis adgregatis (f. 102.) in unam turrem
ferro trucidauit, nihilque postea Chlodoueo reddere disponens.

15 XXIIII. Igitur Alaricus rex Gothorum cum amicicias[8] fraudulenter
cum Chlodoueo inisset, quod Clodoueus discurrente paterno legato
suo[9] cernens aduersum Alarico arma commouit et in campania Vo-
glauensim decimo ab urbe Pectaua[10] miliario Alarico[11] interfecit et
plura manu[12] Gothorum trucidata, regnum eius a mare Terreno, per
20 Ligere fluuio[13] et montes Pereneos usque Ocianum mare a Chlodoueo
occupatum est. Thensaurus[14] Alarici a Tholosa auferens secum Parisius duxit, multis muneribus ecclesiam sancti Marthini et sancti Helariae[15] ditauit, quorum fultus auxilio haec cernitur implisse. Cumque
Parius[16] perrexisset, ibique cathedram regni constituit.

25 XXV. Theudericus eiusdem filius ciuitatebus[17] captis circa mare-
tima a patris iusso pari filius ad eum reuertitur. Filium Sygiberti
regis nomen Chloderico quem cum exercito[18] in eius solatio contra
Gotus[19] (f. 102, v°.) Chlodoueus habuerat linicies[20] uerbis dum per
Scalde nauigarent, adtractum. Ipsi[21] uero patrem suum Sygibertum
30 in Bochonia interfecit dolose, ipse a percussoribus Chlodouiae[22] interfectus est. Regnum Sigyberti absque ullo prilii[23] cum thinsauris Clo-
douius adsumpsit.

XXVI. Charirico rege parentem suum Chlodoueus interfecit et
regnum suum sibi subdedit.

35 XXVII. Ragnacharium regem adque suum parentem Chlodoueus

---

[1] meum [2] consilium [3] ualedicens [4] expeti benigniter [5] Chlodoueum [6] Gode-
gysilo [7] Godegyselus [8] amicitias [9] legatos suos [10] Pectauense [11] Alaricum [12] pluram manum [13] Ligerem fluuium [14] thensauros [15] Helarii [16] Parisius [17] ciuitatibus
[18] exercitu [19] Gotos [20] liniciis [21] ipse [22] Chlodouei [23] proelio.

dolis interfecit manu propria et fratrem suum Richarium similiter manu propria iugulauit.Regnum Ragnacharide [1], qui apud Camaracum sedem habebat, sui [2] dicione [3] subgicit. Regnus [4] Clodouiae [5] maxime per totas Gallias dilatatur. Studiose tractauit ut nullus de suis pa-
5 rentibus superesset, nisi de suo simeni, qui regnarit [6].

XXVIII. Mortuo Chlodoueo, sepultus est in ecclesia sancti Petri apostoli quem suo opere construxerat. Obiit post Voglensim bellum anno v. Regnum tenuit annis xxx. A transito [7] sancti Martini usque ad transitum Glodouiae fiunt anni cxii. (f. 103.) Chrotechildis
10 regina ad limina sancti Martini Toronus orationibus et uigiliis peruagabat.

XXVIIII. Quattuor filii Clodoueo, id est Theudericus, Chlodomeres, Childebertus et Chlotarius [8] regnum eius aequo ordine inter se deuiderunt [9]. Sortitus est sedem Theudericus Mettis, Chlodomeres
15 Aurilianes, Childebertus Parisius, et Chlotharius Suessionas. Theudericus habebat iam filium nomen [10] Theudebertum, utilem et strenuum.

XXX. Amalricus filius Alarici sororem eorum in matrimonium accipit [11], per quam Barcenona a Childerico et Francis occisus est.
20 XXXI. Dani aeuicto nauale Galleas appetunt, in regno Theuderici inrunt [12], a Theudoberto filio Theuderici superantur omnemque predam et uetam amiserunt.

XXXII. Thoringorum tres fratres regnabant: Badericus, Ermenfridus et Bertharius. Ermenfridus Bertharium interfecit, instigante
25 uxore Ermenfridi (f. 103,v°.) nequissima, nomen [13] Amalberga, et Baderici germanum suum cum solatio Theuderici interfecit. Ipsi [14] uero a Theudoberto filium [15] Theuderici interfectus est. Regnum Toringorum Francorum dicione [16] subactum est.

XXXIII. Gundebadi filius Sigymundus apud Genauensim urbem
30 uilla Quatruuio iusso patris sublimatur in regnum, habens uxorem filiam Theuderici regis AEtaliae unde habebat filium nomen [17] Sigyrico [18]. Eadem mortua aliam duxit uxorem. Filium suum Sigyricum nouerci [19] insidias [20] iussit interfici. Vnde fortem postea paenitenciam agens monastirium [21] sanctorum Agauninsium miri operis construxit,
35 et alia plures monasteria aedifecauit. Chrotechildis adsiduae filius [22]

---

[1] Ragnacharii [2] sue [3] dicioni [4] regnum [5] Clodouei [6] regnaret [7] transitu [8] Chlottharius [9] deuiserunt [10] nomine [11] accepit [12] inruunt [13] nomene [14] ipse [15] filio [16] ditione [17]nomene [18] Sigyricum [19] nouerce [20] insidiis [21] monasterium [22] filios.

admonebat mortem patris matrisque uel germanis suis [1] ulcisci. Quam ob causam illi Burgundias adpetunt, Sigymundo [2] et Gudomare in prilium [3] uincunt.

XXXIIII. Clodomeris Sigymundo [4] dum ad monasterium sanctorum
5 (f. 104.) Agauninsium fugiret captum cum uxore et liberis Aurilianes adducit. Gudemaris [5] terga uertens latuit. Godemaris resumptis uiribus regnum Burgundiae tenit [6]. Chlodomeres iterum aduersus Godemarem exercitus [7] mouit, interfecto Sigymundo [8] et uxore cum liberis.

10 XXXV. Praedictum est [9] Chlodomere ab Auito abbati quod fecerat Sigymundo [10] ipso itere [11] passurum. Cumque Veseroncia Franci cum Burgundionibus bellum inissent, Chlodomeres capite truncatur, deceptus ab auxiliis Theuderici qui filiam Sigymundi [12] habebat uxorem.

15 XXXVI. Franci uero in ipso prilio [13] resumptis uirebus [14] Burgundiones Veseroncias superatis, et ad internitionem perductis, patriam eorum dicione [15] subiciunt. Chlotarius uxorem Chlodemeris nomen [16] Guntiucham uxorem duxit, filiusque [17] eius tres nominibus [18], Theudoaldo, Guntacharium et Chlodoaldo Chlotechildis [19] alebat. Childe-
20 bertus dolose Aruernus contra Teuderico (f. 104, v°.) inuasit. Chlotarius et Hildebertus Burgundias [20] adpetunt : sed Teudericus cum eis adgredi noluit. Childebertus et Chlotarius fugato Godomaro Burgundias occupant. Theudericus cum exercito Aruernus uastat. Mundericum qui se parentem regi adsereret renumque [21] deberi dixerit a
25 satilletibus Theuderici occiditur, fraude deceptus. Res eius fisco subieciuntur.

XXXVII. Inita pace inter Childeberto et Theuderico cum sacramento datis obsedibus, sed caelerius rumpetur [22]. Multi fili senatorum ob hoc seruitio subieciuntur. Nepus beati Gregoriae Lingonici urbis
30 episcopi Treuerus cuidam barbaro seruiens, ingenio Leones quidam [23] ex cocis ipsius episcopi liberatur et reducitur.

XXXVIII. Chrotechildis regina cum filios Chlodemere quos alebat Parisius resedens, eorum co [24] amore diligerit [25], Childebertus inuidiam [26] de eis ductus Chlotarium [27] suadet ut interfecerentur. Ex qui-

[1] germani sui [2] Sigysmundo [3] prelium [4] Sigysmundo [5] Godemaris [6] tenuit [7] exercitum [8] Sigysmundo [9] Vt praedictum est [10] Sigysmundo [11] itinere [12] Sigysmundi [13] proelio [14] uiribus [15] ditione [16] nomine [17] filiosque [18] his nominibus [19] Chrotechildis [20] Burgondias [21] regnumque [22] rumpitur [23] Leonis cuiusdam [24] eos unico [25] dilegerit [26] inuidia [27] Chlotharium.

bus duo, Theudoaldus et Guntharius Chlothariae manu pro- (f. 105.)
pria interficiuntur. Chlodoaldus ad clerecatum tundetur, dignamque
uitam gerens; ad cuius sepulcrum Dominus uirtutes dignatur ostendere. Theudericus filium suum Theudebertum ubi Vuisigardem
5 cuiusdam regis filiam disponsauit. Theudebertus relinquens Vuisi-
cardem Deotheriam genere Romanam duxit uxorem.

XXXVIIII. Theudericus xxiii regni sui anno moritur, regnumque
eius Theudebertus adsumpsit, magnum se atque in omni bonitate
praecipuum ostendedit [1]. Deotheria zelans a Theudoberto filiam
10 suam dolo interfecit. Theudebertus relecta [2] Deotheria Vuisigardem [3]
duxit uxorem.

XL. Childebertus et Teudebertus foedus initum [4] inter se contra
Chlotharium mouent exercitum. Sed oracionibus [5] Chrotechilde ad
limina sancti Martini et diuino noto [6], grandinem et infestationem
15 tonitrui et fulgora uenientem, separati sunt. Pacem inientes ad
propria sunt sidibus [7] reuersi [8].

XLI. Post haec Childebertus (f. 105, v°.) et Chlotacharius Spanias
adpetunt easque partem maxima depopulati sunt. Amalricum regem
Barcenona interficiunt. Caesar Agusta ciuetas orationibus et ieiuniis
20 liberatur.

XLII. Post Amalricum Theoda [9] regnat Spaniis. Quo interfecto
Teudegyselus regnum adsumit, qui dum ad caenam letus sederit [10],
extinctis caereis a suis occidetur. Cui Aggyla succedit in regnum.
Gothi uero iam olim habent uicum [11], cum rex eis non placeat ab
25 ipsis interficetur.

XLIII. Et quia Theudericus AEtaliae rex sororem Chlodouiae [12] in
matrimonium [13] habuit, ex qua paruola [14] filia [15] cum uxorem [16] reliquit,
cum mater ei regis filium sociandum prouiderit [17], a seruo nomen [18]
Traquilani [19] accipetur. Traquila [20] cum exercito [21] a matre puellae
30 capetur [22] et capite truncatur. Accepta filiam [23] mater disciplinam
ingerens secum duxit. Filia matrem uinino [24] interfecit. Theo-
thadus regnum Teuderici ambiuit et filia [25] qui [26] matri extetisat [27]
parricida balneo uehementer succenso (f. 106.) iussit includi, ibique
conburetur [28]. Vnde causam conposiciones [29] quinquagena milia sole-

---

[1] ostendit [2] relicta [3] Vuisigarde [4] foedere inito [5] orationibus [6] nutu [7] sidebus
[8] sunt reuersi [9] Theodo [10] sederet [11] uicium [12] Chlodouei [13] matrimonio [14] paruolam
[15] filiam [16] uxore [17] prouideret [18] nomine [19] Tranquila [20] Tranquila [21] exercitu
[22] capitur [23] filia [24] ueneno [25] filiam [26] quae [27] extetisset [28] conburitur
[29] conposicionis.

dorum Childeberto, Chlothario et Teudeberto transmissi sunt. Quod
Childebertus et Teudebertus inter se deuidentes nihil exinde Chlothario dederunt. Theuthado defuncto Tutila[1] successit in regnum,
quem Narsis patricius interfecit regnumque Gotorum in AEtalia dis-
5 tructum[2] est.

XLIIII. Post Theodebertus cum exercito[3] AEtaliam ingreditur
eamque per maritimis termenibus[4] cuncta depopulatus. Narsidem
patricium fuga uersum. Postea Buccelenus dux iusso Teudeberti
Siciliam occupat, totamque Italiam dominans, magna ei felicitas in
10 his condicionibus fuit.

XLV. Peticione[5] Desiderati Verdonensis urbis episcopi, Theudebertus clementer octo milia soledos ciuebus Virdoninsis ad recube-
randum dedit. Theudebertus uexatus a febre moritur XIIII regni sui
anno. (f. 106, v°.)

15 XLVI. Chrotechildis regina plena dierum et bonis operibus moritur, et in sacrario[6] baselice sancti Petri sepelitur. Chlotharius
iobet[7] ad omnes eclesias terciam[8] partem fructum fisco dis-
soluerint[9], sed resistente Iniurioso pontefice, hoc malum distrue-
tur. Chlotharius de Ingundem Gunthaharium, Childericum, Airiber-
20 tum, Gunthramnum, Sigybertum et Chlodesindam filiam habuit; de
Aregundem sororem Ingundis Chilpericum et de Vnsinam habuit
Chramnum.

XLVII. Agylanem in Spanias[10] regnantem cum esset iniquos suis[11]
exercitus imperiae Spanias ingreditur. Aggyla interfecitur.

25 XLVIII. Atthanaghildus succedit in regnum qui ab Spanias[12] exercitum emperii[13] expulit.

XLVIIII. Theudebaldus filius Theudeberti Valdetradam duxit uxorem; erat ualde iniquos[14] suis. Cuius tempore uuas in cauco nate
sunt; stellam ex aduerso ueniens in lunam ingressa est.

30 L. Buccelenus in AEtalia aput Bellesarium et Narsidem patricius[15] (f. 107.) saepius fortiter demicans eosque in fugam uertit
eorumque exercito[16] proterit[17]. Tandem infirmatus a profluuium[18] uentris et exercitos suos[19] ea infirmitate adtritus, Bellesario
iam interfecto, a Narsidem superatur et interfecetur[20]. Ipsoque anno
35 Theodebaldus obiit regnumque eius Chlotharius accepit, copulans
Vualdetradam sibi uxorem.

[1] Totila [2] translatum [3] exercitu [4] maritimos termenos [5] petitione [6] sacratario
[7] iubet [8] tertiam [9] dissoluere [10] Spania [11] iniquus suus [12] Spaniis [13] imperii
[14] iniquus [15] patricios [16] exercitum [17] prosternit [18] profluuio [19] exercitus
suus [20] interficitur.

· LI. Eo anno reuellantibus [1] Saxonibus Chlotharius commoto exercito [2] maximam eorum partem deliuit, Thoringiam uastans, qui eorum auxiliare presumpserant. Nec multo post tempore dinuo Saxones reuellantes, [3] Chlotharius mouit aduersus eos exercitum. Saxones
5 offerentes cuncta emendare que male gesserant et dimedia [4] partem omnibus rebus eorum, exceptis uxoribus et liberis, in conposicionem [5] offerrent. Quod Franci accipere dispicientes, eos interficere conarint [6] Chlothario dicentes : « Non paceficabis cum eis, sed surge, priliemus [7] et ulciscamur in illis.» (f. 107, v°.) Cum ille nolerit [8], Franci Chlotha-
10 rium uolentis occidere inuitus perrexit ad prilium [9], ibique tanta estrages a Saxonibus de Francis facta est ut mirum fuisset.

LII. Childebertus cum Chramno insidias Chlothario parat. Airibertus et Guntramnus iusso patris cum exercito [10] contra Chramnum dirigunt, sed diuino noto [11] temperatae cum graui coruscatione exorta
15 a prilio [12] separantur. Chramnus ad Childebertum pertendit. Saxones factione Childeberti in Francia uenientes usque Diuiciam ciuitatem predas egerunt. Chramnus cum Childebertum se fortiter constringit. Childebertus Reminsem campaniam depopulatus est. Austrapius dux in baselica sancti Martini Chramnum metuens fugit.

20 LIII. Childebertus rex apud Parisius obiit, baselica sancti Vincenti quam ipse construxerat sepultus est. Cuius thinsauris [13] et regnum Chlotharius adsumpsit.

LIIII. Vualdetradam (f. 108.) et filias eius duas in exilio posuit. Chramnus in Brittaniam fugit ad Conobro comete Brittanorum. Quil-
25 acharius socer eius ad baselica sancti Martini confugit. Per ipsum haec baselica incendio concrematur ; postea a Chlothario condigna recuberatur [14], et stagno coperitur. Chramnus a Chlothario patri suo captus cum uxore et liberis in Brittania igne concrematur, Conober comex Brittanorum interfecto.

30 LV. Chlotharius pro suis peccatis que gesserat aut negligenter egerat exorandum ad limina beati Martini confessores [15] properat. Exinde Conpendio uilla ueniens LI regni sui anno uexatus a febre obiit. Chilpericus occupatis thinsauris [16] Chlotarii [17] in uilla Brinnaco sedem Childeberti Parisuus [18] occubat; sed mox exinde repellitur. Chairibertus, Guntramnus,
35 Chilpericus et Sigybertus regnum patris deuidunt. Dedit sors Gairiberto regnum Childeberti, Parisuos [19] sedem habens, Guntramnu

---

[1] rebellantibus [2] exercitu [3] rebellantes [4] dimediam [5] conpositionem [6] conarant corr. conati sunt [7] proeliemus [8] nollet [9] proelium [10] exercitu [11] nutu [12] proelio [13] thensauro [14] recuberatus [15] confessoris [16] thensauris [17] Chlotharii [18] Parisius [19] Parisios.

uero (f. 108, v°.) regnum Chlodemeris, sedem habens Aurilianis; Chilperico regnum Chlotharii patris eius, cathedam [1] Soissiones [2]; Sigybertum quoque regnum Theuderici, sedem Mittens [3]. Eodem tempore Chuni Gallias adpetunt, contra quos Sigybertus mouit exercitum
5 eosque ciuitate [4] fugauit. Postea cum eis pacem iniuit. Chilpericus
Remus inuadit et alias ciuitatis [5] que ad Sigybertum pertenebant
abstulit, unde inter ipsis bellum ciuile surrexit. Sigybertus Suissionas
occupat, Theodebertum filium Chilperici adpraehensum exilium
transmittit; Chilpericum uictum atque fugatum, ciuitates in sua
10 dominatione reuocat. Post annum Theudebertum filium Chilperici
reddedit, datis in inuicem de pacem sacramentis. Guntramnus in
Burgundia regnans in locum Agricolanis patriciae Celsum instituit,
uerum in uerbis paratum et in cupiditate prumtissimus [6].

LVI. Guntramnus fuit rex bonus, timens Deum. Accepit primum
15 (f. 109.) concupinam nomen Venerandam de qua habuit filium nomen
Gundobadum. Post accepit Marcytrudem filiam Magnicharii; postquam de Gunthramno habuisset filium, uenino Gundobadum dolis
interfecit. Ipsa iudicio Dei filium quem habebat perdedit et odium
regis pre saginam incurrit. Eadem demissa, Austrechilde eiusdem
20 ancilla, cognomento Bobylanem, Gunthramnus accepit uxorem de
qua duos filius habuit, nominibus Chlotarium et Chlodomerem. Vt
Marcitrudis [7] demitteretur haec fuit occansio: mater eius, post mortem Magnachari di uilis hominibus unum ex nutritis Magnicharii
acceperat marito, qui, instigantibus Ciuccione et Vuiolico filiis, ab
25 eodem mater iusso Guntramni separatur, et ipse puer occiditur.
Clamantes filii negligenter materem [8] herbariam et meretricem, haec
occansi [9] filiam eiecit de regnum. Chairibertus rex Ingobergam accepit uxorem; qua relicta, Merofledem lanariae filiam accepit et aliam
(f. 109, v°.) pastoris ouium filiam nomen Theotechilde duxit uxorem,
30 ex qua habuit [10], sed protinus moritur.

LVII. Porro Sigybertus cum uiderit fratres suos uxoris uiles accipere Gogonem causam legationis ad Anagyldum regem direxit, petens ut eis [11] filiam suam Brunam nomen coniugio tradiret, quam
Anagyldus cum multis thinsauris [12] Sigyberto ad matrimonium trans-
35 misit. Ad nomen eius ornandum est auctum ut uocaretur Brunechildis, quam cum multa laeticia [13] atque iocunditate Sigybertus accepit
uxorem.

1 cathedram 2 Suissiones 3 Mettensem 4 uicit atque 5 ciuitates 6 prumtissimum
7 Marchitrudis 8 matrem 9 occansio 10 habuit filium 11 ei 12 thensauris 13 laetitia.

LVIII. Ante haec in infancia Sigyberti omnes Austrasii cum elege-
rint Chrodinum maiorem domus, eo quod esset in cunctis strenuus
et timens Deum, patiencia [1] inbutus, nec quisquam aliud nisi quod
Deo et hominibus placerit, in eum inueneretur. Illi hoc honorem
5 respuens dicebat : « Pacem ego in Auster facere non ualeo, maxime
omnes primati cum liberis in totum Auster mihi consanguinei sunt ;
non posso ex eis facere disciplinam nec quemquam (f. 110.) interfecere. Ipse uero per me insurgunt ut agant supersticiose, eorum
acta non permittat Deus ut me inferni claustra tradant ! Elegite
10 alium quem uultis ex uobis. »

LVIIII. At illi cum non inuenerint, tunc Chrodini consilio, nutri-
tum suum, memorato superius Gogonem maiorem domus elegunt.
In crastino primus ad eius mansionem perrexit Chrodinus ad menisterium, bracile Gogone in collum tenens, quod reliqui cernentes
15 eiusdem secuntur exemplum. Prosperum haec Gogonem ad guber-
nandum fuit, quoadusque Brunechildem de Spania adduxit; quem
Brunechildis continuo apud Sigybertum fecit odiosum, ipsumque,
suo instigante consilio, Sigybertus interfecit. Tanta mala et effu-
sione sanguinum a Brunechildis consilium in Francia factae sunt,
20 ut prophetia saeuille impleretur dicens : « Veniens Bruna de partibus
Spaniae, ante cuius conspectum multae gentes peribunt. Haec uero
aequitum calcibus disrumpetur. »

LX. Chilpericus Gachylisindam (f. 110, v°.) sororem eius habuit uxorem, relinquens Fredegundem et alias quas habebat uxores. Postea
25 transcendens sacramentum quem Gothorum legatis dederat ne umquam
Gachyloisindam de culmine regni degradarit, ipsamque suggelare [2]
fecit. Post cuius transitu Fridegundem dinuo accepit uxorem. Repu-
tantes ei fratres quod suo ingenio Gachylosoinda fuerat interempta,
eum de regno eieciunt. Habebat Chilpericus de priore regina Audo-
30 uera tres filios Theudebertum, Maeroeum et Chlodoueum.

LXI. Chuni in Galliis uenere conantur, aduersus quos Sigybertus
cum magnum adgreditur exercito. Chum [3] magecis artibus instructi
multis fantasiis ostensis, exercitum Sigyberti metum concutunt;
terga uertunt, Sigybertus a Chunis circumdatur, sed suae prudenciae [4]
35 donis offerens liberatur, nec ei quicquam haec condicio fecit oppro-
brium. Pacem sempiternam cum Chunis firmauit et a rege Chunorum
condignis muneribus honoratur.

---

[1] patientia [2] suggellare [3] Chuni [4] prudentiae.

LXII. Sigibertus (f. 111.) praecepit Aruernis ciuebus Arelate occupare. Iobente Guntramno a Celso patricio Aruerni Arelato trucidati sunt.

LXIII. Athanagildo regem Spaniae defunctum, Leuua cum Leu-
5 uildo fratri regnum adsumont[1]. Moritur Leuua, Leuuildus integrum Spaniae regnum tenet, habens Gadsuindam matrem Brunichildis uxorem.

LXIIII. Eodem tempore, defuncto Constantinopole Iustiniano imperatore, Iustinus ambiuit imperium, uir iniquos et cubidus. Ad
10 quem Sigybertus legatus Vuarmecharium, Francum et Firminum comitem direxit, qui, pacem cum imperatore firmata, secundo anno sunt reuersi.

LXV. Langobardorum gens, priusquam hoc nomen adsumerit, exientes de Scathanauia, que est inter Danuuium et mare Ocianum,
15 cum uxores et liberis Danuuium transmeant. Cum a Chunis Danuuium transeuntes fussent[2] conperti, eis bellum conarint inferre, interrogati a Chuni, que gens eorum terminos introire praesumerit. At ille mulieris eorum praecipunt[3] coman capitis (f. 111, v°.) ad maxellas et mentum legarint, quo pocius uirorum habitum simulantes plurima
20 multitudine hostium ostenderint, eo quod erat[4] mulierum coma circa maxellas et mentum ad instar barbae ualde longa. Festur[5] desuper uterque falangiae uox dixisse : « Haec sunt Langobardi », quod ab his gentibus fertur eorum Deo fuisse locutum quem fanatice nominant Vuodano. Tunc Langobardi clamassent, qui instituerat nomen, conci-
25 dere uictoriam ; hoc prilio[6] Chunus superant, partem Pannoniae inuadunt. Nec multo post tempore Narsis patricius minas Iustini imperatoris eiusque agustae Sopiae perterritus, eo quod agusta ei adparatum ex auro facto muliebri, eo quod eonucus[7] erat, cum quo filaret, direxit, et pensilariis regerit non populo. At ille respondens :
30 « Filo filabo de quem Iustinus imperator nec agusta ad caput uenire non possit[8] ». Tunc Langobardus a Pannoniis inuitans, cum Albueno regi AEtaliam introduxit. (f. 112.) Albuenus Chlodesindam Chlotharii regis filiam habuit uxorem ; qua defuncta aliam duxit coniugem cuius patrem interfecerat.
35 LXVI. Ipse uero eiusdem mulieris fraude uenino perit[9]. Ipsaque postea cum aliquo Langobardo apud quem Rauennam fugaciter de

[1] adsumunt [2] fuissent [3] praecipiunt [4] erant [5] fertur [6] prelio [7] eonuchus [8] possint [9] periit.

ciuitatem Verona ubi uiro occiderat, adgrediebat pariter in itenere adprehensi et interfecti sunt.

LXVII. Langobardi regem nomen Clip super se eligunt. Prorumpentibus Langobardis in Gallias, Amatus patricius ab ipsis interfece-
5 tur; et a Burgundionibus multae ibidem estrages factae sunt. Post Amatum Mummolus patriciatum adsumit.

LXVIII. Inruentebus iterum Langobardis in Galliis, cum quibus Mummolus fortiter demigauit, et usque ad internicionem[1] oppressit, pauci ex eisdem AEtaliam repedantur. Saxones quos Theudebertus
10 in AEtalia miserat, in Gallies prorumpunt, apud Stuplonem castra ponentes, multae estrages per uicina loca ab ipsis perpetrantur; (f. 112,v°.) qui a Mummolo superantur, et in AEtalia fugaciter reuertur[2], amissis omnibus quae pretauerant[3]. Saxones iterum cum uxores et liberis in Gallies[4] destinant, ut a Sigyberto regi recepti,
15 in loco unde exierunt redirint. Venientes in terreturio Auennico, Mummolus protinus obuiam ueniens eis, Rodanum transire non permittebat. Postea acceptis muneribus, transire eos permisit; ad Sigybertum pergentes in locum unde prius egressi fuerant sunt stabiliti. Postea, defuncto Clip, Langobardorum duces, Chamo, Za-
20 ban et Rodanus Gallias inruperunt. Quorum obuiam Mummolus cum exercito uenit, et hos tres duces cum eorum exercito usque ad internicionem[5] deliuit. In alio anno Mummolus cum exercito Toronus ac Pectauis, iubente Guntramno[6], de potestate Chilperici abstulit et ad parte Sigyberti restituit. Multi ibidem de exercito Chilperici et
25 ipse Pectauensi sunt (f. 113.) gladio trucidati. Taloardus et Nuccio duces Langobardorum per oscula in Sidonense territurio cum exercito sunt ingressi, ad monasterium sanctorum Agauninsium nimia facientes strage. Baccis uilla, nec procul ab ipso monasterio et duces et eorum exercitus a Vuiolico et Teudofredo ducibus
30 Gunthramni sunt interfecti, XL tantum[7] fugaciter AEtaliam remeantur.

LXVIIII. Chlodoueus filius Chilperici Burdegalem peruadit. A Sigulfo duci superatus fugaciter ad patrem redit.

LXX. Chilpericus Pectauos et Thronos[8] de regno Sigyberti per-
35 uasit, et Sigulfo duci fuga uertit suoque exercito prostrauit. Chilpericus ciuitates eas que peruaserat Sigyberto reddit. Post anno Chil-

---

[1] internitionem [2] reuertuntur [3] predauerant [4] Gallees [5] internitionem [6] Gunthramno [7] tantum ex illis [8] Thoronos.

pericus exercito cum multo regno Sigyberti ingreditur , sed intercurrentes legatus pacifecati sunt.

LXXI. Postea uno inientes consilio amboque mouentes exercito, uolentes Gunthramnum interficere, in regnumque [1] eius adsumere,
5 Sigybertus cum exercitu Arciaca resedens, Chilpericus Duodece Pontis. (f. 113,v*.) Audiens haec Gunthramnus exercitum uelociter mouit, ueniensque uilla Veriaco, intercurrentes legatus, hii tres germani Sigybertus, Gunthramnus et Chilpericus Trecas iuncxerunt et in ecclesia sancti Lupi sacramento contra Gunthramnum ut pacem
10 seruarint dederunt. Gunthramnus idemque cum eis pacem sacramentis firmauit. Redientes ad castra Austrasiae, aduersus Sigybertum rumorem leuant, dicentes : « Sicut promisisti da nobis ubi rebus ditemur, aut preliemur, alioquin ad patriam non reuertimur. » Illi uolens, conpulsus a suis super Gunthramno ire Austrasiae ualde
15 consilios aedicent ad eum : « Sacramentis pacem cum Gunthramno firmastis [2], quo pacto possumus super eum inruere. » Vnianimiter exclamantis se super Chilpericum uelle ire, protinus mouentis inruunt super Chilpericum. Iam eius exercitus ad propria festinans longe aberat. Cum haec cognouisset Chilpericus terga uertens
20 Thornoa peruenit. Sigybertus post tergum (f. 114.) eius Parisius uenit, ibique sanctum ac beatissimum Germanum Parisiorum urbis episcopo [3] Sigybertus uidisset, haec ab eodem uerbo prophetiae audiuit : « Si germanum tuum ita persequere cogitas ut eum interficere disponas, et regnum suum auferre, scriptum est : Foueam
25 que fratri tuo parabis, in eam cadebis. » Cuius castigationem nolens [4] annuere, cogebat optata perficere. Cumque Victuriaco accessisset, omnes Neptrasiae [5] ad eum uenientes se suae dicione [6] subiecerunt. Ansoaldus tantum Chilperico [7] remansit. Fredegundis duobus pueris dolo transmissis, Sigybertum interficiunt et ipsi interfecti sunt.
30 Resumptis uiribus Chilpericus suumque regnum recepit.

LXXII. Brunechildis cum filio suo Childeberto Parisius sub custodia tenebatur, sed factione Gundoaldo duce, Childebertus in paera positus per fenistram [8] a puerum [9] aceptus est, et ipse puer singulus eum Mittes [10] exhibuit; ibique a Gundoaldo uel Austrasiis in regno
35 patri sublimatur. Brunechildis (f. 114, v°.) iusso Chilperici exilio Rothomo retrudetur. In eo anno fulgor per caelo discurrisse uisus

---

[1] interficere regnumque [2] firmasti [3] episcopum [4] nollens [5] Neutrasiae [6] ditione [7] tantum cum Chilperico [8] fenestram [9] puero [10] Mettes.

est. Sigẏbertus in eclesia sancti Medardi sepultus est, aetate quatra-
genaria xiiii regni sui anno.

LXXIII. A transito [1] Theudeberti seniores usque ad exitum Sigyberti, anni xxviiii, a principio usque ad diluuium, anni iiccxlii, a
5 deluuio usque ad Abracham, anni dccccxlii, Abracham [2] usque ad
egressum filiorum Israhel ex AEgypto, anni cccclxii, ab egresso [3]
filiorum [4] ex AEgypto usque ad aedeficationem templi Salomonis
anni cccclxxx, ab aedificacionem [5] uero templi usque ad dissolationem
eius et transmigrationem Babylloniae, anni ccclxl, a transmigratio-
10 nem [6] Babylloniae usque ad passionem Domini, anni dcxlviii, a passionem [7] Domini usque a transito [8] sancti Martini, anni ccccxii, a
transito [9] sancti Martini usque a transito [10] Chlodoueae [11] regis, anni
cxii, a transito [12] Chlodouei regis usque transitum Teudeberti, anni
xxxvii, a transito [13] Teudeberti usque ad exitum (f. 115.) Sigyberti
15 anni xxviiii, quod sunt semul [14] anni vdcc.

LXXIIII. Chilpericus filium suum Maeroueum Pectauis cum exercitum [15] direxit, exinde reuertens Rothomao [16] accessit et Brunechildem
coniugium accepit. Protinus Chilpericus ipsum de ea separauit. Cam-
paninses [17] Sexsionas peruaserunt ; Chilpericus cum exercitu contra
20 eos inualuit, Sexsionas recepit. Filium suum Meroueum honus tonsorare clericati tonsorare fecit et presbyter ordenatur [18]; Roccolenum
ducem, Gunthramnum idemque ducem persequendum Thoronos
transmisit. Roccolenus ab infirmitate uexatus nihil ibidem praeualuit.

LXXV. Eo tempore sanctus Germanus Parisiorum episcopus tran-
25 siit. Chilpericus filium suum Chlodoueum Toronus transmisit qui et
ultra Legere [19] ciuitates Childeberti preuaderit. Mummolus patricius
Gunthramni contra Chlodoueum et Desiderium duci [20] Chilperici bellum gessit eosque superauit. Caesi [21] a Mummoli exercito quinque
milia, a Desiderio uero xx milia. (f. 115, v°.)

30 LXXVI. Inter Suaeuos et Saxones bellum surrexit, caesi sunt a
Saxonibus xx milia, sex milia tantum ex eis remanserunt. Suaeuorum quoque vi milia cccclxxxviii prostrati sunt. Reliqui uero uicturiam obtenuerunt. Saxones deuouerunt ut nec pilum nec barbam
inciderint priusquam hanc iniuriam ulciscerint, sed mentita est eorum
35 iragundia.

[1] transitu [2] ab Abracham [3] egressu [4] filiorum Israhel [5] aedificacione [6] trans-
migratione [7] passione [8] transitu [9] transitu [10] transitum [11] Chlodouei [12] transitu
[13] transitu [14] simul [15] exercitu [16] Rothomaum [17] Campanenses [18] ordinatur
[19] Ligerem [20] duces [21] cessi.

LXXVII. Brittanis Magliauos [1] et Bodecus illo timore [2] comitis [3] erant, amiciciam cum sacramentis inuicem [4] inientis. Mortuo Bodico, Magliauos [5] filium eius nomen [6] Theuderico [7] de regno expulit. Sed tandem resumptis uirebus Theudericus Magliauum [8] cum filium [9]
5 Iacob interfecit, regnumque patris recepit. Vuarogus Magliaui filius in patris loco comex [10] effecetur [11]. Gunthramnus rex duos Magnachari filius [12] gladio interemit, instigante Austrechilde regina, facultatis eorum fisco redegit. Fili [13] Gunthramno [14] duo continuo mortui sunt.

LXXVIII. Gunthramnus Childebertum adoptauit in filium. Chilpericus
10 (f. 116.) Praetextatum Rothomensem episcopum exilium trudit. repotans [15] ei quod consilium Brunechilde husus contra Chilpericum tractant, quod ueritate subsistebat. Merueus iterum laicus efficetur [16], de Thoronus fugiens per Authiciodero Deuione [17] uenit, in Remensem campaniam peraccessit, a Tharauuanninsibus circumuentus est et in
15 quadam uilla concludetur a Gaileno familiare [18] suo. Ipsoque rogante, Meroeus cultro interfectus est. Gailenus manebus [19] et pedibus, nares et aurebus trunccatus [20] turpiter uitam finiuit.

LXXVIIII. Eodem tempore Iustinus imperator amens effectus est. Sopia eiusdem agusta cum Tiberio Caesare regebat imperio [21]; Tiberius
20 largissimus in aelynis [22] fuit. Sed cum a Sopia argueretur ut thinsaurum [23] non uastarit [24], in medio palatiae [25] crucem [26] in lapide reperta, iobet [27] Tiberius ipsum lapidem leuare, desuper [28] in alio lapide duo crucis reperti sunt, leuatumque et ipsum inuenta sunt supter ipsum milli centenaria auri, quod largiter diuino amore (f. 116,v°.) Tiberius
25 pauperibus erogauit.

LXXX. Defuncto Narside, prodenti [29] aliquo senece cui Narsis credederat [30], thinsaurum eius Tiberius abscondito sub terra inuenit, nimia multitudine ponderum auri et argenti seo [31] et lapides preciosis [32]. Quod idemque largiter Tiberius in alimuniis [33] destribuit [34] pau-
30 perum. Samson filius Chilperici moritur quem Chilpericus nimium luxit. Eo anno stella in medio lunae fulgens uisa est. Guntramnus Boso relictis filiabus suis in eclesia sancti Helariae [35] ad Childebertum transiit. Anno quoque tercio Childeberti regis, qui erat Chilperici et Gunthramni septemus decemus, Guntramnus Boso filias suas

---

[1] Magliauus [2] tempore [3] comites [4] in inuicem [5] Magliauus [6] nomine [7] Theudericum [8] Magliacum [9] filio [10] comis [11] efficitur [12] filios [13] filii [14] Gunthramni [15] reputans [16] efficitur [17] Diuione [18] familiari [19] manibus [20] naribus et auribus trunccatis [21] imperium [22] aelymosinis [23] thensaurum [24] uastaret [25] palatiai [26] cruce [27] iubet [28] desupter [29] prudente [30] crediderat [31] seu [32] preciosos [33] alimoniis [34] distribuit [35] Helariai.

a Pectauo auferre uellens, Dracolenus super eum inruit. Multis [1]
muneribus [2] a Gunthramno Dracoleno offeruntur, sed Dracolenus,
ut erat elatus, dicens : « Funiculum unde alios legare soleo paratum
habeo, ubi et Gunthramnus odie laegatur. » Cumque fuisset priilium [3]
5 ceptum, Gunthramnus inuocato nomen [4] Domini, et uirtutis [5] sancti
Martini leuato conto (f. 117.) Dracolenom [6] mactat in faucebus [7], sus-
pensumque de aequo, mortuum in terra [8] proiecit. Feliciter postea
quod coepit expleuit. Post haec Pectaui, Bagassini, Teromanni et
Andegaui cum aliis multis in Brittania contra Vuaroco exercitum
10 mouunt ; super quos Vuarocus per nocte [9] ruens nimia estragie [10] de
Saxonis Baigassinus fecit. Anno IIII Childeberto [11] qui fuit octauus decimus Gunthramni et Chilperici, Salonius et Saggitarius episcopus [12]
Cabylonno in sinodo ab episcopato degradantur. Chilpericus discrip-
ciones grauissemas [13] in omni populo regni sui fieri iussit. Marcus
15 refrendarius qui hanc discriptionem faciebat, secum omnes polepticus [14]
ferens, kalendis marciis [15] a Limodecinis interfectus est, et omnes po-
leptici incendium sunt concrematae [16]. Dum haec ageretur Iustinus
imperator octauo decimo anno regni sui cum amenciam quem incurrit uitam finiuit.
20 LXXXI. Tiberius adripuit imperio. Sopia agusta inmemor promissionis suae (f. 117, v°.) aduersus Tiberium insidias muliebatur ; Iustinianum nepotem Iustini imperium [17] uoluit sublimare. Quod Tiberius
cernens, adprehensam Sopiam expuliatam thinsauris [18], secregatis
ab ea pueris, custodiam [19] iussit retrudi. Iustinianum obiurgatum
25 tantum in posterum amore delexit [20] ut filium [21] eius filiam suam promitteret, eiusque filium [22] suum filiam suam [23] expetirit ; sed non est
res sortita effecto [24]. Exercitus eius Persas deuallauit [25], uictorque regressus tanta mole praede [26] detulit, ut creditur cupiditate humani [27]
posse sufficere ; xx aleuanti [28] ex Inde [29] adducti sunt.
30 LXXXII. Eodem tempore anno quinto Childeberti regis, tante lois [30].
per uniuersam regionem factae sunt, ut nimium mirum fuisset, uniuersa flumina termenis quos umquam [31] excesserant praeterirunt [32],
de pecoribus excidio, grande aedeficiis naufragium, quod cessantis [33]

---

[1] multa [2] munera [3] proelium [4] nomine [5] uirtute [6] Dracolenum [7] faucibus [8] terram [9] noctem [10] estragis [11] Childeberti [12] episcopi [13] grauissimas [14] polepticos
[15] kalendas marcias [16] concrematai [17] in imperium [18] thensauris [19] in custos
diam [20] dilexit ut filio [21] filio [22] promitteret filiumque [23] filiae suae [24] effectum
[25] debaellauit [26] praedam [27] humanae [28] alefanti [29] India [30] lues [31] numquam
[32] praeterierunt [33] cessantibus.

pluuiis, arboris [1] dinuo floruerunt, erat mensis septembris; (f. 118.)
fulgor per caelo [2] currise [3] uisus est. Sonus quasi de ruentes arbores
in totam terram auditus est. Orbis Burdegalensis terre moto concussa
est. De Pereneis montibus inmense lapides sunt euolsi [4], qui pecora
5 et homines prostrauerunt. Vicus Burdigalensis [5] incendio diuinitas [6]
ortum [7] multus [8] exhusit subito conprehendens, domus [9] et arie
cum annonis incendio concremantur, nullo intamento [10] habens ignis
forsitam iussionem [11] diuina, Auriliana ciuitas ob hoc incendio uastata
est. Apud terminum Carnotenum ide efracto panem sanguis fluxit. Sed
10 hoc [12] prodigia grauissima lois [13] est subsecuta et discordia regis [14].
Iterum bellum ciuile parantibus, besenterecos [15] morbos [16] totas Gallias praeoccupauit. His diebus Austrechildis Guntechramno princepis
regina ab hoc morbo consummata est, medicos ad Gunthramno acu-
sans [17]. Iusso Gunthramni medici diuersis poenis adfecti migrant a sae-
15 culo. (f. 118, v°.) Eo anno magna in Spaniis christianorum persecutio
fuit, instigante Goaesinda, quam post Anaghildo regi rex Leubildus
acceperat, de aliam uxorem duos filius [18] habens. Ex huius [19] unus
Ehermengildus nomen [20] filiam Sigyberti nomen [21] Sedegundem.

LXXXIII. Que cum magnis thinsauris et apparatis in Spania est
20 directa, et ab aua Goaesinda benigniter recepta, quem [22] postea Goaesinda adfecetur [23]. Sed cum nullatenus auiae [24] iniquo consilio consen-
tisset, in una ciuitatum cum uiro habitandum constituetur [25]. Protinus
maritum predicans, ad Christi cultum baptizatus effectus est christianus. Quem pater Leubildus insequens et uellens occidere, tandem
25 eius insecutionem [26] filius est interfectus, per quem data est occansio.
Post mortem Mirionis regis Galliciae, filium eius Eurico et genero,
nomen [27] Audecane, de regno certantibus, a Leubildo Soaeui et omnes
Galliciae potestatem Gothorum subgiciuntur.

LXXXIIII. Igitur Chilpericus tres filios suos, iam adultos, ab in-
30 firmi(f. 119.)tate besenteriae uno anno perdedit, quos de Fredegundae habebat. Restiterat adhuc Chlodoueus filius eius quem postea
instigante Fredegundae, uinctum custodia retrusit, ibique factione
Fredegunde cultro percussus obiit.

LXXXV. Post haec Mummolus patricius regno Gunthramni fuga
35 delatabetur [28]; Auennionem castrum suae defensionem [29] expetiit.

---

[1] arbores [2] caelum [3] currisse [4] euulsi [5] Burdegalensis [6] diuinitus [7] ortos
[8] multos [9] domos [10] incitamento [11] iussione [12] hec [13] luis [14] reges [15] parentibus
besenterecus [16] morbus [17] accusans [18] alia uxore duos filios [19] his [20] nomene [21] nomene [22] quam [23] adficetur [24] auiaei [25] constituitur [26] insecutione [27] nomene
[28] delatabatur [29] defensioni.

Legati Chilperici qui ad Tiberium imperatorem accesserat [1], ad eodem illud tempore reuertuntur continuo.

LXXXVI. Childebertus relicta Gunthramni pacem, se cum Chilperico ut regno eius pariter auferrent, coniuncxit, promittens Chilpe-
5 ricus, dum sine filiis erat, ut Childebertum regni sui relinquerit heredem, sed more solito mendax apparuit. Lopus [2] dux Campanensis ab Orsione et Bertefredo ab exercito [3] internicione persequitur, sed Brunechilde intercedente liberatur, presidiumque eius a suprascriptis talatus est.

10 LXXXVII. Fuit illo tempore reclausus Hospicius apud Necinsem urbem, qui constrinctis catenis a purum corpus ferreis, desuper (f. 119, v°.) cilicio, nihil aliud quam purum panem et paucis dactalus [4] comedebat, in quadragensima radices herbarum. Qui dum conuersaretur in corpore multae uirtutes, pristante [5] Domino, per eodem [6]
15 hostinsi [7] sunt. Chilpericus Desiderium ducem ad praeuadendum Petrocorego et Agennum cum exercitum [8] diriget [9]; qui fugato Ranoaldo [10] duci [11], has ciuitates peruasit, eiusque uxorem cunctis rebus expoliauit. Baudastis dux in Vasconia obiit, maximam partem exercitus sui amisit. Anno igitur VII Childeberti regis, qui erat Chilperici et Gun-
20 thramni XXI, stilla comitis apparuit in diae [12] sanctum paschae. Apud Sexsionas ciuetate [13] caelum ardere uisum est. In Parisiaco uero sanguis dinuo fluxit et super uestimenta multorum hominum cecidit. Valetudinis [14] uariae et mortaletas magna eo anno in populo fuit. Igitur legati Chilperici, Ansoaldus et Domegyselus, qui ad conpicien-
25 dam dotem in Spania fuerant missi, sunt regressi his diebus. Leubildus rex contra Ermenghyldum filium suum in exercito [15] (f. 120.) resedebat; tunc filium suum interfecit, eiusque mulierem a Grecis liberare non potuit, sed usque in mortem illuc permansit.

LXXXVIII. Eo anno Rodinus dux moritur uerum [16] aelimosinarius
30 et bonitate plenissimus, iustus in cunctis, piissemus in pauperibus : qui, dum quadam uicem [17] ut consuaeuerat mortuum sepelire preciperat, ad quadam [18] momento [19] cum cultris pueri fossam facerint [20], leuata lapide inuinit [21] mirum [22] magnitudinis thinsaurum et soledorum multitudinem. Hoc sibi proprium uerum censuit, quem sine
35 intermissione fideliter pauperibus erogauit. AEquanimiter eum fide [23]

---

[1] accesserant [2] Lupus [3] exercitu [4] dactulis [5] prestante [6] eundem [7] ostense [8] exercitu [9] diregit [10] Ragnoaldo [11] duce [12] die [13] ciuitatem [14] ualetudines [15] exercitu [16] uerus [17] uice [18] quondam [19] momentum [20] facerent [21] inuenit [22] mira [23] fides.

reddedit hoc thinsaurum a quem [1] acciperat. Multa signa et prodigia eo anno in caelo sunt uisa. Chilperico filius dinuo nascitur, iobet omnes carcerentes laxare.

LXXXVIIII. Gundoaldus qui se filium Chlotarii esse dicebat, de 5 Constantinopole [2] reuertitur et Chlothario a Childebertum patruo [3] derictus est. Quem Chlotharius uidens, comam capitis tundere iussit. Quem Sigibertus (f. 120, v°.) arcessitum misit eum in Agrepennensim çiuitatem que nunc Colonia dicetur, exinde lapsus ad Narsidem dirigit, Narsis eum Mauricio imperatore direxit. Cum exinde fuisset 10 reuersus, a Mummolo patricio fuit susceptus factione Syagriae [4] et Flaui episcopis [5], ut Gunthramnum degradarint [6] a regnum et sublimarint [7] Gundoaldo [8]. Ob hoc [9] causam Mummolus interfectus est. Gundoaldus a Bosone duce factione Conbeninsim urbem de cacumine rupis inpingetur; ibique deruptus moritur. Cariatto spatarius Gun-15 thramni qui hanc rem prodedit, huius uecissitudinem repensionis episcopatum Genauensum [10] adsumsit.

LXXXX. Illud tempore Chilpericus Parisius, contra pactum quam cum Francis inierat, ingreditur, ob quam rem porcionem suam exinde iusti [11] admisit [12]. Gunthramnus partem Childeberti de Massilia 20 reddit [13]. Mummolus factione Fredegunde, cui repotabant [14] filium suum per incantatione interfecisse, iussit suggellare multasque mulieres per ipso (f. 121.) mendatio [15] a Fredegundae sunt interfectas.

LXLI. Chilpericus timens Gunthramnum et Childebertum in Camaracinsim cum thinsauris omnique presidium est adgressus. Per ipsa 25 timore saepe exercitum mouebat, et resedere faciebat.

LXLII. Childebertus in AEtalia habiit et Langobardi se suae dicione commendant. Gloriose exinde Childebertus reuertitur. Acciperat prius a Mauricio imperatore quinquagenta milia auri, ut Langobardus de AEtalia expugnaret; sed non solum eis non nocuit, amicicias 30 cum ipsos iniuit. Leubildus ut supra fecimus mencionem, filium suum Ermenghildum interfecit.

LXLIII. Chilpericus et Fredegundis filiam eorum cum magnis thinsauris et multitudinem familiae in eius menisterium direxit, quam filius Leubildo [16] uxorem accipit. Nec post mora extante [17] Chil-35 pericus Calam uillam, nec procul a Parisius, ab homine, nomen Falcone, qui missus a Brunechilde fuerat, est interfectus. Crudelissimam uitam digna morte finiuit.

---

[1] quo [2] Constantinopoli [3] patruum [4] Syagriai [5] episcopi [6] degradarent [7] sublimarent [8] Gundoaldum [9] hanc [10] Genauensem [11] iuste [12] amisit [13] reddedit [14] reputabant [15] jpsum mendatium [16] Leubildi [17] existante.

V

INCIPIT PROLOGVS CVIVSDAM SAPIENTIS. (f. 121, v°.)

INCIPIVNT CAPETOLARIS CRONECE LIBRI QVARTI
IN CHRISTI NOMEN.

---

[1] exercitu [2] adgresso [3] morte [4] regnum [5] pace [6] Guntramnum [7] Childebertum [8] ifirmata [9] uxore [10] exercitu [11] defectionem [12] obetu [13] regno [14] obitu [15] Parsius [16] morte [17] Quintirionis [18] qualiter de Austeris esset tegecta.

XX. De pugna quem Teudebertus et Teudericus contra Chlothario ferrum [1] ipsoque [2] uicerunt.

XXI. De filium [3] Teuderici natum [4] et AEgyla pater [5] interficetur.

XXII. De inuentionem [6] corporis sancti Victoris.

5   XXIII. De Fogatum [7] qualiter Mauricium imperatore [8] interfecit et inperium adsumsit.

XXIIII. De exilium [9] sancti Desideriae episcopi.

XXV. De Bertoaldo maiorem domum [10].

XXVI. De uicturia Teuderici contra Clotharium.

10   XXVII. De Protadio maiorem domum eisque interitu.

XXVIII. De bonetatem [11] Claudiae [12] maiorem [13] domum [14].

XXVIIII. De interetum [15] Volfo [16] patricio [17].

XXX. De Ermenberga quod de Spania Teuderico [18] adducitur.

XXXI. De legatis Betterici ad regebus [19] transmissis.

15   XXXII. De marthirio sancti Desiderio [20].

XXXIII. Quod Sisibutus rex in Spaniam sublimatur.

XXXIIII. De Agone regi eius reginam Teudelinde.

XXXV. De Brunechilde et Belihilde reginas [21].

XXXVI. De uita sancti Columbani. (f. 122, v°.)

20   XXXVII. De iniuriam [22] Teuderici regi [23] quas Alossia habuit.

XXXVIII. De pugna Teuderici cum Teudeberto et Anter [24] receptum.

XXXVIIII. De obetum [25] Teuderici.

XL. De Chlothario cum in Autster [26] ingredi cepit.

XLI. De consilium [27] initum [28] perdiciones filies [29] Teuderici.

25   XLII. De quod Chlotarius regnum Burgundiae et Auster recipit et filius Teuderici occisit.

XLIII. De internicione Erpone ducis.

XLIIII. De Leudemundo episcopo et Bertrude regina.

XLV. De tributa [30] Langobardorum cassata [31].

30   XLVI. De morte Bertrude regini [32].

XLVII. De inicium [33] regni Dagoberti.

XLVIII. De inicium [34] regni Samonis [35].

XLVIIII. De Adaloaldo rege Langobardorum [36] eius transitu.

L. De Charoaldo sublimato in regno super Langobarum [37].

---

[1] fecerunt [2] ipsumque [3] filio [4] nato [5] patricius [6] inuentione [7] Fogato [8] imperatorem [9] exilio [10] maiore domus [11] eiusque-bonetate [12] Claudiai [13] maiore [14] domus [15] interetu [16] Volfi [17] patricii [18] Teudericus [19] reges [20] Desiderii [21] reginis [22] iniuria [23] regis [24] Auster [25] obetu [26] Auster [27] consilio [28] inito [29] filiorum [30] tributis [31] cassatis [32] regine [33] inicio [34] inicio [35] S. in Vuinedus [36] et eius [37] Langobardos.

---

[1] interetu [2] Chrodoaldi [3] Dae Dagoberto [4] augetur [5] obetu [6] Varnacharii [7] Charibertum [8] obeto [9] Chlothariai [10] regno [11] filii [12] Clotariai [13] introaetu [14] natiuitate [15] Sigyberti [16] filii [17] Dagoberti [18] mutatione [19] suasione [20] cautilla [21] contenencia [22] Pippini [23] Sigyberto [24] nepote [25] suo [26] imperio [27] Aeragliai [28] pulchritudine [29] utelletate [30] Aeragliai [31] obitu [32] iniciu [33] ipse [34] rege [35] sublimato.

LXXV. De inicium [1] regni sublimatum Sigybertum [2] in Auster.

LXXVI. De natiuitatem [3] Clodouiae et paccionem de regna cum Austrasius.

LXXVII. De inicium [4] reuelliciones Radulfo [5].

5 LXXVIII. De exercito iusso [6] Dagoberto [7] de Burgundia in Vasconia adgressum.

LXXVIIII. De obetum [8] Dagoberti et inicium regni Clodouei.

LXXX. De AEganem maiorem domus et bonitatem eius.

LXXXI. De imperium [9] Constantis et uastationem Saracinorum.

10 LXXXII. Qualeter degradatus est Tulga rex Spaniae et sublimatur Chintasindus.

LXXXIII. De mortem [10] AEgane et interfectione Agnulfi comitis.

LXXXIIII. De inicium ascinsus [11] Erchynoaldo [12] maiorem domo.

LXXXV. De Austrasius [13] cum tinsauris Sigyberto debetum recepe-
15 runt.

LXXXVI. De Grimoaldo et Ottone filium [14] Vrone.

LXXXVII. De pugna Sigyberto [15] cum Radulfo in Toringia.

LXXXVIII. De interetum Ottone.

LXXXVIIII. De Flaochato quale maior domi efficetur.

20 LXXXX. De Villebadi interitum [16] et Flaochadi obetum [17]. (f. 124, v°.)

Cum aliquid unius uerbi proprietate non habeo quod proferam, nisi prestitum ab altissimo fuerit, et dum quero implere sentenciam, longo ambiatu uix breuis uiae spatium consummo, uernaculum linguae huius uerbi interpretatur absorde resonat; si ob necessitate 25 aliquid in ordine sermone mutauero, ab interpretis uideor officio recessisse. Itaque beati Hieronimi, Ydacii et cuiusdam sapientis, seo Hysidori, immoque et Gregorii chronicis a mundi originem [18] dilientissime [19] percurrens, usque decedentem regnum Gunthramni, his quinque chronicis huius libelli nec plurima pretermissa siggyllatem [20] 30 congruentia stilo inserui, quod illi sollertissime absque reprehensionem [21] condederunt. Cum haec ita se habebant, necessarium duxi uiretatem diligencius insequi, et ob id in priores his chronicis, quasi

[1] inicio [2] Sigyberti [3] natiuitate [4] iniciu [5] Radulfi [6] iussu [7] Dagoberti [8] obetu [9] imperio [10] morte [11] inicio ascensus [12] Erchynoaldi [13] Austrasiis [14] filio [15] Sigyberti [16] interitu [17] obitu [18] origine [19] dilientissimi [20] siggylatim [21] reprehensione.

quadam [1] futuro opere, omnium mihi regnum et tempora prenotaui.
In praesenti autem stilo ea tempora ponens in [2] singularum gentium curiosis (f. 125.) simo ordine que gesserant coaptaui, quo [3] prudentissime uiri quos supra memeni, cuius chronicis, uerbo huius no-
5 menis grego, quod Latini interpretatur gesta temporum, seuirissimi
dictantes condiderunt uelut purissimus fons largiter fluenta ma-
nantes. Optaueram et ego ut mihi subcumberit talia dicendi fagundia,
ut uel paululum esset ad instar, sed sarius auritur, ubi non est certa
perennitas aque. Mundus iam seniscit, ideoque prudenciae agumen
10 in nobis tepiscit, ne quisquam potest huius tempore, nec presumit
oratoribus precedentes esse consimilis. Ego tamen, ut rusticitas et
stremitas sensus mei ualuit, studiosissime de hisdem libris breuia-
tem [4] quantum plus potui aptare presumsi. Nec quisquam legens hic
quicquam dubitet per uniuscuiusque libri nomen redeat ad aucto-
15 rem cuncta reperiet subsistere uiretatem ; trasactis namque Gregorii libri uolumine temporum gesta que undique scripta potui repperire et mihi postea fuerunt cognita, acta regum et bella (f. 125,v°.)
gentium quae gresserunt [5]legendo simul et audiendo etiam et uiden-
do, cuncta que certeficatus [6] cognoui, huius libelli uolumine scribere
20 non solui, sed curiosissime quantum potui inseri studui, de eodem
incipiens tempore scribendum, quo Gregori [7] fines gesta cessauit et
tacuit, cum Chilperici uitam finisse scripsit. Explicit prologus.

In nomen domini nostri Ihesu Christi, incipit chronica sexta.

I. Gunthramnus rex Francorum cum iam anno XXIII Burgundiae
25 regnum bonitate plenus feliciter regebat, cum sacerdotibus utique
sacerdus ad instar se ostendebat, et cum leudis erat aptissimus,
aelymosinam pauperibus large [8] tribuens, tante prosperetatis regnum
tenuit [9] omnes etiam uicinas gentes ad plinitudinem de ipso laudis
canerent. Anno XXIIII regni sui deuino [10] amore eclesiam beati Mar-
30 celli, ubi ipsi [11] praeciosus requiescit in corpore, suborbanum [12] Ca-
bilonninsim, sed quidem tamen Sequanum est territurium, merefice [13]
et sollerter aedificare iussit, (f. 126.) ibique monachis congregatis
monasterium condedit ipsamque ecclesiam rebus pluremis ditauit.

---

[1] quandam [2] et [3] quod [4] breuiatim [5] gesserunt [6] certificatus [7] Gregorii [8] largiter
[9] ut omnes [10] diuino [11] ipse [12] suburbano [13] mirifice.

Senodum xl episcoporum fieri precepit et ad instar institucionis monasterii sanctorum Agauninsium que temporibus Sigysmundi regis ab Auito et citeris episcopis ipso iobente principi [1] fuerat firmatum, idemque et huius senodi coniunctionem [2] monasterium sancti
5 Marcelli Gunthramnus institucionem firmandam curauit.

II. Hoc anno Gundoaldus cum solatio Mummolo et Desiderio mense nouembre partem regni Gunthramni presumsit inuadere et ciuitates euertere. Gunthramnus Leudisclum comestaboli [3] et AEghylanem patricium cum exercito contra ipsum direxit. Gundoaldus ter-
10 ga uertens Conbanem ciuitatem latebram dedit, exinde de rupe a Bosone duci praecipetatus interiit.

III. Cumque Guntramno perlatum fuisset eo quod frater suos Chilpericus esset interfectus festinans perrexit Parisius, ibique Fredegundem cum filio Chilperici Clothario ad se uenire precipit, (f. 126,
15 v°.) quem Rioilo uilla baptizare iobet et eum de sancto lauacro excipiens in regnum patris firmauit.

IIII. Anno xxv regnum Gontramni Mummolus Senuuia iusso Gunthramni interfecetur [4], uxorem eius Sidoniam una cum omnes thinsauris eius Domnolus domesticus et Vuandalmarus camararius
20 Gundramno presentant.

V. Anno xxvi regni sui exercitus Gunthramni Espanias ingreditur, sed loci infirmitatis grauatus protenus ad propria reuertur [5]. Anno xxvii eiusdem regno Leudischus [6] a Guntramno patricius partibus Prouenciae ordenatur. Filius Childeberti regis Theodebertus natus
25 fuisse nunciatur. Eo anno nimia inundatio fluminum in Burgundias fuit ut eorum terminus nimium transcenderint; ipsoque anno Syagrius comex Constantinopole iusso Gunthramni in legatione pergit, ibique fraude patricius ordenatur. Ceptum quidem sed ad perfectione haec fraos non peraccessit. Eo anno signum apparuit in caelum glo-
30 bus igneos decedens in terram cum scintellis et rugeto. (f. 127.)

VI. Ipsoque anno Leubildus rex Spaniae moritur, et obtenuit regnum Richarid filius eius. Anno xxviii regni domni Gunthramni, alius filius Childeberti nomen Teudericus natus nunciatur.

VII. Gunthramnus se cum Childeberto pacem firmant, dum Ande-
35 lao coniuncxit inibi mater et soror et coniux Childeberti regis pariterque fuerunt, ibique speciale conuenencia inter domno Guntramno

[1] principe [2] coniunctione [3] comistaboli [4] interficitur [5] reuetruntur [6] Leudischlus.

et Childeberto fuit conuentum ut regnum Gunthramni post eius discessum Childebertus adsumerit [1].

VIII. Ipsoque tempore Rauchingus, et Boso, Gunthramnus, Vrsio et
Bertefredus optematis Childeberti regis, eo quod eum tractauerant
5 interficere, ipso regi [2] ordenante interfecti sunt; sed et Leudefredus
Alammannorum dux in offensam antedicti regis incidit [3], etiam et
latebram dedit. Ordenatus est loco ipsius Vncelenus dux. Eo anno
Richarid rex Gotorum diuino [4] amplectens amore [5] prius secrecius
baptizatur. Post haec omnes Gothus dum Arrianam sectam tenebant [6]
10 Toletum adhunare precepit et omnes libros Arrianos precepit ut pre-
sententur [7], quos in una domo conlocatus (f. 127, v°.) incendio con-
cremare iussit et omnes Gothos ad christianam legem baptizare fecit.

VIIII. Eo anno uxor Anaulfi imperatores [8] Persarum nomen [9] Caesara uirum relinquens, cum quattuor pueris totidem puellis ad bea-
15 tum Iohannem episcopum Constantinopulem [10] ueniens, se una
esse de populo dixit, et baptismi gratiam ad antedictum beatum
Iohannem expetit. Cumque ab ipso pontifice fuisset baptizatus [11]
agusta Maurici imperatores [12] eadem [13] sancto suscepit lauacro, quam
cum uir suos [14] imperatur [15] Persarum per legationis sepius repe-
20 tiret, et Mauricius emperator [16] uxorem ipsius esse nesciret, tunc
agusta uidens eam pulcerrimam [17] suspicans ne ipsa esset quam legati quaerebant, dicensque eis : « Mulier quedam de Persas [18] hic uenit,
dixit [19] se unam esse de populo, uidete eam forsitam [20] ipsa est quam
queretis. » Quam legati uidentis proni in terram adorauerunt, dicentes
25 ipsam esse eorum dominam quam querebant. Dicit ad eam agusta :
« Reddi illis responsum. » Tunc illa respondit : « Ego cum istos [21] non
loquor, uitam [22] illorum instar [23] ad canis est. Si conuersi christiani
sicut (f. 128.) et ego sum efficiuntur [24], tunc eis respondebo. » Legati
uero animo libenti baptismi gratiam accipiunt, postea dicens ad eos
30 caesara : « Se [25] uir meus uoluerit fieri christianus et baptismi gratiam
accipere, libenter ad eum reuertam [26], nam paenitus aliter ad ipso
non repedabo. » Legati imperatore Persarum nunciantes, statim ille
legationem ad Mauricio imperatore misit ut sanctus Iohannis uenerit [27] Anciociam [28] ipso tradente baptismum uellet accipere. Tunc

---

[1] adsumeret [2] rege [3] incedit [4] diuinum [5] amorem [6] tenerent [7] presentarentur
[8] imperatoris [9] nomene [10] Constantinopulim [11] baptizata [12] imperatoris [13] ean-
dem [14] suus [15] imperator [16] imperator [17] pulcherrimam [18] Persis [19] dixitque
[20] forsitan [21] istis [22] uita [23] ad instar [24] efficiantur [25] si [26] reuertar [27] ueniret
[28] Antiociam.

Mauricius imperator infinitissimum adparatum. Anciociam fieri iussit, ubi imperator Persarum cum sexaginta milia Persos [1] baptizatus est et per duabus [2] ebdomadis [3] a Iohanne et reliquis episcopis
Persas ad plenitudinem suprascripto numero baptizantur. Empe
5 ratorem [4] illum Gregorius episcopus Anciociam [5] suscepit de
lauacrum [6]. Anaulfus imperator Mauricio imperatore petens ut
episcopus cum clero sufficienter eidem darit quos in Persas estabelirit [7], ut uniuersa Perseda [8] baptismi gratiam adhiberint, quod Mauricius libenti prestetit animo, summaque celeritate omnes Perseda [9]
10 ad Christi cultum baptizantur.

X. Anno xxviiii Gunthramni exercitus in Spaniam (f. 128, v°.)
eiusdem iusso [10] diregitur, sed negligenciam [11] Bosone, qui capud [12]
exercitus fuit, grauiter a Gotis exercitus ille trucidatur.

XI. Anno xxx regni suprascripti princepis, tonica domini nostri
15 Ihesu Christi, qui eidem in passionem sublata est, et a militibus qui
eum custodebant [13] est sortita, de qua Dauid propheta dixit : « Et super
uestimenta mea posuerunt sortem »,profetenti Symoni [14] filio Zacob,
dis [15] per duabus ebdomadis [16] multis cruciatibus adfectus, tandem
profetetur [17] ipsam tonicam in ciuitatem Zafad procul a [18] Hyeruso
20 lima in arca marmorea posetam [19] esse, quam Gregorius Anthiocenus et Thomas Hyerusolimarum, Iohannis [20] Constantinopolitanus
episcopi cum aliis multis episcopis triduanum facientes ieiunium
exinde condigni [21] cum arca marmorea, leue [22] effecta quasi ex ligno
fuisset, ordine pedestro Hyerusolima cum deuocione sanctissima
25 perduxerunt et eam in loco ubi crux Domini adoratur cum triumpho posuerunt. Eo anno luna obscurata est. Eo anno inter Francos
et Brittanis [23] super fluuio [24] Vicinonia bellum est ortum.

XII. Beppelenus dux Francorum factione Hebracharii idemque
ducis [25] (f. 129.) a Brittanis interficetur. Vnde post Hebracharius ad
30 plenitudinem paupertatis de rebus suis expoliatus peruenit.

XIII. Anno xxxi regni Guntramni Teudefredus dux ultraioranus
moritur, cui successit Vuandalmarus in honorem ducati. Ipsoque
anno Ago dux in AEtalia super Langobardus in regno sublimatur.
Anno xxxii regni Gunthramni ita a mane usque media diae sol mino
35 ratus est, ut tercia [26] pras [27] ex ipso uix adpareret.

---

[1] Persarum [2] duas [3] ebdomadas [4] imperatorem [5] Antiochiam [6] lauacro [7] estabeliret
[8] Persida [9] Persida [10] iussu [11] negligentia [12] Bosoni,qui caput [13]custodiebant [14] profetante Symone [15] Zacob per [16] duas ebdomadas [17] profitetur [18] ab [19] positam [20] et
Iohannis [21] condigne [22] leuis [23] Brittanus [24] fluuium [25] dux [26] tertia [27] pars.

XIIII. Anno xxxiii regni Gunthramni eo anno, quinto kalendas aprilis [1], ipse rex moritur. Sepultus est in ecclesia sancti Marcelli in monasterio quem ipsi [2] construxerat. Regnum eiusdem Childebertus adsumsit. Eodem anno Quintrio dux Campanensim cum exercito in
5 regno [3] Clothariae [4] ingreditur. Clotharius cum suis obuiam pergens hostiliter Quintrione [5] in fugam uertit sed utrasque [6] exercitus nimium trucidatus est.

XV. Anno secundo cum Childebertus regnum accepisset Burgundiae exercitus Francorum et Brittanorum in inuicem proe-
10 liantes uterque nimium gladio trucidantur. Anno iii Childeberto in Burgundia regnante multa signa in caelo (f. 129, v°.) ostinsa [7] sunt, apparuit stilla [8] comitis. Eo anno exercitus Childeberti cum Varnis qui reuellare conauerant fortiter demicauit, et ita Vuarni trucidati uicti sunt ut parum ex ipsis remansisset.

15 XVI. Quarto anno post quod Childebertus regnum Guntramni [9] acciperat defunctus est, regnumque eius filii sui Teudebertus et Teudericus adsumunt. Teudebertus sortitus est Auster [10] sedem habens Mittensem [11], Teudericus accipit regnum Gunthramni in Burgudia sedem habens Aurilianes.

20 XVII. Eo anno Fredegundis cum filio Clothario regi [12] Parisius uel reliquas ciuitates rito barbaro occupauit et contra filius Childeberti regis Teudeberto et Teuderico mouit exercitum loco nominante Latofao. Castra uterque ex aduerso ponentes Chlotharius cum suis super Theudebertum et Teudericum inruens, eorumque exercito grauiter
25 trucidauit. Anno secundo regni Teuderici Fredegundis moritur.

XVIII. Anno tercio regni Teudeberti Vuintrio dux instigante Brunechilde interficetur. Anno iiii regni Theuderici Quolenus genere Francos (f.130.) patricius ordenatur. Eo anno cladis glandolaria Marsilia et reliquas prouinciae ciuitates grauiter uastauit. Eo anno aqua caledissima
30 in laco Duninse quem Arola flumenis influit sic ualidae aebulliuit ut multitudinem pissium coxisset. Eo anno Vuarnecharius maior domi [13] Teuderici transiit, qui omnem facultatem suam in alimuniis pauperum distribuit.

XVIIII. Eo anno Brunechildis ab Austrasies [14] eiecta est et in Arcia-
35 cinsem campaniam a quidam homini paupero singula reperitur ;

---

[1] aprelis [2] ipse [3] regnum [4] Chlotharii [5] Quintrionem [6] uterque [7] ostensa [8] stella [9] Gunthramni [10] Austros [11] Mettensem [12] rege [13] domus [14] Austrasiis.

secundum eius peticionem [1] ipsam ad Teuderico [2] perduxit. Teudericus [3] auiam suam Brunechildem libenter recipiens gloriose honorat.
Huius uicissitudine meretum [4] episcopatum Audicioderinsem faciente
Brunechilde adsumpsit. Anno v regni Teuderici [5] iterum signa que
5 anno superiore uisa fuerant globae igneae per caelum currentes et
ad instar multitudinem astarum igneum ad occidentem apparue-
runt.

XX. Ipsoquea nno Teudebertus [6] et Teudericos [7] reges contra Clotharium regem mouint [8] exercitum et super fluuio Aroanna nec procul a
o Doromello uico prilium [9] confligentes iuncxerunt. (f. 130, v°.) Ibique
exercitus Clothario [10] grauissime trucidatus est, ipsoque cum his qui
remanserunt in fuga uerso pagus et ciuitates ripa Sigona, qui se ad Clothario [11] tradedirant,[12] depopulant et uastant. Ciuitates ruptas nemi[13] plu-
ritas captiuorum ab exercito Theuderici et Theudeberti exinde du-
5 cetur [14]. Chlotharius oppressus uellit nollit per pactiones uinculum
firmauit, ut inter Segona et Legere [15] usque mare Ocianum et Brittanorum limite pras [16] Teuderici [17] haberit, et per Secona et Esera [18]
docatum [19] integrum Denteleno usque Ocianum mare Theudebertus
reciperit; duodicem tantum pagi inter Esara [20] et Secona et mare lito-
o res Ociani Chlothario remanserunt. Anno sexto regni Theuderici Cau-
tinus dux Teudeberti interficetur.

XXI. Anno vii regni Theuderici de concubina filius nascitur nomen [21] Sigybertus ; et AEgyla patricius nullis culpis extantibus [22] instigante Brunechilde legatus interficetur, nisi tantum cupiditatis instincto
5 ut facultatem eius fiscus adsumerit [23]. Eo anno Teudebertus et Teudericus exercitum contra (f.131.) Vuasconis dirigunt, ipsosque Deo
auxiliante deiectus suae dominatione redegiunt et tributarius faciunt.
Ducem super ipsos nomen [24] Geniale instituunt, qui eos feliciter do-
minauit.

o XXII. Eo anno corpus sancti Victoris qui Salodero cum sancto
Vrsio [25] passus fuerat a beato Aeconio pontifice Mauriennense inuenitur. Quadam nocte in suam [26] ciuitatem [27] ei reuelatur in compnium [28]
ut surgens protinus iret ad eclesiam, quam Sideleuba regina subur-
banum [29] Genauinse [30] construxerat, in medium eclesia designatum

---

1 petitionem 2 Theudericum 3 Theudericus 4 meritum 5 Theuderici 6 Theudebertus 7 Theudericos 8 mouent 9 prelium 10 Clotharii 11 Clotharium 12 tradiderant 13
nimai 14 ducitur 15 Ligere 16 pars 17 Theuderici 18 Isera 19 ducatum 20 Isara 21 nomene 22 existentibus 23 adsumeret 24 nomene 25 Vrso 26 sua 27 ciuitate 28 somp-
nio 29 suburbano 30 Genauense.

locum illum sanctum corpus adesset. Cumque Genaua festinus perrexisset cum beatis Rusticio et Patricio episcopis triduanum faciens
ieiunium lumen per noctem ubi illum gloriosum et splendidum corpus erat apparuit, quem cum selencio hii tres pontifecis cum lacri-
5 mis et orationibus eleuato lapide in arcam argentiam [1] inuenerunt se-
pultum, cuius faciem robentem [2] quasi uiuum repperunt [3]. Ibique
princeps Theudericus presens aderat multisque rebus huius eclesiae
tribuens maxemam partem facultates Vuarnacharii ibidem confirma-
uit. (f. 131, v°.) Ad sepulchrum illum sanctum mirae uirtutes ex ipsa
10 diae quo repertum est prestante Domino integra adsiduaetate osten-
duntur. Eo anno Aetherius episcopus Lugdunensis obiit : ordenatur
loco ipsius Secundinus episcopus.

XXIII. Eo anno Fogas dux et patricius reipublicae uictur [4] a Persas [5]
rediens Mauricio [6] emperatore [7] interfecit, in loco ipsius imperium
15 adsumsit.

XXIIII. Anno VIII regni Teuderici de concubina nascitur ei filius
nomen [8] Childebertus, et senodus Cabillonno collegitur. Desiderium
Viennensem episcopum deieciunt, instigante Aridio Lugdunensi episcopo et Brunechilde, et subrogatus est loco ipsius sacerdotale officio
20 Domnolus, Desiderius uero in insula quedam exilio retrudetur. Eo
anno sol obscuratus est. Eo quoque tempore Bertoaldus genere Francos maior domus palacii Teuderici erat morebus [9] mensuratus, sapiens et cautus, in prilio [10] fortis, fidem cum omnibus seruans. Anno
VIIII regni Teuderici nascitur ei de concubina filius nomen [11] Corbus.
25 Cum iam Protadius genere Romanus uehementer in palacium ab omnibus uenera- (f. 132.) retur et Brunechildis stubre [12] gratiam [13] eum
uellit honoribus exaltare; defuncto Vuandalmaro duci [14] in pago ultraiorano et Scotingorum Protadius patricius ordenatur instigatione Brunechilde. Vt Bertoaldus pocius interiret eum ripa Segona usque Ocia-
30 num mare per pagus et ciuitates fiscum [15] inquerendum dirigunt.

XXV. Bertoaldus a Teuderico directus cum trecentus [16] tantum uiros [17]
illis partibus properauit, cumque Arelao uilla uenisset et uenationem
inibi exercerit [18], haec conperiens Clotharius filium suum Maeroeum [19]
et Landericum maioris domus cum exercitum [20] Bertoaldum oppri-
35 mendum direxit, et maximam partem inter Segona et Legere pagus
et ciuitates de regno Theuderici presumpsit contra pactum perua-

---

[1] arca argentea [2] rubentem [3] repperiunt [4] uictor [5] Persis [6] Mauricium [7] emperatorem [8] nomene [9] moribus [10] prelio [11] nomene [12] stupri [13] gratia [14] duce [15] fiscos
[16] trecentis [17] uiris [18] exerceret [19] Maerobeum [20] exercitu.

dere. Bertoaldus haec audiens cum sustenere non preualebat terga
uertens Aurilianes ingreditur, ibique a uero [1] beatissimo Austreno
episcopo suscepetur[2]. Landericus cum exercito Aurilianes circum-
dans uocabat Bertoaldum ut exiret ad prilium [3]. Bertoaldus de
5 muro respondens : (f. 132, v°.) « Nos duo singulare certamen si me
expectare deliberas reliqua multetudine procul suspinsa [4] iungamus
ad prilium [5], a Domino iudecemur. » Sed haec Landericus facere distulit. Addens Bertoaldus dixit : «Dum facere non audes proximum temporis Domini nostri pro ea que facetis [6] iungent ad prilio [7]. Induamur
10 uterque ego et tu uestibus uermiclis, precedamos chetheris [8] ubi con-
gressus erit certamenis [9]; ibique tua et mea utilitas adparebit, promittentes ante Deum ab inuicem promissionis huius ueritatem subsistere.»
XXVI. Cumque haec in diem [10] festi [11] sancti Martini antestites actum
fuisset, Theudericus cum haec conperisset quod a Clothario pars regni
15 sui contra pactum fuerat peruasum, natiuitate Domini protinus cum
exercitum Stampas super fluuio Loa peruenit, ibique obuiam Meroeus [12]
filius Clotharii regis cum Landerico et magno exercito uenit. Cum
esset artus peruius ille ubi Loa fluuius transmeatur uix tercia pars
exercitus Teuderici transiuerat initum est prilium [13], ubique Bertoal-
20 dus secundum placetum [14] adgreditur uocetans Landericum .
(f. 133.) Sed Landericus non est ausus ut promiserat tantum huius
certaminis congressionem adire, ibique Bertoaldus cum nimis citeris [15] precessisset ab exercito Clothariae [16] cum suis interficetur, nec
uellens exinde euadere dum senserat se de sui gradus honorem [17] a
25 Protadio degradandum. Ibique Meroeus [18] filius Clothariae [19] capetur [20],
Landericus in fuga uersus est, nimia multitudo exercitus Clothariae [21]
in eo prilio [22] gladio trucidatus est. Teudericus uictus [23] Parisius ingreditur. Teudebertus pacem cum Clothario Conpendio uilla iniuit et
uterque exercitus eorum inlesus redit ad propriam.
30 XXVII. Anno x regni Theuderici Protadius instante Brunechilde
Teuderico iobente maior domi [24] substituetur. Cum esset nimium
argutissimus et strenuus in cunctis, sed saeua illi fuit contra
personas iniquitas, fiscum nimium stringens, de rebus persónarum
ingeniose fisco uellens implere, et se ipsum ditare ; quoscum-
35 que de gentem [25] nobilem [26] repperiret totusque humiliare cona-

---

[1] uiro [2] suscipetur [3] prelium [4] suspensa [5] prelium [6] facitis [7] prelio [8] chetheros
[9] certaminis [10] die [11] festo [12] Merobeus [13] prelium [14] placitum [15] ceteros [16] Clotharii [17] honore [18] Merobeus [19] Clotharii [20] capitur [21] Clotharii [22] prelio
[23] uictur [24] domus [25] gente [26] nobili.

bat [1] ut nullus repperiretur qui gratum quem adriperat potuisset adsumere ; haec his et alies nimia sagatitate uexatus maximae cunctos (f. 133, v°.) in regno Burgundiae locratus est inimicus. Cum Brunechildis nepotem suum Teudericum integra adsiduetate nonerit [2] ut

5 contra Teudebertum mouerit exercitum, dicens quasi Teudebertus non esset filius Childeberti nisi cuiusdam ortolanum [3] ; et Protadius ipsoque consilio adsistens tandem iusso Teuderici mouetur exercitus. Quod cum loco nomen Caratiaco Teudericus cum exercito castrametasse [4], ortabatur a leudibus suis ut cum Theudeberto pacem

10 iniret. Protadius singulos ortabatur ut prilium [5] committeretur. Teudebertus nec procul exinde cum exercito resedebat. Tunc omnes exercitus Teuderici inuenta occasione supra Protagio inruunt, dicentes melius esse uno [6] hominem moriturum quam totum exercitum in periculum missum. Protadius in tenturio Teuderici regis cum

15 Petro archyatro tabulam ludens sedebat cum eum undique iam exercitus circumdasset, et Teudericum leudis suae tenebant, ne illuc adgrederit, misit Vncelenum ut suae iussionis uerbum nunciaret exercitum ut se de insidias Protadiae remouerint. Vncilenus protinus ad exercitum (f. 134.) nuncians dixit : « Sic iobet domnus Theudericus

20 ut interficiatur Protadius. » Inruentes super eum tenturium regis gladio undique incidentis Protadium interficiunt. Teudericus confusus et coactus cum fratri Teudeberto pacem iniuit et inlesus uterque exercitus reuertit [7] ad propriis sedibus post discessum Protadiae.

XXVIII. Anno xi regni Teuderici subrogatur maior domus Claudius

25 genere Romanus, homo prudens, iocundus in fabolis, strenuus in cunctis, pacienciae deditus, plenitudinem consiliae [8] habundans, litterum [9] eruditus, fide plenus, amiciciam cum omnibus sectans, priorum exempla metuens, lenem se et pacientem huius gradi ascensus ostendit. Sed hoc tantum inpedimentum habebat quod saginam [10] esset corpore ad-

30 grauatus. Anno xii regni Teuderici Vncelenus qui ad mortem Protadiae insidiose fuerat locutus instigante Brunechilde pede truncatum, de rebus expoliatus ad reuillitatem perductus est.

XXVIIII. Vulfos patricius idemque Brunechilde instigante consilio qui mortem Protadiae consenserat Fauriniaco uilla iobente Teuderico

35 occidetur, (f. 134, v°.) et in patriciatum eius Ricomeris Romano generis subrogatur. Eodem anno natus est de concupina Teuderici filius

---

[1] conabatur [2] moneret [3] ortolani [4] castrametasset [5] prelium [6] unum [7] reuertitur
[8] consilii [9] litteris [10] sagina.

nomen [1] Meroeus [2] quem Clotharius de sancto lauacro suscepit.

XXX. Eodem anno Teudericus Aridium episcopum Lugduninsem, Rocconem et AEborinum comestaboli ad Bettericum regem Spaniae direxit, qui exinde Ermenberta [3] filia [4] eius Teuderico matrimonio
5 sociandam adducerint [5]. Ibique datis sacramentis ut a Teudericum ne umquam a regno degradatur [6], ipsamque accipiunt et Teuderico Cabillonno presentant, quem [7] ille gaudens diligenter suscepit. Eadem factionem auiae suae Brunechilde uirile coitum non cognouit. Instigantibus uerbis Brunechilde aua [8] et Teudilane germana efficetur odiosa.
10 Post anni circulum Theudericus Ermenbergam expoliatam a thinsauris [9] Spaniam retransmisit.

XXXI. Bettericus haec indignans legationem ad Clothario [10] direxit, legatus [11] Clothario cum Betterici ad Teudebertum perrexit. Iterum Teudeberti legati cum Clothario et Betterico lega-
15 taries ad Agonem regem AEtaliae accesserunt et unianimiter hii quattuor regis cum exercitum (f. 135.) undique super Theudericum inruerint [12], regnum eius auferrint [13], et eum morte damnarint [14], eo quod tantam de ipso reuerentiam ducebant. Legatus uero Gothorum euicto nauale de AEtaliam per mare Spaniam reuertitur.
20 Sed haec consilius [15] diuino noto [16] non sortitur effectum quod cum Theuderico conpertum fuisset fortissime ab eodem dispicetur.

XXXII. Eo anno Teudericus consilio Aridio episcopo Lugduninse perfedum utens et persuasum auae suae Brunechilde sanctum Desiderium de exilium egressum lapidare precipit; ad cuius sepulcrum
25 mirae uirtutes a diae transitus sui Dominus integra adsiduaetate ostendere dignatur, per quod credendum est pro hoc malum gestum regnum Theuderici et filiis suis [17] fuisse distructum.

XXXIII. Eo anno mortuo Betterico Sisebodus Spaniae successit in regno, uir sapiens et in totam Spaniam laudabelis ualde pietate plenisse-
30 mus, nam et aduersus manum publecam fortiter demicauit, prouinciam Cantabriam Gothorum regno subaegit quam aliquando Franci possederant. Dux Francio nomen qui Cantabriam in tempore Francorum egerat [18], tributa Francorum regibus multo tempore impleuerat, sed cum [19] parte imperiae fuerat (f.135,v°.) Cantabria reuocata a Gothis ut
35 super legetur [20] preoccupatur, et plures ciuitates ab imperio romano Sisebodus [21] litore maris abstulit et usque fundamentum destruxit

---

[1] nomene [2] Merobeus [3] Ermenbertam [4] filiam [5] acducerent [6] degradaretur [7] quam [8] auia [9] thensauris [10] Clotharium [11] legatos [12] inruerent [13] auferrent [14] damnarent [15] consilium [16] nutu [17] malo gestum-filiorum eius [18] subegerat [19] cum a [20] legitur [21] Sisebodus in.

Cumque Romani ab exercito Sisebodi trucidarentur, Sisebotus dicebat pietate plenus: « Eu me misero, cuius tempore tante[1] sanguis humanae[2] effusio fietur ! [3]» Cuiuscumque [4] potebat [5] occurrere [6] de morte liberabat. Confirmatum est regnum Gothorum in Spaniam per mare
5 litora usque Pareneos [7] montes.

XXXIIII. Ago rex Langobardorum accepit uxorem Grimoaldi et Gundoaldi germanam, nomen [8] Teudelendae, ex genere Francorum quem Childebertus habuerat disponsatam. Cum eam consilium [9] Brunechilde postposuisset, Gundoaldus cum omnibus rebus secum ger-
10 manam Teudelende in AEtaliam transtulit et Teudelindae matrimonium Agonem[10] tradedit. Gundoaldus de gente nobile[11] Langobardorum accepit uxorem de qua duos filius habuit his nominibus Gundeberto[12] et Chairiberto [13]. Ago rex filius Authario rege [14] de Theudelindem habuit filium nomen [15] Adoaldo et filiam nomen [16] Gundoberga. Dum
15 Gundoald a Langobardis nimium dilegeretur factione Agone regi et Teudelindae cum ipsum̈ iam (f. 136.) zelum tenerint [17] ubi ad uentrem purgandum in faldaone sedebat saggitta saucius moritur.

XXXV. Anno xiii regni Teuderici cum Theudebertus Bilichildem habebat uxorem quam Brunechildis a neguciatoribus mercauerat et esset
20 Bilichildis utilis, et a cunctin [18] Austransiis [19] uehementer diligeretur, simplicitatem Teudeberti honeste conportans, nihil se menorem a Brunechilde esse censirit, sed sepius per legatus Brunechilde dispicirit [20] dum ab ipsa increpabatur quod ancilla Brunechilde fuisset, tandem his et aliis uerbis legatis discurrentibus ab inuicem uexarentur
25 placetus inter Colerinse et Sointense fiaetur, ut has duas reginas pro pacem [21] inter Teudericum et Teudebertum coniungerint [22] conloquendum ; sed Bilichildis consilio Austrasiis inibi uenire distulit.

XXXVI. Anno xiiii regni Teuderici beatus [23] Columbanus [24] creuerat iam parsim [25] fama is [26] ciuitatis [27] suae [28] in uniuersas Gallias uel Ger-
30 maniae prouincias eratque omnium rimore [29] laudabilis, omnium cultu uenerabelis in tantum ut Teudericus rex ad eum saepe Lossouuio [30] uenerit [31] et orationum suarum suffragio omni cum humilitate poscerit [32]. Ad quem saepissimae cum uenerit [33] coepit uir Dei eum increpare quur concubinarum (f. 136, v°.) adulteriis misceretur, et non po-

---

[1] tantus [2] humanus [3] effunditur [4] cuicumque [5] potuisset [6] succurrere [7] Paereneos [8] nomene-quam [9] consilio [10] Agoni [11] nobili [12] Gundebertus [13] Chairibertus [14] regis [15] nomen [16] nomene [17] tenerent [18] cunctis [19] Austrasiis [20] dispiceret [21] pace [22] coniungerent [23] beati [24] Columbani [25] passim [26] his [27] ciuitatibus [28] suae *exponctué*. [29] rumore [30] Lossouium [31] ueniret [32] posceret [33] ueniret.

cius legetimi coniugii solamina frueretur, ut regales prolex [1] ex hono-
rabilem [2] reginam [3] prodiret, et non pocius ex lupinaribus uideretur
emergi. Cumque iam ad uiri Dei imperium regis sermo obtempera-
ret et se omnibus inlicetis secregare responderet, mentem Brunechildis auiae secundae ut erat Zezebelis antiquus anguis adiit, eamque
contra uirum Dei stimulatam superbiae aculeo excitat, quia cerneret
uiro Dei Theudericum oboedire. Verebatur enim ne si abiectis concu-
bines reginam aulae perfecisset dignitates atque honoris sui modum
amputasset. Euenit ergo ut quadam die beatus Columbanus ad Brunechildem uenerit [4], erat enim tunc apud Brocariacum uilla, cumque illa
eum in aula [5] uenire cerneret filios Teuderici quos de adulterinis
permixtionibus habebat ad uirum Dei adducit, quos cum uedisset
sciscitatur quid sibi uellent. Cui Brunechildis ait : « Regis sunt filii, tu
eos benedictione robora. » At ille : « Nequaquam, inquid, istos regalia
sceptra suscepturus scias, de lupinaribus emerserunt. » Illa furens
paruolus abire iobet [6]. Egrediens uir Dei regiam aulam dum limitem
transiliret fragor ex terrorem [7] incussit nec tamen miserae (f. 137.)
feminae fororem [8] conpescuit, paratque deinde insidias molire. Vici-
nus monastirii [9] per nuncius imperat ut nulli eorum extra monasterii terminos iter pandatur neque receptacula monachis eius uel
quelibet subsidia tribuantur. Cernens beatus Columbanus regios
animos aduersum se permotus ad eos properat, et suis monitis miserat pertenaciae intentu frangat. Erat enim tunc temporis apud Spin-
siam uillam publecam ; quo [10] cum iam sol [11] occumbentem [12] uenisse-
regi nunciant uirum Dei inibi nec, esset regis domibus metare uellit.
Tunc Teudericus ait, melius esse uirum Dei oportunis subsidiis hono-
rare quam Dominum ex seruorum eius offensam ad iragundiam prouo
care ; iobet ergo regio cultu oportuna parare Deique famolo dirigi. Itaque uenerunt et iuxta imperium regis oblata offerunt. Que cum uidisset
dapes et pocula cultu regio admenistrata [13] inquirit quid sibi de ista [14]
uellint. Aient ille [15] : «Tibi a rege fore directa.» Abuminatus ea ait : «Scriptum est : Munera impiorum reprobat altissemus. Non enim dignum est
ut famolorum Dei ora cibis eius polluantur qui non solum suis uerum
etiam aliorum habitaculis famulis Dei aditum deniget. » Et his dicta [16]
uascula omnia (f. 137, v°.) in frustra disrupta sunt, uinaque ac sicera
solo diffusa, ceteraque separatim dispersam [17]. Pauifacti menistri rei

---

[1] proles [2] honorabili [3] regina [4] ueniret [5] aulam [6] iubet [7] terrore [8] furorem
[9] monasterii [10] quod [11] sole [12] occumbente [13] administrata [14] istis [15] illi [16] dictis
[17] dispersa.

geste causam regi nunciant. Illi [1] pauore perculsus cum auia delucolo
ad uirum Dei properant, precantur de commisso ueniam, se in postmodum emendare pollicentur. His pacatus promissis ad monasterium
rediit, sed polliciti uadaemonii_iura non diu seruata uiolantur; exer-
5 centur miseriarum incrimenta, solitoque a rege adulteria patrantur.
Quae audita beatus Columbanus litteras ad eum uerberibus plenas
direxit, comminaturque excomunicationem, si emendare dilatando
non uellit. Ad haec rursum permuta [2] Brunechildis regis animum
aduersum Columbanum excitat, omnique conatu perturbare intendit,
10 oraturque proceris [3] auligas, optamatis [4] omnes, ut regis animum contra uerum [5] Dei perturbarint [6], episcopusque [7] sollicitare adgressa et de
eius religione detrahendo, et statim regulae quam suis custodienda
monachis indederat macularet. Obtemperantes igitur auli [8] regiae per-
suasionibus misere reginae regis animum contra uerum Dei pertur-
15 bant, cogentes ut accideret hac religione (f. 138.) probaret abactus.
Itaque rex ad uirum Dei Lussouium uenit, conquestusque cum eo cur
ab conprouincialibus moribus discisceret, et inter septa secretiora omnibus christianis aditus non pateret. Beatus itaque Columbanus, ut
erat audax atque animo uegens, talibus obicienti regi respondit se
20 consuetudinem non habere ut secularium hominum et relegioni alie-
nis famulorum Dei habitationes pandant introitum; se et oportuna ap-
taque loca ad hoc habere parata quo omnium hospitum aduentus sus-
cipiatur. Ad haec rex : « Si, inquid, largitatis nostre munera et sola-
menis supplimentum capere cupis, omnibus in locis omnium patebit
25 introitus. » Vir Dei respondit : « Si quod nunc usque sub regulare [9]
disciplinae abenis constrictum fuit uiolare conaris, nec tuis muneribus nec quibusquae subsidiis me fore ad te sustentaturum, et si hanc
ob causam tu hoc in loco uenisti ut seruorum Dei caenubia distruas et
regularem disciplinam macules, cito tuum regnum funditus ruiturum
30 et cum omni propaginae regia dimersurum.» Quod postea rei probabit
euentus. Iam enim timerario conatu rex refecturium ingressus fuerat, his ergo territus dictis foris celer repetat. (f. 138, v°.) Diris [10] post
haec uir [11] Dei increpationibus rex urguetur, contraque Teudericus ait:
« Martirii coronam a me tibi inlaturam speras, non esse tantae demen-
35 ciae, ut hoc tantum patraret scelus, sed pociores consiliis ea geret uti-
lia [12] paraturum, ut qui ab omnium saecularium mores discescat quo
uenerit, ea uia repetare studeat.» Auligum simul consona uoce uota pro-

---

[1] Ille [2] permota [3] proceres [4] optimates [5] uirum [6] perturbarent [7] episcoposque
[8] aule [9] regulari [10] duris [11] uiri [12] utelia.

rumpunt se habere non uelle his in locis qui omnibus non societur.
Ad haec beatus Columbanus se dicit de cinubii septa [1] non egressurum
nisi uiolenter abtrahatur [2]. Discessit ergo rex, relinquens uirum
quendam procerem nomen [3] Baudùlfum, his enim cum remansisset
5 uirum Dei a monasterio pellet, et poenes Vesoncionem oppidum ad
exulandum perducit quoadusque ex eo regali sentencia quod uoluis-
set decerneret. Post haec uir Dei cernens quod nullis costudiis an-
geretur a nulloque molestiam ferret, uidebant enim omnes in eum
Dei uirtutem flagrare ideoque omnes ab eius iniuriis secregabantur
10 ne socii culparum forent ; ascendit ergo dominica die in uerticem
ardui cacuminis montis illius, ita enim situs urbis habetur cum domo-
rum densitas in diffuso (f. 138 bis.) latere procliui montis sita sit pro-
rumpint [4] ardua in sublimibus cacuminibus qui undique abscisi fluminis Douae alueo uallante nullatenus commeantibus uiam pandit,
15 ibique usque ad mediam diem expectat si aliqui iter ad monasterium
reuertendi prohibeat, et cum nullus contrarius existeret ipse per mediam urbem cum suis ad monasterium regreditur. Quo audito Brunechildis ac Theudericus quod scilicet ab exilio reuertisset atrocio-
rebus irae aculeis stimulantur ; iubent Bertharium comitem attencius
20 perquirendum uirorum cum presidio simulque et Baudulfum quem
superius direxerat destinarunt. Quo cum uenissent, beatum Columbanum in eclesia posetum sallentioque ac oratione deditum cum omni
congregatione fratrum repperiunt, sicque uirum Dei adlocuntur: « Vir
Dei, precamur ut tam regiis quam etiam nostris oboedias preceptis,
25 egressusque eo itenere quo primum his aduentasti in locis. » At ille :
« Non enim, inquid, reor placere conditore [5] semul [6] natali solo ob
Christi timorem relecto [7] dinuo repedare. » Cumque nullatenus cerneret sibi uirum Dei obaudire, relictis quibusdam quibus ferocia [8] animi
forcior inerat (f. 138 bis, v°.) Bertharius abscessit. Hii uero qui reman-
30 serant uirum Dei hortantur ut illis misereatur qui ad tale opus pa-
trandum infeliciter fuerant relicti, eorumque periculo consoleret qui
si eum uiolenter non abstraherent mortis eos periculum incurrere.
At ille se ait iam saepius testatum esse nisi uim [9] abstraheretur
se non discessurum. Illi gemino uallati periculo undique urguenti
35 formidinae palleum quo indutus erat adtingunt, alii genibus prouoluti
cum lacrimis precantur ut pro tanti sceleris culpam [10] illis ignosceret,
qui non suis desideriis sed regiis obtemperarent preceptis. Videns ita-

[1] septis [2] abstrahatur [3] nomene [4] prorumpunt [5] conditori [6] semel [7] relecto [8] fero-
citas [9] ui [10] culpà.

que uir Dei pericolorum fore si suae seuiretate satisfaceret, cum
omni eiulatu acque [1] maerore egreditur depotatis custodibus qui
quousque ditionis suae regno pelleretur non eum relinquerint [2]. Inter
quos primus Ragumundos [3] erat qui eum Nametis usque perduxit;
5 sicque a regno Theuderici expulsus iterum Hiberniam insulam repedare disposuit, sed ut nulli paenitus iter gradiendum fit pontificius
nisi permissum altissimi, ipsi [4] uero sanctus Italiam expetens monasterium in loco nomen Bobio [5] illuc construens sancte conuersa-
tionis (f. 139.) plenus dierum migrat ad Christum.
10 XXXVII. Anno xv regni Theuderici cum Alesaciones ubi fuerat
enutritus preceptum patris sui Childeberti tenebat a Theudeberto
rito [6] barbaro peruadetur. Vnde placetus inter his [7] duos regis, ut
Francorum iudicio finiretur Saloissa castro instituunt, ibique Theudericus cum escaritus [8] utrumque dece milia accessit; Theudebertus
15 uero cum magno exercito Austrasiorum inibi prilium [9] uellens [10]
committendum adgreditur. Quod cum undique Theudericus ab exercitum [11] Theudeberti circumdaretur, quoactus atque conpulsus Theudericus timore perterritus per pactionis uinculum Alsatius ad parte
Theudeberti firmauit, etiam et Suggentensis et Turensis et Campanen-
20 sis, quos saepius repetibat, idemque amisisse uisus est. Regressi uterque ad [12] sidebus [13] propriis his diebus et Alamanni in pago Auenticense
ultraiorano hostiliter ingressi sunt, ipsoque [14] pago predantes Abbele-
nus et Herpinus comitis cum citeris [15] de ipso pago comitebus cum
exercito [16] pergunt obuiam Alamannis. Vterque falange Vuangas iungunt
25 ad prilium [17], Alamanni Transioranus superant, pluretate eorum gladio
trucedant et prosternunt, (f. 139, v°.) maximam partem territurio [18]
Auenticense incendio concremant, plurum [19] nominum [20] hominum
exinde in captiuitate [21] duxerunt, reuersique cum predam [22] pergunt ad
propriam. Theudericus has iniurias deinceps integra adsiduetate
30 consilium iniebat quo pacto Theudebertum potuisset oppremere. Eo
anno Bilechildis [23] a Teudeberto interfecitur [24]. Theudebertus puella [25]
nomen Teudechilde accepit uxorem. Anno xv Theuderici legationem
ad Chlothario [26] diregit, indecans [27] se contra Theudebertum, eo quod
suos [28] frater non esset, hostiliter uelle adgredere, Chlotharius in so-
35 latium Theudeberti non esset, docatum Denteleni quem contra Theu-

---

[1] atque [2] relinquerent [3] Ragumundus [4] ipse [5] nomene Bobium [6] ritu [7] hos [8] escaritos
[9] prelium [10] uolens [11] exercitu [12] ad *exponctué.* [13] sedebus [14] ipsumque [15] ceteris
[16] exercitu [17] prelium [18] territurii [19] plurimum [20] nimium [21] captiuitatem
[22] preda [23] Belechildis [24] interficitur [25] puellam [26] Chlotharium [27] indicans [28] suus.

deberto cassauerat, si Theudericus Theudebertum superabat,Chlotha-
rius super memorato Denteleno docato [1] suae dicione receperit [2];
hanc conuenenciam a Theudericum et Chlotharium legatus [3] intercurrentes firmatam, Theudericus mouit exercitum.

5   XXXVJII. Anno xvii regni sui Lingonas de uniuersas [4] regni sui
prouincias mense madio exercitus adunatur, dirigensque per Ande-
laum Nasio castra ceptum, Tollo ciuitate perrexit et cepit. Ibique
Theudebertus cum Austrasiorum exercitum [5] obuiam pergens Tollen-
sem (f. 140.) campaniam confligunt certamine. Theudericus superat
10 Teudebertum eiusque exercitum prostrauit; caesa sunt [6] exercitus
eodem prilio [7] nimia multitudo uirorum fortium.Theudebertus terga
uertens per territurio [8] Mittensem ueniens, transito Vosago Coloniam
fugaciter peruenit. Theudericus post tergum cum exercitum insequens beatos et apostolicos uir Lesio, Mogancensis [9] urbis episcopus,
15 diligens utiletatem Theuderici et odens stulticiam Theudeberti, ad
Theuderico [10] ueniens dixit : « Quod coepisti perfice, satis te uteliter [11]
oportet huius rei causam expetire.Rustica fabula dicetur [12]; lopus [13] ascendisset in montem et cum filiae [14] suae [15] iam uenare coepissent eos ad
se in monte uocat dicens : Quam longe ocolus uester [16] in unam quem-
20 que [17] parte uidere preualet non habetis amicus nisi paucus qui [18] uestro genere sunt.Perfecite quod coepistis.» Theudericus cum exercitum
[19] Ardinnam transiens Tholbeaco peruenit. Theudebertus cum Saxonis
Thoringus uel ceteras gentes que de ultra Renum uel undique potuerat adunare contra Theudericum Tholbiaco perrexit, ibique dinuo
25 commissum est prilium [20].Fertur a Francorum ceterasque gentes [21] ab
antiquito sic forte [22] nec aliquando (f. 140, v°.) fuisse prilium [23] conceptum, ibique tantae estrages [24] ab uterque exercitus [25] facta est
ubi falange ingresso certamenis [26] contra se priliabant [27], cadauera
occisorunt undique non haberint [28] ubi in clinis iacerint [29], sed stabant
30 mortui inter citerorum [30] cadauera stricti quasi uiuentes.Sed Domino
precedente iterum Teudericus Theudebertum superat, et a Tolbiaco
usque Colonia [31] exercitus Theudeberti gladio trucedatus. Per loca
oram [32] terre coperuit [33], ipsoque die Colonia [34] perrexit, omnes thyn-
saurus Theudeberti inibi recepit. Dirigensque Theudericus ultra Re-
35 num post tergum Theudeberti Bertharium cobicularium, qui diligen-

---

[1] docatum [2] reciperet [3] legati [4] uniuersis [5] exercitu [6] est [7] prelio [8] territurium
[9] Magancensis [10] Theudericum [11] utiliter [12] dicitur [13] lupus [14] filiai [15] suai
[16] nestros [17] quamque [18] qui de [19] exercitu [20] prelium [21] ceterisque gentibus
[22] fortiter [23] prelium [24] strages [25] exercitu [26] certamene [27] preliabant ut [28] haberent [29] iacerent [30] ceterorum [31] Coloniam [32] ora [33] cooperuit [34] Coloniam.

ter Theudebertum insequens, cum iam cum paucis fugiret Theudebertum captum Bertharius Coloniam conspectum [1] Theuderici presentat exhibetum [2] uestis [3] regalibus. Theudebertus expoliatus equosque [4] eius cum estratura regia haec [5] totumque [6] Bertharium [7]

5 a Theuderico concedetur[8].Theudebertus uinctus Cabylonno distinatur. Filius eius nomen [9] Merouius [10] paruolus iusso Theuderici adprehensus a quidam [11] per pede [12] ad petram percutitur, caelebrum[13] eius capite aeruptum amisit spiritum.Chlotharius docatum Denteleno [14] (f. 141.) secundum conuenentiam Theuderici integro [15] suae dicione redegit.

10 Ob quam rem Theudericus cum iam totum Auster [16] dominarit nimia indignatione commotus contra Chlotharium exercitum. Anno XVIII regni sui de Auster [17] et Burdias [18] mouere precepit legationem prius dirigens ut se [19] Chlotharius de iam dicto docato Dentelenoe [20] omnimodis remouerit, alioquin nouerit[21] se exercitum Theuderici undique

15 regnum Chlotharium [22] impleturum.Quo [23] uerbo quem legati nunciant probauit euentus.

XXXVIIII. Ipso quoque anno iam exercitus contra Chlotharium adgredebat;Theudericus Mettis profluuium [24] uentris moritur; exercitus protinus redit ad [25] propriis sedebus. Brunechildis cum filius Teu-

20 derici quattuor Sigybertum, Childebertum, Corbum et Meroeum [26] Mettis resedens, Sigybertum in regnum patris instituere nitens.

XL.Chlotharius factione Arnulfo [27] et Pippino [28] uel citeris [29] procerebus Auster ingreditur, cumque Antonnaco ascessisset [30] et Brunechildis cum filiis Theuderici Vurmacia resederet, legatus [31] nomenibus [32]

25 Chadoindo et Herpone ad Chlotharium direxit, contestans ei ut se de regno Theuderici quem [33] filiis reliquerat [34] remouerit [35]. Chlotharius (f. 141, v°.) respondebat et per suos legatus [36] Brunechilde mandabat iudicio Francorum electorum quicquid precedente Domino a Francis inter eosdem iudicabatur pollicetur [37] esset implere. Brunechildis Si-

30 gybertum seniorem filium Theuderici in Thoringia diriget [38], a [39] quem Vuarnarium maiorem domus et Alboenum cum citeris [40] procerebus destinauit gentesque ultra Renum adtraherint qualiter Chlothario potuissent resistere. Post tergum indiculum direxit ut Alboe-

---

[1] conspectui [2] exutum [3] uestimentis [4] equusque [5] haoc [6] totum [7] Berthario [8] conceditur [9] nomene [10] Meroueus [11] quodam [12] pedem [13] caerebrum [14] Dentoleni [15] integram [16] Austres [17] Austris [18] Burgundiis [19] si [20] Dentelenoi [21] noueret [22] Chlotharii [23] quod [24] profluuio [25] ad *exponctué*. [26] Meroueum [27] Arnulfi [28] Pippini [29] ceteris [30] ascendisset [31] legatus his [32] nominibus [33] quod [34] reliqueret [35] remoueret [36] legatos [37] pollicetus implere [38] Thoringiam [39] direget [40] apud [41] ceteris.

nus cum citeris [1] Vuarnacharium interfecerit [2] eo quod se in regno [3]
Chlothariae [4] uellet transferre.Quod indiculo relecto Albuenus derup-
tum proiecit in terra [5], inuentus est a pueroVuarnachariae, super tabulam caeram linitam dinuo ipsi soledatur. Quo indicolo relecto
5 Vuarnacharius cernens se uitae pericolum habere deinceps uehementer cogitare coepit quo pacto filii Theuderici opprimerentur et
regnum Chlothariae [6] aelegerit. Gentes que illis adtractae fuerant
consilio secreto desolatio Brunechilde et filiorum Theuderici procul
fecit adesse, exinde regressi cum Brunechilde et filios [7] Teuderici
10 Burgundias adpetunt missos per uniuerso [8] Auster [9] discurrentes [10]
exercitum mouere (f. 142.) nitebantur.

XLI. Burgundae faronis uero [11] tam episcopi quam citeri [12]
eudis timentis Brunechildem et odium in eam habentes [13] Vuarnachario consilium inientes tractabant ut neque unus ex filiis
15 Theuderici euaderet, sed eos totus oppressus Brunechilde delirent
et regnum Chlothariae [14] expetirent, quod probauit euentus. Cumque
iusso Brunechilde et Sigyberto [15] filio Theuderici exercitus de Burgundia et Auster [16] contra Chlothario [17] adgrederetur.

XLII. Veniensque Sigybertus in Campania territuriae Catalauninsis
20 super fluuium Axsoma, ibique Chlotharius obuiam cum exercito
uenit, multus iam de Austrasius secum habens factione Vuarnacha-
riae [18] maiorem domus sic iam olim [19]tractauerat consencientibus Aletheo patricio, Roccone, Sigoaldo et Teudilanae ducibus. Cumque in
congresso certamine debuissent cum exercitum confligere priusquam
25 prilia [20] recepissent signa dantis exercitus Sigyberti terga uertens re
dit [21] ad propriis sedibus. Chlotharius paulatim ut [22] conuinerat [23] pos
tergum cum exercitum [24] sequens usque Ararem Sauconnam[25]fluuium
peruenit. Captis filiis Theuderici tres [26] Sigiberto, Corbo et Meroeo [27]
quem ipse de fontes excipit [28], Childebertus fugaciter ascendens nec
30 umquam postea fuit reuersus. (f. 142,v°.) Austrasiorum exercitus inlesus reuertit ad [29]propriis sedibus; factionemVuarnachariae [30]maioris
domuscum reliquis maxime totis procerebus de regnum Burgundiae
Brunechildis ad Erpone comestaboli de pago ultraiorano ex uilla Or-
bauna cum Theudilanae germana Theuderici producitur et Chlothario
35 Rionaua uico super Vincenna fluuiopresentatur.Sigybertus et Corbus

[1] ceteris [2] interficerent [3] regnum [4] Chlothariai [5] terram [6] Chlothariai [7] filiis
[8] uniuersos [9]Austracius [10] currentes [11] Burgundionis uero [12] ceteri [13] habentes
cum[14] Chlothariai [15] Sigyberti [16] Austris [17] Chlotharium [18] Vuarnachariai [19] ollim
[20] prelia [21] rediit propriis [22] ut eis [23] conuenerat [24] exercitu [25] Saonnam
[26] tribus [27] Meroueo [28] excepit [29] ad *exponctué*. [30] Vuarnachariai.

filius[1]Theuderici iusso Clothariae [2] interfecti sunt. Meroeus[3] secrecius iusso Chlothariae [4] in Neptrico perducetur [5],eodem amplectens amore quod ipso de sancto excepisset lauacrum, [6] Ingobode graffione commendatur, ubi plures post annos uixit. Clotharius cum Brunechildis suum [7] presentatur conspectum [8] et odium contra ipsam nimium haberit [9], repotans [10] ei eo quod dece [11] reges Francorum per ipsam interfecti fuissent, id est Sigybertus, et Meroeus [12], et genitor suos Chilpericus,Theudebertus et filius suos [13] Chlotharius,item Meroeus [14] filius Chlothariae,Theudericus et eiusdem filiae [15] tres qui ad presens estincti fuerant, per triduo eam diuersis tormentis adfectam iobetque [16] eam prius camillum [17]per omne [18] exercito [19] sedentem perducere,post haec comam capitis unum pedem(f.143.)et brachium ad ueciosissemum [20] aequum caudam legare, ibique calcibus et uelocitate cursus membratim disrumpetur [21].Vuarnacharius in regnum Burgundiae substituetur maior domi [22], sacramentum [23] a Chlotharium [24] acceptum [25] ne umquam uitae suae temporebus detradaretur [26]; in Auster [27] Rado idemque hoc gradum honoris adsumpsit.Firmatum est omnem [28] regnum Francorum sicut a priorem [29] Chlotharium [30] fuerat dominatum,cunctis thinsauris[31] dicione Chlothariae[32] iunioris subiecitur,quod feliciter post se decem annis tenuit pacem habens cum uniuersas [33] gentes [34] uicinas [35].Iste Chlotharius fuit patienciae deditus,litterum [36] eruditus, timens Deum, ecclesiarum et sacerdotum magnus muneratur, pauperibus aelymosinam tribuens, benignum se omnibus et pietatem [37] plenum ostendens,uenacionem ferarum nimium adsiduae utens et posttremum mulierum et puellarum suggestionibus nimium annuens, ob hoc quidem blasphematur a leudibus.

XLIII. Cum anno xxx regni sui in Burgundia et Auster regnum arepuisset, Herpone duci [38] genere Franco [39] locum Eudilanae in pago ultraiorano instituit, qui dum pacem in ipso pago uehementer arripuisset sectari malorum nugacitate [40] reprimens, ab ipsis pagensibus instigante (f. 143, v°.) parte aduersa consilio Aletheo [41] patricio [42] et Leudemundo [43] episcopo [44] et Herpino [45] comite [46], per rebellionis audatiam Herpo dux interficetur.Chlotharius com [47] in Alefacius [48] uilla

---

[1] filii [2] Clothariai [3] Meroueus [4] Chlothariai [5] perducitur [6] lauacro [7] suo [8] conspectui [9] haberet [10] reputans [11] decem [12] Meroueus [13] suus [14] Meroueus [15] filiai [16] iubetque [17] camellum [18] omnem [19] exercitum [20] uiciosissemum [21] disrumperetur [22] domus [23] sacramento [24] Chlothario [25] accepto [26] degraheretur [27] Austrea [28] omne [29] priore [30] Chlothario [31] thensauris [32] Chlothariai [33] uniuersis [34] gentibus [35] uicinis [36] litteris [37] pietate [38] duce [39] Francos [40] nugacitatem [41] Alethei [42] patricii [43] Leudemundi [44] episcopi [45] Herpini [46] comitis [47] cum [48] Alesacios.

Marolegia cuinomento [1] cum Bertethrudae regina accesserat, pacem insectans multus [2] iniqui [3] agentes gladio trucidarit [4].

XLIIII. Leudemundus quidem episcopus Seduninsis ad Bertetrudem reginam ueniens sigricius consilio Aletheo patricio uerba ignominiosa
5 dixit, quod Chlotharius eodem anno omnimodis migraret de seculo, ut thinsauris quantum potebat secretisseme ad Sidonis suam ciuitatem transferrit [5], eo quod esset locum [6] tutissimum [7], Aletheos esset paratus suam relinquens uxorem Bettethrudem reginam acceperit eo quod esset regio genere de Burgundionibus, ipse post Chlotharium
10 possit regnum adsumere. Regina Bertetrudis cum haec audisset uerens ne ueritatem subsisterit [8] lacrimas prorumpens abiit in cobiculum. Leudemundus cernens se huiuscemodi uerbis habere periculum fugaciter per nocte [9] Sedunis perrexit, exinde latante [10] fuga Lussouio [11] ad domno [12] Austasio [13] abbatem peruenit. Post haec ab
15 ipso abbati cum domno Chlothario his culpis excusatur ad suam reuersus est ciuitatem. Chlotharius Masolaco uilla cum procerebus (f. 144.) resedens Aletheum ad se uenire precepit; huius consilium iniquissimum conpertum est, gladium trucidare iussit. Anno xxxiii regni Chlothariae [14] Vuarnacharium maioris domus cum uniuersis
20 ponticibus Burgundiae seo et Burgundae faronis Bonogillo uilla ad se uenire precepit, ibique cunctis illorum iustis peticionibus annuens preceptionebus roborauit.

XLV. Langobardorum gens quemadmodum tributa duodece milia soledorum dicione Francorum annis singulis dissoluebant referam, uel
25 quo ordine duas ciuitates Agusta et Siusio cum territuriis ad parte [15] Francorum cassauerant non abscondam. Defuncto Clep eosum [16] principe duodecim ducis Langobardorum xii annis sine regibus transegerunt [17]; ipsoque tempore sicut superscriptum legitur per loca in regno Francorum proruperunt, ea presumptione in conposicione
30 Agusta et Siusio ciuitates cum integro illorum territurio et populo partibus Gunthramni tradiderunt. Post haec legationem ad Mauricio [18] imperatore [19] dirigunt; hii duodice [20] ducis [21] singulis legatariis destinant pacem et patriocinium imperiae [22] petentes, itemque et alius [23] legatarius [24] duodicem [25] ad Gunthramnum et Childebertum destinant,

---

[1] cuinoment [2] multos [3] inique [4] trucidauit [5] transferret [6] locus [7] tutissimus [8] subsisteret [9] noctem [10] latenter [11] Lussouium [12] dominum [13] Austasium [14] Chlothariai [15] partem [16] eorum [17] transigerunt [18] Mauricium [19] imperatorem [20] duodicem [21] duces [22] imperiai [23] alios [24] legatarios [25] duodecim.

ut patrocinium Francorum et defensionem (f.144, v°.) habentes duodece
milia [1] soledus annis singulis his duobus regibus in tributa implerint,
uallem cuinomento Amettegis partebus idemque Gunthramni cas-
santis his legatis ubi plus congruebat patrocinium sibi firmarint [2].

5 Post haec integra deuocione patrocinium elegunt Francorum. Nec
mora, post permissum Gunthramni et Childeberti Autharium ducem
super se Langobardi sublimant in regnum. Alius Autharius idemque
dux cum integro suo docato se dicione imperiae [3] tradedit, ibique
permansit, et Autharius rex tributa, quod Langobardi ad parte Franco-

10 rum spondederant, annis singulis reddedit. Post eius discessum, filius
eius Ago in regno [4] sublimatur, similiter implisse denuscetur.
Anno xxxiiii regni Chlothariae [5] legatus [6] tres nobilis ex gente Langobardorum Aghyulfus, Pompegius et Gauto ab Agone regi [7] ad Clothario [8] destinantur petentes ut illa duocede milia [9] soledorum quas

15 annis singulis Francorum aerariis dissoluebant debuissent cassare,
exhibentes ingeniose secrecius trea milia soledos, quos Vuarnacharius
millae, Gundelandus millae et Chucus millae acciperunt; Chlothario
uero xxxvi milia soledorum insemul (f. 145) exhibebant. Quod consilio
suprascriptis qui occulti exseniati fuerant Chlotharius ipsa tributa ad

20 parte Langobardorum cassauit, et amiciciam perpetuam cum Langobardis sacramentis et pactis firmauit.

XLVI. Anno xxxv regni Chlothariae Bertetrudis regina moritur
quam unico amore Chlotharius direxerat [10] et omnes leudis bonitate
eius cernentes uehementer amauerant.

25 XLVII. Anno xxxviii regni Chlothariae [11] Dagobertum filium suum
consortem regni facit eumque super Austrasius regem instituit,
retinens sibi quod Ardinna et Vosacos uersus Neuster et Burgundia
excludebant.

XLVIII. Anno xl regni Chlothariae [12] homo nomen [13] Samo, natione
30 Francos [14] de pago Senonago, plures secum negutiantes adciuit [15],
exercendum negucium in Sclauos coinomento [16] Vuinedos perrexit.
Sclauiiam contra Auaris coinomento [16] Chunis [17] et regem eorum Ga-
gano ceperant reuellare. Vuinidi Befulci Chunis [18] fuerant iam ab
antiquito ut cum Chuni [19] in exercitum contra gentem qualibet ad-
35 grediebant, Chuni [19] pro castra adunatum illorum stabant exercitum,

---

[1] duodecem milia [2] firmarent [3] imperiai [4] regnum [5] Chlothariai [6] legatos [7] rege
[8] Clotharium [9] duodecem milia [10] dilexerat [11] Chlothariai [12] Chlothariai [13] nomene
[14] Francus [15] adisciuit [16] cognomento [17] Huni [18] Hunis [19] Huni, *etc.*

Vuinidi uero pugnabant. Si ad uincendum preualebant, tunc Chuni
predas capiendum adgrediebant; sin autem Vuinidi superabantur
(f. 145, v°.) Chunorum auxilio fulti uirebus resumebant; ideo
Befulci uocabantur a Chunis eo quod dublicem in congressione
5 certamine uestila ¹ priliae facientes ante Chunis ² precederint. Chuni
aemandum³ annis singulis in Esclauos ueniebant, uxores Sclauorum
et filias eorum strato sumebant, tributa super alias oppressiones
Sclaui Chunis⁴ soluebant. Filii Chunorum quos in uxores Vuinodorum
et filias generauerunt ⁵ tandem non subferentes maliciam ferre et
10 oppressione ⁶ Chunorum dominacione ⁷ negantes ut supra memine ⁸
ceperant reuellare. Cum in exercito Vuinidi contra Chunus ⁹ fuissent
adgressi Samo negucians quo¹⁰ memoraui superius cum ipsos in exercito perrexit, ibique tanta ei fuit utiletas de Chunis facta u ¹¹ mirum
fuisset et nimia multitudo ex eis gladio Vuinidorum trucidata fuisset.
15 Vuinidi cernentes utilitatem Samones eum super se eligunt regem,
ubi xxx et v annos regnauit feciliter. Plures prelia contra Chunis ¹²
suo regimini ¹³ Vuinidi iniaerunt suo consilio et utilitate Vuinidi
semper Chunus superant. Samo xii uxores ex genere Vuinidorum
habebat de quibus xxii filius ¹⁴ et quindecem filias habuit.
20 XLVIIII. Ipsoque anno xl Chlothariae ¹⁵ Adloaldus rex Langobardorum, (f. 146.) filius Agone regi, cum patri suo ¹⁶ successisset in regno ¹⁷, legato ¹⁸ Mauricio imperatoris ¹⁹ nomen Eusebio ²⁰
ingeniose ad se uenientem benigne suscepit. Inunctus in balneo
nescio quibus ungentes ab ipsi Eusebio persuadetur, et post inuncio-
25 nem, necquicquam aliud nisi quod ab Eusebio hortabatur facere non
potebat. Persuasos ab ipso primatis ²¹ et nobiliores ²² cunctis in regno
Langobardorum interficere ordinarit, eiusdem estinctis se cum omni
gente Langobardorum, imperio traderit ²³.
L. Quod cum iam uel duodecem ex eis, nullis culpis extantibus,
30 gladio trucedasset, reliqui cernentes eorum esse uitae periculum
Charoaldum, ducem Taurinensem qui germanam Adloaldo regi
habebat uxorem, nomen ²⁴ Gundebergam, omnes seniores et nobilis-
simi Langobardorum gentes uno conspirante consilio, in regnum
elegunt subliniandum. Adloaldus rex uenino auctus interiit. Cha-
35 roaldus statim regnum adripuit. Taro unus ex ducebus Langobardo-

---

¹ uestita ² Hunos ³ ad himandum ⁴ Hunis ⁵ generauerant ⁶ oppressionem
⁷ dominacionem ⁸ memini ⁹ Hunos ¹⁰ quem ¹¹ ut ¹² Hunos ¹³ regimine ¹⁴ filios ¹⁵
Chlotharii ¹⁶ regis,cum patris sui ¹⁷ regnum ¹⁸ legatum ¹⁹ imperatori ²⁰ nomene
Eusebium ²¹ ipsis primatibus ²² nobilioribus ²³ traderet ²⁴ nomene.

rum cum agerit Tuscana prouincia, superbia elatus, aduersus Charoaldo regi [1] coeperat rebellare.

LI. Gundeberga regina, cum esset pulchra aspecto [2], benigna in
cunctis et piaetate plenissema, christiana aelimosinis (f. 146, vᵒ.)
5 larga, praecellenti bonitatem [3] eius diligebatur a cunctis. Homo
quidam nomen [4] Adalulfus, ex genere Langobardorum, cum in aula
palatiae [5] adsiduae obsequium regis conuersaretur, quadam uicae
ad reginam ueniens cum in eius staret conspectum, Gundeberga regina, eum sicut et ceteris diligens dixit, honeste staturae Adalulfo
10 fuisse formatum. Ille haec audiens ad Gundebergam secrecius ait
dicens : « Formam stratus meae laudare dignasti, stratus tui iobe [6]
subiungere. » Illa fortiter denegans, eumque dispiciens in faciem
expuit. Adalulfus cernens se uitae periculum habere ad Charoaldo
regem protinus cocurrit, petens ut sigrecius [7] quod ad suggeren-
15 dum habebat exponeret. Locum acceptum dixit ad regem : « Domina
mea regina tua Gundebarga apud Asonem ducem secrecius tribus
diebus locuta est, ut te uenino interficerit, ipsum coniugatum subli-
marit in regnum. » Charoaldus rex, his mendatiis auditis credens,
Gundobergam in Caumello castro in unam turrem exilio trudit.
20 Chlotharius legatus diriens ad Charoaldum regem, inquirens qua de
re Gundebergam reginam parentem Francorum humiliassett [8] ut
exilio retrudisset, Charoaldus his uerbis mendaciis (f. 147.) quasi
uiretatem [9] subsisterint respondebat. Tunc unus ex legataries nomen [10] Ansoaldus non quasi inunctum habuisset, sed ex se ad Cha-
25 roaldo dixit : « Liberare potebas de blasphemeo causam hanc. Iube
illum hominem, qui huiuscemodi uerba tibi nuntiauit, armare et
procedat alius, alius de parte reginae Gundebergae, quique armatus
ad singulare certamine [11] iudicium Dei his duobus confligentibus
cognuscatur, utrum huius culpae repotationes Gundeberga sit inno-
30 xia, an fortasse culpabelis. » Cumque haec Charoaldo regi, et omnibus
primatis palatiae suae placuisset, iobet [12] Adalulfum armatum conflictum adire certamine, ut de partae Gundebergae procurrentibus
consubrinis Gundebergam et Aripertum homo nomen Pitto contra
Adalulfum armatus adgreditur, cumque confligissent certamine,
35 Adalulfus a Pittone interficetur. Gundeberga statim de exilio post
anno tercio regressa sublimatur in regno.

---

[1] regem [2] aspectu [3] bonitate [4] nomene [5] palatiai [6] iube [7] segrecius [8] humiliasset
[9] ueretatem [10] nomene [11] certamin [12] iubet.

LII. Anno xli Chlothariae [1] regis cum Dagobertus iam utiliter regnarit [2] in Auster, quidam ex procerebus de gente nobile, Ayglofingam [3] nomen, [4] Chrodoaldus in offensam Dagoberti cadens, instigantibus beatissimo uero [5] Arnulfo pontifice (f. 147, v°.) et Pippino maiores domus, seu [6] et ceteris prioribus sublimatis, in Auster eo quod esset ipse Chrodoaldus rebus pluremis ditatos [7] ceterorum facultatibus cupiditatis peruasor, superbiae deditus, elatione plenus, nec quicquam boni in ipso repperiebatur. Cumque Dagobertus ipsum iam uellet pro suis facinoribus interficere, Chrodoaldus ad Chlotharium terga uertit, ut suam cum filio uitam obtenere dignarit. Chlotharius cum Dagobertum uidisset, inter ceteris conlocutionibus Chrodoaldi uitam praecatur. Dagobertus promittens, si id quod male gesserat emendabat, Chrodoaldus uitae periculum non haberet, sed nulla extante mora, cum Chrodoaldus cum Dagoberto Treuerus accessisset, iusso Dagoberti interfectus est, quem Bertharius homo Scarponinsis euaginato gladio ad ostium cubiculi capo truncauit.

LIII. Anno xlii regni Chlothariae [8], Dagobertus cultu regio, et iusso patris honeste cum leudibus, nec Clippiaco procul Parisius uenit, ibique germanam Sichieldae regina, nomene Gomatrudae, in coniugium accepit. Transactis nupciis, diae tercio inter Chlotharium et filium suum Dagobertum grauis horta fuit intencio, petensquae (f. 148.) Dagobertus cuncta que ad regnum Austrasiorum pertinebant suae dicione uelle recipere, quod Chlotharius uehementer denegabat eidem ex hoc nihil uelle concedere Elictis ab his duobus regibus duodicem Francis ut. Eorum disceptatione haec finirit [9] intentio, inter quos et domnus Arnulfus pontifex Mettensis cum reliquis episcopis elegitur, et benignissime, ut sua erat sanctitas, inter patrem et filium pro pacis loquebatur concordia. Tandem a ponteficebus [10] uel sapientissimis uiris procerebus pater paceficatur cum filio, reddensque ei soledatum quod aspexerat ad regnum Austrasiorum, hoc tantum exinde, quod citra [11] Ligerem uel Prouinciae partibus situm erat, suae dicione retenuit.

LIIII. Anno xliii regni Chlothariae [12] Vuarnacharius maior domi moritur. Filius eius Godinus animum leuetates inbutus nouercam suam Bertane eo anno accepit uxorem, unde Chlotharius rex aduersus eum nimia furore permutus [13], iobet [14] Arneberto duci qui Godini

---

[1] Chlothariai [2] regnaret [3] Ayglolfingam [4] nomene [5] uiro [6] siu [7] ditatus [8] Chlothariai [9] fineretur [10] ponteficibus [11] circa [12] Chlothariai [13] permotus [14] iubet.

germanam uxorem habebat eum cum exercito [1] interficeret. Godinus cernens suae uitae periculum habere terga uertens cum uxore ad Dagoberto [2] regi [3] perrexit in Auster, et in ecclesia sancti Apri regio timore perterritus fecit coniugium. Dagobertus per legatus
5 (f. 148, v°.) pro eius uita saepius Chlothario regi depraecabat; tandem a Chlothario promittitur Godoni [4] uita concessa, tamen ut Bertanem, quam contra canonum instituta uxorem acciperat, relinqueret. Quod cum ipsa reliquisset, et reuersus est in regnum Burgundiae, Berta continuo ad Chlotharium perrexit
10 dicens: «Si Godinus conspecto Chlothariae [5] presentatur ipsum regem uellet interficere.» Godinus iussu Chlothariae [6] per precipua loca sanctorum domni Medardi Soissionas [7] et domni Dionisis [8] Parisius ea preuentione sacramenta daturus adducitur, ut semper Chlothariae [9] deberit [10] esse fidelis, ut congruae locus esset repertus quo
15 pacto separatus a suis interficeretur. Chramnulfus, unus ex procerebus, et Valdebertus domesticus dicentes ad Godino [11], ut Aurilianis in ecclesia sancti Aniani, et Thoronos ad limina sancti Martini ipsoque sacramento adhuc impleturus adiret. Quod cum in suburbano Carnotis Chramnulfo indecante et transmittente ora prandiae [12] in
20 quedam uillola uenisset, ibique Ramnulfus et Vualdebertus super ipsum cum exercito inruunt, eumque interficiunt, et eos qui cum ipso adhunc resteterant, quosdam inter (f. 149.) ficiunt aliusque expoliatus in fugam uertentes relinquunt. Eo anno Palladius eiusque filius Sidocus, episcopi Aelosanii [13], incusante Aighynane duci, quod
25 rebellione Vuasconorum fuissent consciae [14], exilio retruduntur. Boso filius Audoleno [15] de pago Stampinse, iusso [16] Chlothario [17] ab Arneberto duci [18] interficetur, repotans [19] ei estobrum [20] cum regina Sighilde. Eo anno Chlotharius cum procerebus et leudibus Burgundiae Trecassis coniungitur, cum eorum esset sollicitus si uellint, decesso
30 iam Vuarnachario, alium eius honores gradum sublimare, sed omnes unianimiter degantes [21] nequicquam [22] si uelle maiorem domus elegere, regis graciam obnixe [23] petentes cum rege transagere.

LV. Anno XLIIII regni Chlothariae [24] cum pontificis [25] et uniuersi [26] proceres [27] regni sui tam de Neuster quam de Burgundia Clippiaco
35 ad Clotharium pro utilitate regia et salute patriae coniuncxissent, ibi-

---

[1] exercitu [2] Dagobertum [3] regem [4] Godini [5] Chlothariai [6] Chlothariai [7] Suassiones [8] Dionisi [9] Chlothariai [10] deberet [11] Godinum [12] prandiai [13] Oblosanii [14] consciai [15] Audoleni [16] iussu [17] Chlotharii [18] duce [19] reputans [20] estubrum [21] denegantes [22] nequiquam [23] obnoxie [24] Chlothariai [25] pontificibus [26] uniuersis [27] procerebus.

que homo, nomen [1] Ermarius, qui gubernatur palatiae [2], Gairiberto
filio Chlothario erat a pueris Aeghynanae genere Saxonorum optimate
interficetur [3]. Paene fuerat exinde nimia multorum estragiis [4], nisi
pacientia Chlothariae [5] interueniente semul [6] et haec currente
5 (f. 149, v°.) fuisset repraesum. Aeghyna iobente [7] Chlothario in monte
Mercore resedit, pluram [8] secum habens multitudinem pugnatorum;
Produlfus auunculus Airiberti exercitum undique colliens super
ipsum cum Chairiberto uolebat inruere. Chlotharius ad Burgunde
faronis specialius iobet [9], ut cuius pars suum uolebat deuerte iu-
10 idicium eorum instantia et utilitate oppremiretur, ea pauore uterque
iussione regio pacantur.

LVI. Anno XLVI regni sui Chlotharius moritur, et suburbano Parisius in ecclesia sancti Vincenti sepellitur. Dagobertus cernens genitorem suum fuisse defunctum, uniuersis leudibus quos regebat in
15 Auster iobet [10] in [11] exercito [12] promouere, missos in Burgundia et
Euster direxit, ut suum deberint [13] regimen eligere [14]. Cumque Remus
uenisset, Soissionas [15] peraccedens omnes pontefecis et leudis de
regnum Burgundiae inibi se tradedisse [16] nuscuntur, sed et Neustrasiae
pontefecis et proceres plurima pars regnum Dagoberti uisi sunt ex-
20 petisse. Airibertus frater suos [17] nitibatur si potuisset regnum adsumeret, sed eius uoluntas pro simplicitate parum sortitur effectum.
Brodulfus uellens nepotem estabilire [18] in regnum aduersus Dagoberto muscipulare coeperat (f. 150.) sed huius rei uicissitudinem
probauit aeuentus.

25 LVII. Cumque regnum Chlothariae [19] tam Neptreco quam Burgundias ad Dagobertum fuisset preoccupatum, captis thinsauris et suae
dicione [20] redactis, tandem misericordia mutus [21], consilio sapientibus
usus, citra Legere [22] et limitem Spaniae quod ponitur partibus Vuasconiae seu et [23] montis Parenei pagus [24] et ciuitates quod fratri suo Gai-
30 riberto [25] ad transagendum, ad instar priuato habeto, cum uiuendum
potuisset sufficere nuscetur concessisse pagum Tholosanum, Cathor-
cinum, Agenninsem, Petrocorecum [26] et Santonecum, uel quod ab his
uersos [27] montis Pereneos excludetur, hoc tantum Chairiberto regendum concessit, quod et perpectiones uinculum estrinxit ut amplius
35 Airibertus nullo tempore aduersus Dagobertum de regno patris re-

---

[1] nomene [2] palatiai [3] interficitur [4] estragis [5] Chlotharii [6] simul [7] iubente [8] plurimam [9] iubet [10] iubet [11] cum [12] exercitu [13] deberent [14] elegere [15] Soasionis
[16] tradidisse [17] suus [18] stabilire [19] Chlothariai [20] dicioni [21] motus [22] Ligerem
[23] siue [24] pagos [25] Chairiberto [26] petrocoreum [27] aduersos.

petire presumerit. Airibertus, sedem Tholosa aeliens, regnat in partem [1] prouinciae Aquetaniae. Post anno tercio [2] quod regnare coepisset tota Vuasconia cum exercito superans suae dicione redegit, alequantulum largiorem fecit regni sui spatium.

5 LVIII. Dagobertus cum iam anno septimo regnans maxemam partem patris regnum, ut super memini, adsumpsit (f. 150, vᵒ.) Burgundias ingreditur. Tanta timore [3] ponteficibus et procerebus in regnum Burgundiae consistentibus seo et citeris leudibus aduentus Dagoberti concusserat, ut a cunctis esset mirandum pauperibus iustitiam habentibus gaudium uehementer inrogauerat. Cumque Lingonas ciuitatem uenisset tanta inter uniuersis leudibus suis tam sublimis quam pauperibus indecabat iusticiam, ut creditur omnino fuisset Deo placebile [4] ubi nullus intercedebat premius, nec personarum accepcio nisi sola dominabatur iusticia, quem diligebat altissimus. Deinde adgressus Diuione, immoque Latona resedens aliquantis diebus, tanta intentionem [5] ad [6] uniuersi [7] regni sui populo iusticia iudicandi posuerat huius benignitatis desiderio plenus, nec somnum capiebat oculis, nec cibum [8] saciabatur, intentissime cogitans ut omnes cum iustitia recepta de conspectu suo remearint [9]. Eodem die quo de Latona ad Cabillonno [10] deliberare properabat, priusquam luciscerct balneo ingrediens, Brodulfo auunculo fratris Chairiberto interficere iussit; qui ab Amalgario et Arneberto ducibus, et Vuillibado patricio interfectus est. Cumque Cabillonno ubi iusticiae amorem qua coepe-(f. 150 bis.)rat perficienda Dagobertus intentionem dirigit. Post per Agustedunum Auteciodero pergens, per ciuitatem Senonas Parisius uenit; ibique Gomatrudem reginam Romiliaco uilla, ubi ipsa [11] matrimonium [12] acceperat, relinquens Nantechildem unam ex puellis de menisterio matrimonium accipiens reginam sublimauit. Vsque eodem tempore ab inicio quo regnare ciperat, consilio primetus beatissime [13] Arnulfi Mettensis urbis pontefice, et Pippino maiorem domus usus tante prosperetatis regale regimen in Auster regebat ut a cunctis gentibus inmenso ordine laudem haberit [14]. Timorem uero sic forte sua concusserat utelitas ut iam deuotione ad reperint[15]suae se tradere dicionem [16], ut etiam gente que [17] circa limitem Auarorum et Sclauorum consistent ei prumptae expetirint, ut ille post tergum eorum

[1] parte [2] annum tercium [3] tantum timorem [4] placabile [5] intentione [6] ab [7] uniuerso [8] cibo [9] remearent [10] Cabilonno [11] ipsam [12] matrimonio [13] beatussimi [14] haberet [15] adreperent [16] dicioni [17] gentesque.

iret feliciter, et Auaros, et Sclauos citerasque [1] gentium nationes usque manum publicam suae dicione subiciendum fiducialiter spondebant. Post discessum beati Arnulfi, adhuc consilius [2] Peppino [3] maiorem domus et Chunibertum ponteficem urbis Coloniae utens et ab ipsis fortiter admonetus [4], tantae prosperitatis (f. 150 *bis*, v°.) et iustitiae amore conplexus uniuersas sibi subditas gentes, usque dum ad Parisius ut supra memini peruenit, regebatur, ut nullus de Francorum regibus precedentibus suae laudis fuisset precellentior.

LVIIII. Anno VIII regni sui cum Auster regio cultu circuerit, quadam puella nomen [5] Ragnetrudae aestrati suae [6] adsciuit, de qua eo anno habuit filium nomen Sigybertum.

LX. Reuertens in Neptreco sedem patris suae Chlothariae [7] diligens adsiduae resedire disponens cum omnem iustitiam quem prius dilixerat fuisset oblitus, cupiditates instincto [8] super rebus ecclesiarum et leudibus sagace [9] desiderio uellit omnibus undique expoliis nouos implere thinsauros, luxoriam [10] super modum deditus, tres habebat maxime ad instar reginas et pluremas concupinas. Reginae uero haec fuerunt: Nantechildis, Vulfegundis et Berchildis; nomina concubinarum eo quod plures fuissent increuit huius [11] chronice inseri. Quod cum uersum fuisset cor eius, sicut super meminemus [12], et ad Deum [13] eius cogitatio recessisset tamen postea, atque utinam illi ae [14] mercedem ucram lucre fuisset, nam aelymosinam pauperibus super modum largitur [15] (f. 151.) aerogabat; si huius rei sagacitas cupiditates instincto [16] non prepedisset, regnum creditur meruisset [17] aeternum.

LXI. Cum leudes suae [18] eiusque nequiciae gemerint, haec cernens Peppinus cum esset cautior cunctis et conciliosus ualde plenissemus fide, ab omnibus delictus [19] pro iustitiae amorem quam Dagoberti consiliose instruxerat, dum suo huius fuerat consilio sibi tamen nec quicquam oblitus iustitiam, neque recedens a uiam [20] bonitates [21]. Cum ad Dagoberto [22] accederit [23] prudenter agebat in cunctis et cautum se in omnibus ostendebat, zelus Austrasiorum aduersus eodem [24] uehementer surgebat, ut etiam ipsum conarent cum Dagobertum [25] facere odiosum ut pocius interficeretur, sed iustitiae amor et Dei timor, quam diligenter amplexerat, ipsum liberauit a malis. Ipse

---

[1] ceterasque [2] consilio [3] Peppini [4] admonitus [5] nomene [6] aestratu suo [7] Chlotharii [8] instinctu [9] sagaci [10] luxoria [11] huic [12] meminimus [13] a Deo [14] ad [15] largiter [16] instinctu [17] meruisse [18] sui [19] delectus [20] uia [21] bonitatis [22] Dagobertum [23] accideret [24] eundem [25] Dagoberto.

uero eo anno cum Sigyberto [1] filium Dagoberti ad Chairibertum regem accessit.

LXII. Chairibertus,Aurilianis ueniens,Sigybertum de sancto lauacro excipit [2]; AEga uero a citeris [3] Neptrasiis consilio Dagoberti erat adsiduos [4]. Eo anno legati Dagoberti quos ad AEraclio [5] imperatore [6] direxerat, nomenibus Seruatus et Paternus, ad eudem reuertuntur nunciantes pacem perpetuam cum AEraclio firmasse. Acta uero (f. 151, v°.) miraculi quae ab AEraclio factae sunt non praetermittam.

LXIII. AEraclius cum esset patricius uniuersas Africae prouincias, et Fogas, qui tiranneco ordine Mauricio imperatore interficerat imperium adreptus nequissime regerit [7], et modum amentiae thinsauros in mare proiecerit [8], dicens que Neptuno munera daret, senatores cernentes quod uellet imperium per stulticiam destruere, factionem [9] AEracliae [10] Fogatim adprehensum senatus manibus et pedibus truncatis lapidem ad collum legatum in mare proiciunt. AEraclius consensu senatu [11] imperio sublimatur cum infestatione Persarum imperium temporebus Maurici et Fogatis imperatorum multae prouinciae fuissent uastate.

LXIV. More solito dinuo contra AEraclio [12] imperator Persarum cum exercitum [13] surgens Calcedona ciuitate nec procul a Constantinopoli Persi uastantes prouinciae reipublicae peruenissent eumque rumpentes incendio concremauerunt. Post haec Constantinopole [14] sedem imperiae [15] propinquantis [16] destruere conabantur. Egrediens cum exercito [17] AEraclius obuiam legatis discurrentibus AEraclius imperatorem Persarum nomine Cosdroe petit ut hii duo imperatores singulare (f. 152.) certamine coniungerent, suspensa procul uterque [18] exercitus multitudinem [19], et cuius uictoria prestabatur ab altissimo imperium huius qui uincebatur et populum inlesum receperit[20]. Emperatur Persarum huius conuenentiae se egressurum ad prilio [21] singulare certamen spondedit. AEraclius imperatur arma sumens telam priliae [22] et falange a suis pos tergum preparatam relinquens singolare certamen, ut nouos Dauit procedit ad bellum. Emperator Persarum Cosdroes patricium quidam ex suis, quem fortissemum in prelio cernere potuerat, huius conuenenciae ad instar pro se contra

---

[1] Sigybertum [2] excepit [3] ceteris [4] adsiduus [5] Aeraclium [6] imperatorem [7] regeret [8] proieceret [9] factione [10] Aeraglii [11] senatus [12] Aeraclium [13] exercitu [14] Constantinopolis [15] imperii [16] propinquantes [17] exercitu [18] utriusque [19] multitudine [20] receperet [21] prelium [22] prelii.

AEraglio [1] priliandum [2] direxit.Cumque uterque cum aequetis hy duo congressione[3] priliae[4] in inuicem propinquarint [5] AEraglius ait ad patricium quem emperatore Persarum Cosdroae stemabat [6], dixit : « Sic conuenerat ut singulare certamen priliandum [7] debuissimus con-
5 flige [8] quare pos tergum tuom [9] alii secuntur. » Patricius ille giraus capud conspecere [10] qui pos tergum eius uenerit AEraglius aecum calcaneum uehementer urguens extrahens uxum capud patriciae [11] Persarum truncauit. Cosdroes [12] emperatur [13] cum Persis (f. 152, v°.) deuictus et confusus terga uertens, a suis propries [14] tiranneco ordene
10 Cosdroes interfecetur[15]; Persi terga uertentes ad sedebus remeant propries. AEraglius aeuecto [16] nauale [17] cum exercito Persas ingredetur, totamque Persedam suae dicione [18] redigit, captis exinde multis thinsauris,et septem AEltiarntis [19]; tribus annis cerceter [20] Perseda uastata eius dicione [21] subgicetur [22]. Post haec dinuo Persaes emperatorem [23]
15 super se creant.

LXV. AEraglius emperator [24] erat speciosus conspecto, pulcra faciae, status formam [25] digne minsure [26], fortissemus [27] citiris, pugnatur aegregius, nam et sepe leones in arenas et in aerimis plures singulos[28] interfecit. Cum esset litteris nimius aeruditus, astralogus effecetur [29]
20 per quod cernens a circumcisis gentibus diuino noto [30] emperium [31] esse uastandus, legationem ad Dagobertum regem Francorum dirigens, peteus ut omnes ludeos regni sui ad fedem catolegam [32] baptizandum [33] preciperit, quod protenus Dagobertus empleuit. AEraglius per omnes prouincias emperiae talem idemque facere decreuit,igno-
25 rabat unde haec calametas contra emperium [34] surgerit.

LXVI. Agarrini [35], qui et Saracini, sicut (f. 153.) Orosiae [36] liber testatur, gens circumcisa ad latere [37] montes Caucasi super mare Cypium, terram Ercoliae coinomento, [38] iam olem [39] consedentes in nimia multetudine creuissent, tandem arma sumentis prouincias AEra-
30 gliae emperatores [40] uastandum [41] inruunt, contra quos AEraglius milites ad resistendum direxit. Cumque priliare cepissint [42], Saracini milites superant eosque gladio graueter trucedant. Fertur in eo prilio [43] cento [44] quinquagenta milia militum a Saracinis fuisse interfecta;

---

[1] Aeraglium [2] preliandum [3] congressionem [4] prelii [5] propinquarent [6] estemabat [7] preliandum [8] confligi [9] tuum [10] conspicere [11] ensem c. [12] patricii [12] Cosdroe [13] emperator [14] propriis [15] interficitur [16] aeuectus [17] nauali [18] dicioni [19] Aeltiarnitis [20] circiter [21] dicioni [22] subgecitur [23] imperatorem [24] imperator [25] forma [26] mensure [27] fortissimus [28] singulus [29] efficetur [30] diuino nutu [31] imperium [32] catolecam [33] baptizandos [34] emperii [35] Agaroni [36] Orosii [37] a latere [38] cognomento [39] olim [40] Aeraglii imperatoris [41] uastantes [42] cepissent [43] prelio [44] centum.

espolia [1] eorum Saracini per legatus AEraglio recepiendum [2] offerunt.
AEraglius cupiens super Saracinus uindictam, nihil ab his spolies re-
cepere uoluit. Congregatis undique de uniuersas prouincias [3] emperiae [4] nimia multetudinem militum, transmittens AEraglius legatio-
5 nem ad Portas Cypias quas Alexander Magnos Macedus [5] super mare
Cespium aereas fiere [6] et serrare iusserat propter inundacione gentium seuissemorum, que ultra montem Caucasi culmenis habetabant,
easdem portas AEraglius aperire precipit [7], indique cento [8] quinquagenta milia pugnatorum auroque locatus [9] auxiliae suae [10] contra
10 Saracinos priliandum demittetur. Saracini duos habentes princepis
(f. 153, v°.) ducenta fer [11] milia erant, cumque castra nec procul inter se exercitus uterque posuissit ita ut in crastena bellum inirent
confligentes, eadem nocte gladio Dei AEragliae [12] exercitus percoti-
tur in castris; quinquaginta et duo milia ex militibus AEragliae [12] in
15 stratum mortui sunt, cumque in crasteno ad prilium [13] debebant adgredere [14], cernentes eorum exercitum milites partem maxema deuino
iudicio interfectam aduersus Saracinus nec ausi sunt inire prilium [15].
Regressus omnes exercitus AEragliae [16] ad propries sedebus [17], Saracini
more quo ceperant prouincias AEragliae [16] emperatores adsiduae uas-
20 tandum pergebant; cum iam Hierusolemam propinquassint, Eraglius
uedens [18] quod eorum uiolenciae non potuissit resistere, nimia amaretudines [19] merorem [20] adreptus infelex [21] Euticianam aerese [22] iam
sectans Christi cultum relinquens, habens uxorem filiam sorores [23]
suae a febre uexatus crudeleter uitam finiuit. Cui sucessit emperiae [24]
25 gradum Constantinus filius eius cuius, tempore pars publeca a Saracines [25] nimium uastatur.

LXVII. Anno nono regni Dagoberti Charibertus rex moretur [26],
relinquens(f. 154.)filium paruolum nomini [27]Chilpericum qui nec post
moram defunctus est, fertur faccione Dagoberti fuisset [28] interfectus.
30 Omnem regnum Chariberti unam [29] cum Vuasconiam [30] Dagobertus
protenus suae dicione [31] redigit tinsaurus [32] quoque Chariberti Ba-
ronto duci adducendum et sibi presentandom [33] direxit. Vnde Barontus
graue dispendio fecisse dinuscetur [34], una cum tinsauraries [35] faciens
nimium exinde fraudolenter [36] subtracsit.

---

[1] et spolia [2] recipienda [3] uniuersis prouinciis [4] emperii [5] Macedo [6] Caspium
aereas portas fieri [7] precepit [8] centum [9] locatos [10] auxilii sui [11] fere [12] Aeraglii
[13] prelium [14] adgredere [15] prelium [16] Aeraglii [17] a propriis sedibus [18] uidens [19]
amaritudine [20] merore [21] infelix [22] aeresim [23] sororis [24] imperii [25] Saracinis
[26] moritur [27] nomine [28] fuisse [29] una [30] Vuasconia [31] dicioni [32] tensauros [33]
presentandum [34] dinoscitur [35] tensauriis [36] fraudulenter.

LXVIII. Eo anno Sclaui, coinomento [1] Vuinidi, in regno Samone neguciantes [2], Francorum cum plure multetudine [3] interfecissent et rebus exspoliassint, haec fuit inicium scandali inter Dagobertum et Samonem regem Sclauinorum. Dirigensque Dagobertus Sycharium
5 legatarium ad Samonem, paetens ut neguciantes quos sui interfecerant aut res inlecete usospauerant [4] cum iusticia faceret emendare. Samo nolens Sicharium uedere nec ad se eum uenire permitteret, Sicharius uestem indutus ad instar Sclauinorum cum suis ad conspectum peruenit, Samonem uniuersa quod iniunctum habuerat eidem
10 nunciauit. Sed ut habit gentiletas et superbia prauorum nihil a Samone (f. 154, v°.) que sui admiserant est emendatum, nisi tantum placeta uellens instetuere ut de hys et alies intencionibus que inter partes orte fuerant iustitia redderetur in inuicem. Sicharius sicut stultus legatus uerba inproperiae [5] quas iniunctas non habuerat et menas [6]
15 aduersus Samonem loquetur, eo quod Samo et populus regni sui Dagobertum diberint [7] seruicium. Samo respondens iam caucius dixit: «Et terra quam habemus Dagoberto est, et nos sui sumus, si tamen nobiscum disposuaerit amicicias conseruare.» Sicharius dicens: «Non est possebelem [8] ut Christiani et Dei serui cum canebus [9] amicicias con-
20 locare possint,» Samo ae contrario dixit: «Si uos estis Dei serui et nos Dei canes dum uos adsiduae contra ipsum agetis nos permissum accepimus uos morsebus [10] laterare.» Aogcctus [11] est Sicharius de conspectum Samones: cum haec Dagoberto nunciassit Dagobertus superueter iubet de uniuersum regnum [12] Austrasiorum contra Samo-
25 nem et Vuinidis mouere exercitum; ubi trebus [13] turmis falange super Vuenedus [14] exercitus ingreditur, etiam et Langobardi solucione Dagoberti idemque (f. 155.) osteleter [15] in Sclauos perrixerunt. Sclaui his et alies locis et [16] contrario preparantes Alamannorum exercitus cum Crodoberto duci [17] in parte qua ingressus est uicturiam optenuit.
30 Langobardi idemque uicturiam optenuerunt et pluremum nummerum captiuorum de Sclauos [18] Alamanni et Langobardi secum duxerunt. Aostrasiae [19] uero cum ad castro [20] Vuogastisburc ubi plurima manus forcium Venedorum [21] inmurauerant circumdantes triduo priliantes [22], pluris [23] ibidem de exercito [24] Dagoberti gladio trucidan-
35 tur et exinde fogaceter [25] omnes tinturios et res quas habuerunt re-

---

[1] cognomento [2] negociantes [3] plurima multitudine [4] usorpauerant [5] inproperii [6] minas [7] deberint [8] possibile [9] canibus [10] morsibus [11] aeiectus [12] de uniuerso regno [13] tribus [14] Vuenedos [15] ostiliter [16] e [17] duce [18] Sclauis [19] Austrasii [20] castrum [21] Vuinedorum [22] preliantes [23] plures [24] exercitu [25] fogaciter.

linquentes ad ¹ propries sedebus ² reuertuntur. Multis post haec
uecebus Vuinidi in Toringia et relequos uastandum ³ pagos in Francorum regnum inruunt.Etiam et Deruanus dux gentes Vrbiorum, que
ex genere Sclauinorum erant, et ad regnum Francorum iam olem ⁴
5 aspecserant se ad regnum Samonem ⁵ cum suis tradedit, estaque ⁶
uicturia qua ⁷ Vuinidi contra Francos meruerunt non tantum Sclauinorum fortitudo optenuit quantum dementacio Austrasiorum, dum
se cernebant cum Dagoberto odium (f. 155,v°.) incurrisse, et adsiduae
expoliarintur.

10 LXVIIII. Eo anno Charoaldus rex Langobardorum legatus ⁸ ad Isa-
cium patricium sigricius ⁹ mittens, rogans ut Tasonem docem prouinciae Toscane quo putebat ¹⁰ ingenio interfecerit ¹¹. Huius beneficiae uecessitudines ¹² tributa quas Langobardi de manu publeca
recibebant ¹³, trea centenaria auri annis singolis, unde unum centena-
15 rium auri Chroaldus rex partebus emperiae ¹⁴ de praesente cassarit ¹⁵.
Hysacius patricius haec audiens tractabat quebus ¹⁶ ingenies ¹⁷ haec
potuissit ¹⁸ emplere ¹⁹, Tasonem ingeniose mandans dum in offinsa ²⁰
Charoaldi regis erat cum ipsum amicicias oblegarit ²¹, ipse uero contra Charoaldo rigi ²² ei auxiliaretur. Tale ²³ preuentus est fraude, Ra-
20 uennam pergit.Hysacius ei obuiam mandans pre timore emperatoris ²⁴
Tasonem cum suis infra murus Rauenne urbis armatum non audebat
recipere; cumque Taso credens armam ²⁵ suorum foris urbem relinquens in Rauennam fuissit ²⁶ ingressus, statem ²⁷ que ²⁸ fuerant
preparati super Tasonem inruunt et ipsum et suos totos qui cum eo
25 uenerant interficiunt. Charoaldus rex unum (f. 156.) centenarium
auri sicut promiserat partebus Isaciae ²⁹ et emperiae ³⁰ cassauit. Dua
tantum centenaria deinceps ad partem Langobardorum a patricio
Romanorum annis singolis ³¹ emplentur ³². Vnus centenarius cento ³³
libras auri capit. Post haec continuo Charoaldus rex moretur.

30 LXX. Gundeberga regina, eo quod omnes Langobardi idem fidem
cum sacramentis firmauerant, Chrothacharium quidam unum ex ducibus de terreturio Brissia ad se uenire precepit, cum conpellins ³⁴
uxorem quam habebat relinquerit et eam ³⁵ matremunium acciperit³⁶;
per ipsam omnes Langobardi eum sublimauant in regno ³⁷, quod Chro-

---

¹ ad *exponctué*. ² propriis sedibus ³ reliquos uastandos ⁴ olim ⁵ Samonis ⁶ ista-
que ⁷ quam ⁸ legatos ⁹ segretius ¹⁰ potebat ¹¹ interficeret ¹² uicessitudines ¹³ re-
cipiebant ¹⁴ imperii ¹⁵ cassaret ¹⁶ quibus ¹⁷ ingeniis ¹⁸ potuisset ¹⁹ implere ²⁰ offensam ²¹ oblegaret ²² regem ²³ tali ²⁴ imperatoris ²⁵ arma ²⁶ fuisset ²⁷ statim
²⁸ qui ²⁹ Isacii ³⁰ imperii ³¹ singulis ³² implentur ³³ centum ³⁴ compellens ³⁵ eam
in ³⁶ acceperet ³⁷ sublimant in regnum.

tharius lebenter [1] consenciens, sacramentis per loca sanctorum firmans ne umquam Gundeberga postponerit [2], nec de honorem [3] gra-
dis aliquid menuaret ipsamque uneco [4] amore diligens in omnebus
honorem pristarit [5] condigne, Gundoberga adtragente, omnes Lango-
5 bardorum primati Crotharium sublimant in regno. Chrotharius cum
regnare cepissit [6]multus [7] nubilium Langobardorum quos sibi sinserat [8]
contomacis [9] interfecit. Chrotharius fortissemam disciplinam et timorem in omnem regnum Langobardorum pacem sectans fecit. Chrotharius (f. 156, vᵒ.) oblitus sacramenta qua Gundeberge dederat eamque
10 in unum cobicoli Ticinum in aula palaciae retrudit, eamque ad priuato
habeto uiuere fecit, quinque annus sub ea retrusione tenetur. Chrotharius, per concubinas baccatur adsiduae; Gundoberga uero eo quod
esset cristiana in hanc tribulationem [10] benedicebat Deum omnipo-
tentem ieiunies [11] et oracionebus adseduae peruacabat.

15 LXXI. Quando Deo complacuit Aubedo legarius dirictus [12] a
Chlodoueo regi [13] causam legationes usque ad Chrotharium regem
Langobardorum Papia, coinomento [14] Ticino, ciuitatem AEtaliae
peruenisset, cernens reginam quam sepius in legationem ueniens
uiderat et ab ipsa benigne semper susceptus fuerat fuisse re-
20 trusam quasi iniunctum habens, exinde inter citera Chrothario
regi sugessit, quod illam parentem Francorum quam reginam
habuerat, per quem [15] etiam regnum adsumserat non dibuissit [16]
umiliare, multum exinde regis Francorum et Franci essint ingrati.
Quam Chrotharius de presenti reuerenciam Francorum habens iubit
25 egredi foris [17] et post quinque circeter annis [18] per totam ciuitatem
et foris Gundeberga regili [19] ordine per loca sauctorum ad oracio-
nem adgreditur. De uillas et opebus fisci quod habuerat (f. 157.)
Chrotharius ei restaurare praecipit quod usque diem obetus sui et
gradum dignetatis et opes [20] plurebus ditata rigio [21] culto post feli-
30 ceter tenuit. Aubedo uero a Gundeberga regina forteter muneratur.
Chrotharius cum exercito Genaua maretema, Albingano Varicotti,
Saona, Vbitergio et Lune ciuitates litore mares de imperio auferens
uastat, rumpit, incendio concremans populum derepit, spoliat et captiuitate condemnat; murus ciuitatebus supscriptis usque ad fudamen-
35 to distruens, uicus [22] has ciuitates nomenare praecepit.

---

[1] libenter [2] postponeret [3] honore [4] minuaret ipsamqne unico [5] prestarit [6] ce-
pisset [7] multos [8] senserat [9] contumacis [10] tribulatione [11] ieiuniis [12] directus
[13] rege [14] cognomento [15] quam [16] debuisset [17] foras [18] annos [19] regali [20] opebus
[21] regio [22] uicos hoc.

LXXII. Eo anno in Abarorum cuinomento Chunorum regnum in Pannia[1] surrexit ueaemens [2] intentio, eo quod de regnum [3] certarint [4] cui deberetur ad sucedendum, unus ex Abares et alius ex Bulgaris; collicta [5] multetudinem [6] uterque in inuicem pugnarint [7]. Tandem
5 Abaris Burgarus superant Burgari superatis noue milia uerorum[8] cum uxoris [9] et liberis de Pannonias expulsi ad Dagoberto [10] expetint [11], petentes ut eos in terra Francorum manendum [12] receperit [13]. Dagobertus iobit [14] eos iaemandum [15] Badouuarius [16] recipere dummodo pertractabat cum Francis quid exinde fierit [17]. Cumque dispersi per
10 domus (f. 157, v°.) Baioariorum ad hyemandum fuissent consilium Francorum Dagobertus Baioariis iobet [18] ut Bulgarus illus cum uxoris [19] et liberis unuscisque [20] in domum suam una nocte Baiuariae interficerint, quod protinus a Baiouaries est impletum; nec quisquam ex illis remansit Bulgaris nisi tantum Alciocus cum septinientis uiris
15 et uxoris [19] cum liberis qui in marca Vinedorum [21] saluatus est. Post haec Vuallucum [22] ducem Vuinedorum annis plurimis uixit cum suis.

LXXIII. Eo anno quod partebus [23] Spaniae uel eorum regibus contigerit non pretermittam. Defuncto Sisebodo rige [24] rige [25] climen-
20 tissemo [26], cui Sintela ante annum circiter successerat in regnum, cum essit [27], Sintela nimium in suis inicus et cum omnibus regni suae [28] primatibus odium incurrerit, cum consilium [29] cytiris [30] Sisenandus quidam ex proceribus ad Dagobertum expetit ut ei cum exercito auxiliaretur qualiter Sintilianem [31] degradaret ad [32] regnum [33]
25 huius beneficiae [34] repensionem missurium aureum nobelissemum ex tinsauris [35] Gothorum, quem Tursemodus rex ab Agecio patricio acceperat, Dagobertum[36] dare promisit, pensantum [37] auri (f. 158.) pondus quinnentus. Quo audito Dagobertus ut erat cupedus exercitum in ausilium [38] Sisenandi de totum regnum [39] Burgundiae bannire precepit.
30 Cumque in Espania deuolgatum fuissit [40] exercitum Francorum ausiliandum [41] Sisenando adgredere, omnis Gotorum exercitus se dicione Sisenando subaegit. Abundancius et Venerandus cum exercito Tolosano tanto usque Cesaragustam ciuitatem cum Sisenando

---

[1] Pannonia [2] uehemens [3] regno [4] certarent [5] collecta [6] multitudine [7] pugnarent [8] uirorum [9] uxoribus [10] Dagobertum [11] expectunt [12] ad manendum [13] reciperet [14] iubet [15] ad hiemandum [16] ad Badbauuarius [17] fieret [18] iubet [19] uxoribus [20] unusquisque [21] Viunedorum [22] cum Vuallucum [23] in partes [24] rege [25] rege *exponctué.*[26] clementissemo [27] esset [28] suis [29] consilio [30] ceterorum [31] Sintilianum [32] de [33] regno [34] beneficii [35] tensauris [36] Dagoberto [37] pensantem [38] auxilium [39] toto regno [40] fuisset [41] auxiliandum.

accesserunt, ibique omnes Goti de regnum Spaniae Sisenandum
sublimant in regnum. Abundancius et Venerandus cum exercito
Tolosano munerebus onorati reuertunt ad propries [1] sedibus. Dagobertus legacionem ad Sisenando rigi [2] Amalgario [3] ducem et Vene-
5 rando [4] dirigit, ut missurium illum quem promiserat eidem diri-
gerit [5] : cumque ad Sisenando regi [6] missurius ille legatarius [7]
fuissit [8] tradetus, a Gotis per uim tolletur nec eum exinde excobere [9]
permiserunt. Postea discurrentes legatus [10] ducenta milia soledus
missuriae huius praecium Dagobertus a Sisenandum [11] (f. 158,v°.) ac-
10 cipiens ipsumque pensauit.

LXXIIII. Anno decemo regni Dagoberti cum ei nunciatum fuissit [12]
exercitum Vuinitorum Toringia [13] fuisse ingressum, cum exercito [14]
de regnum Austrasiorum de Mettis urbem [15] promouens, transita
Ardinna, Magancia [16] cum exercito adgreditur, disponens Renum trans-
15 ire scaram de electis uiris fortis [17] de Neuster [18] et Burgundia cum
ducebus et grafionebus secum habens, Saxones missus ad Dagobertum dirigunt, petentes ut eis tributa quas fisci dicionebus dissoluebant indulgerit [19]. Ipse uero eorum studio et utiletate Vuinidis
resistendum spondent et Francorum limite de illis partebus custodire
20 promittent. Quod Dagobertus consilio Neustrasiorum adeptus prestetit Saxones [20] qui uius peticionebus suggerendum uenerant. Sacramentis, ut eorum mus [21] erat, super arma placata pro uniuersis Saxonebus firmat, sed parum haec promissio sortitur aefectum ; tamen
tributo Saxones, quem reddere consuaeuerant, per preceptionem
25 Dagoberti habent [22] indultum. Quinnentas [23] uaccas (f. 159.) infe-
rendalis annis singolis a Chlothario seniore censiti reddebant, quod a
Dagoberto cassatum est.

LXXV. Anno undecimo regni Dagoberti cum Vuinidi iusso [24] Samone [25] forteter [26] seuerint [27], et sepius transcesso eorum limite regnum
30 Francorum uastandum Toringia [28] et relequos [29] pagus ingrederint,
Dagobertus Mettis orbem [30] ueniens cum consilio ponteuecum [31] seo
et procerum omnesque primatis [32] regni sui consencientebus [33] Sigybertum filium suum in Auster [34] regem sublimauit, sedemque ei
Mettis ciuitatem habere permisit. Chunibertum Coloniae urbis pon-

---

[1] a propriis [2] Sisenandum regem [3] Amalgarium [4] Venerandum [5] diregeret [6] Sisenandum regem [7] legatariis [8] fuisset [9] excudere [10] legati [11] Sisenando [12] fuisset
[13] Toringiam [14] exercitu [15] urbe [16] Magonciam [17] fortibus [18] Neustris [19] indulge-
ret [20] Saxonibus [21] mos [22] habuerunt [23] quinentas, id est D [24] iussu [25] Sa-
moni [26] fortiter [27] seuirent [28] Toringiam [29] reliquos [30] urbem [31] pontificum
[32] omnibusque primatibus [33] consencientibus [34] Austris.

teuecem[1] et Adalgyselum ducem palacium[2] et regnum gobernandum
instetuit. Tinsaurum[3] quod suffecerit[4] filium[5] tradens, condigne ut
decuit eum uius culmine sublimauit[6]; eo quodcumque eidem lar-
gitus fuerat sigillatem[7] praeceptionebus roborandum decreuit.
5 Deinceps Austrasiae eorum studio limetem et regnum Francorum
contra Vuinedus[8] utiliter definsasse[9] nuscuntur[10].

LXXVI. Cumque anno duodecemo regni Dagoberti eidem filius
nomene Chlodoueos de Nanthilde regina natus fuissit[11], consilio Neustrasiorum eorumque admonicione per pactiones uincolum (f. 159, v°.)
10 cum Sigybertum filium suum[12] firmasse dinuscetur[13]. Et Austrasiorum omnes primati ponteueces citirique[14] leudis Sigyberti manus
eorum ponentes insuper sacramentis firmauerunt ut Neptreco et
Burgundia soledato ordene ad regnum Chlodouiae[15] post Dagoberti
discessum aspecerit[16]. Aoster uero idemque ordine soledato eo quod
15 et de populo et de spacium terre esset quoaequans ad regnum Sigyberti idemque in integretate deberit aspecere, et quicquid ad regnum
Aostrasiorum iam olem[17] pertenerat[18], hoc Sigybertus rex suae
dicioni rigendum[19] recipere[20], et perpetuo dominandum haberit,
excepto docato Dentilini quod ab Austrasius[21] iniquiter abtultus[22]
20 fuerat, iterum ad Neustrasius subiungeretur, et Chlodoueo regimene
subgiceretur. Sed has pacciones Austrasiae terrorem Dagoberti
quoacti uellint nonlint[23] firmasse uisi sunt. Quod postea temporebus
Sigyberti et Chlodouiae[24] regibus conseruatom fuisse constat.

LXXVII. Radulfus dux filius Chamaro, quem Dagobertus Toringia
25 docem[25] instetuit[26], pluris uecibus[27] cum exercito Vuinedorum
demicans eosque uictus uertit in fogam[28]. Vius superbiae (f. 160.)
aelatus et contra Adalgyselum ducem diuersis occansionebus inimicicias tendens paulatem[29] contra Sigybertum iam tunc ciperat reuellare; sed ut dictum est sic agebat : Qui diligit rixas, meditatur
30 discordias.

LXXVIII. Anno quarto decimo rigni[30] Dagoberti cum Vuascones
forteter reuellarent et multas predas in regno Francorum quod Charibertus tenuerat facerint[31], Dagobertus de uniuersum regnum Burgundiae exercitum promouere iobet[32], statuens eis capud exercitus
35 nomeni[33] Chadoindum referendarium, qui temporebus Theuderici

---

1 pontificem 2 palacii 3 tensaurum 4 sufficeret 5 filio 6 sublimari 7 sigillatum
8 Vuinedos 9 defensasse 10 noscitur 11 fuisset 12 Sigyberto filio suo 13 dinoscetur
14 pontifici ceterique 15 Clodouei 16 aspicerent 17 olim 18 pertineret 19 regendum
20 reciperet 21 Austrasiis 22 abstultus 23 nollint 24 Chlodouei 25 ducem 26 instituit
27 uicibus 28 fugam 29 paulatim 30 regni 31 facerent 32 iubet 33 nomene.

quondam regis multis prilies [1] probatur strenuos; quod cum decem
docis [2] cum exercetebus, id est Arinbertus, Amalgarius, Leudebertus,
Vuandalmarus, Vualdericus, Ermeno, Barontus, Chairaardus ex genere
Francorum, Chramnelenus ex genere Romano, Vuillibadus patricius
genere Burgundionum, Aigyna genere Saxsonum, exceptis comitebus
plurimis, qui docem [3] super se non habebant, in Vuasconia cum
exercito perrixsissent, et totam Vuasconiae patriam ab exercito Burgundiae fuissit repleta,(f. 160, v°.) Vuascones de inter moncium rupes
aegressi ad bellum properant. Cumque priliare [4] cepissint [5] ut
eorum mus [6] est terga uertentes, dum cernerent se esse superandus
in faucis uallium montebus Perenees [7] latebram, dantes se locis
tutissemis [8] per rupis eiusdem moncium conlocantes laterarint.
Exercitus pos tergum eorum cum ducibus insequens, pluremo num-
mero [9] captiuorum Vuascones [10] superatus [11] seo et ex his multetudinem interfectis, omnes domus eorum incinsis [12] paeculies et
rebus expoliant [13]. Tandem Vuascones oppressi seo perdomiti ueniam
et pacem subscriptis ducibus petentes, promittent [14] se gluriae [15] et
conspectum Dagoberti regi presentaturus, et suae dicione traditi
cumta [16] ab eodem iniuncta empleturus [17]. Feliciter haec exercitus
absque ulla lesionem [18] ad patriam fuerunt repedati [19], si Arnebertum
docem [20] maxime cum seniores et nobiliores [21] exercitus sui per
neglienciam a Vuasconebus in ualle Subola non fuissit [22] interfectus.
Exercitus uero Francorum qui de Burgundia in Vuasconia accesserat
patrata uicturia redit ad propries sedebus [23]. (f. 161.) Dagobertus
ad Clippiaco resedens mittit nuncius in Brittania que Brittanes
male admiserant ueluciter [24] emendarint [25], et dicione suae se trade-
rint [26]; alioquin exercitus Burgundiae qui in Vasconiam fuerat
de presenti Brittanias [27] debuissint [28] inruere. Quod audiens Iudacaile
rex Brittanorum corso ueluci [29] Clippiaco cum multis munerebus ad
Dagobertum perrexit, ibique ueniam petens, cumta [30] que sui regnum
Brittaniae pertenentes leudebus Francorum inlecete [31] perpetra-
uerant, emendandum spondedit; et semper se et regnum quem
regibat [32] Brittaniae subiectum dicione Dagoberti et Francorum regibus esse promisit. Sed tamen cum Dagobertum [33] ad minsam [34] nec

[1] preliis [2] ducibus [3] ducem [4] preliari [5] caepissent [6] mos [7] montibus Perennis [8] tutis-
simis [9] pluremum numerum [10] Vasconibus [11] superatus [12] incensis paeculiis
[13] expoliauit [14] promittunt [15] gloriae [16] cuncta [17] impleturos [18] lesione [19] reuersi
[20] ducem [21] senioribus et nobilioribus [22] fuisset [23] propria loca [24] uelociter [25] emen-
darent [26] traderent [27] in Brittanias [28] debuissent [29] curso ueloci [30] cuncta
[31] Francorum que inlicite [32] regebat [33] Dagoberto [34] mensam.

ad prandium discumbere noluit, eo quod esset Iudechaile relegiosus
et temens Deum ualde. Cumque Dagobertus resedisset ad prandium
Iudacaile aegrediens de palacium ad mansionem Dadone referendario
quem cognouerat sanctam relegionem sectantem accessit ad pran-
5 dium, indique in crasteno Iudacaile rex Brittanorum Dagobertum
ualedicens in Brittaniam repedauit. Condigne (f. 161, v°.) tamen a
Dagoberto munerebus [1] honoratur. Anno quintodecimo regno
Dagoberti Vuascones omnes seniores terre illius cum Aiginane duci [2]
ad Dagobertum Clipiaco uenerunt, ibique in eclesia domni Dio-
10 ninsis rigio [3] temore perterriti confugium fecerunt. Clemenciam
Dagoberti uitam habent indultam, ibique sacramentis Vuascones firmantes [4] semul [5] et promittentes se omni tempore Dagoberto
eiusque filies [6] regnumque [7] Francorum esse fedilis [8], quod more
soleto sicut sepe fecirant [9] post haec proliauit [10] aeuentus. Permis-
15 sum [11] Dagoberti Vuascones regressi sunt in terra Vuasconiae.

LXXVIIII. Anno sextodecemo regni sui Dagobertus profluuium [12]
uentris Spinogelo uilla super Secona [13] fluuio nec procul a Parisius
aegrotare cepit; exinde ad baseleca sancti Dionensis [14] a suis defer-
tur. Post paucos dies cum suae uitae sentirit periculum, AEgccnem [15]
20 sub celeretate ad se uenire praecipit, reginam Nantildem et filium
suum Chlodoueum eidem in mano [16] conmendans [17] : se iam discessurum senciens, consilium AEgane peragratum habens, quod cum eius
instancia regnus [18] strenuae guber(f. 162.)nari possit. Hys gestis post
paucus dies Dagobertus amisit spiritum sepultusque est in ecclesia
25 sancti Dionensis [19] quam ipse prius condigne ex auro et gemmis et
multis preciosissemis espetebus [20] ornauerat, et condigne in cir-
coito [21] fabrecare preceperat, patrocinium ipsius precioso [22] expetens.
Tante opes ab eodem et uillas et possessiones multas per plurema loca
ibique sunt conlate, ut miraretur a plurimis. Sallencium ibidem ad
30 instar monastiriae sanctorum Agauninsium instetuere [23] iusserat; sed
facilletas abbatis Aigulfi eadem instetucionem [24] nuscetur refragasse.
Post Dagoberti discessum filius suos Chlodoueos sub tenera aetate
regnum patris adsciuit; omnes leudis de Neuster et Burgundia eumque Masolaco uilla sublimant in regno [25]. AEga uero cum rigina [26]
35 Nantilde quem [27] Dagobertus reliquerat.

---

[1] muneribus [2] duce [3] regio [4] firmatis [5] simul [6] filiis [7] regnoque [8] essent fideles
[9] ficerant [10] probauit [11] permisso [12] profluuio [13] Sicona [14] Dionisi [15] sentiret
p., AEganem [16] manu [17] commendans [18] regnum [19] Dioninsi [20] especiebus [21] cir-
coitu [22] preciosum [23] instituere [24] instetucione [25] regnum [26] regina [27] quam.

LXXX.Anno primo regni Chlodouiae[1] secundo et inmenente tercio eiusdem regni anno condigne palacium gobernat[2] et regnum. AEga uero inter citiris primatebus[3] Neustreci[4] prudencius agens et plenitudenem pacienciae inbutus cumtis[5] erat precellentior.Eratquae genere
5 nobele opes[6] habundans, (f. 162, v°.) iusticiam sectans, aeruditus in uerbis,paratus in rispunsis[7] : tantummodo a plurimis blasphemabatur eo quod esset auariciae deditus. Facultatis pluremorum que iusso Dagoberti in regnum Burgundiae et Neptreco inlecete[8] fuerant usurpate et fisci dicionebus contra modum iusticiae redacte consilio
10 AEgane omnibus restaurantur.

LXXXI. Eo anno Constantinus emperatur[9] moretur[10]. Constans filius eius sub tenera aetate consilio senato[11] emperio[12] sublimatur. Idem eius tempore grauissime a Sarracinis uastatur imperiom.Hierusolema[13]a Sarracinis capta[14],ceterasque[15] ciuitates aeuersae,AEgyptus superiur[16]
15 et inferior a Saracines[17] peruadetur. Alexandria capetur et praedatur. Afreca tota uastatur et a Saracines[17] possedetur.Paulolum ibique Gregorius patricius a Sarracinis est interfectus. Constantinopolis tantum cum Traciana prouincia et paucis insolis etiam et Romana prouincia emperiae[18] dicione remanserat. Nam maxeme[19] totum em-
20 perium[20] a Saracines[21] graueter fuit adtritum : etiam et in postremum emperatur Constans constrictus (f. 163.) adque conpulsis[22] effectus est Saracinorum tributarius, ut uel Constantinopoles cum paucis prouincies[23] et insolis suae dicione[24] reseruaretur. Trebus annis circeter et[25] fertur adhuc amplius per unumquemque diem mille sole-
25 dus auri aeraries[26] Saracinorum Constans emplebat[27].Tandem resumtis uiribus Constans emperium aliquantisper recoperans[28] tribùta Saracines emplendum[29] refutat.Quemadmodum haec factum fuissit aeuentum, anno in quo expletum est in ordene debeto referam et scribere non selebo[30], donec de his et alies optata[31] si permiserit Deus perfi-
30 ciam, uius[32] libelli cumta[33] mihi ex ueretate[34] cogneta[35] inseram.

LXXXII. Eo anno Sintela rex Espaniae qui Sisenando in regno successerat defunctus est.Vius filius nomini[36] Tulga sub tenera aetate Spanies[37] peticionem[38] patris sublimatur in regno. Gotorum gens inpaciens est quando super se fortem iogum[39] non habuerit.Vius Tulga-

---

[1] Chlodouei [2] gubernat [3] ceteros primatis [4] Neustree [5] cunctis [6] nobili opebus [7] respunsis [8] illicite [9] emperator [10] moritur [11] senatus [12] imperio [13] Hierusolima [14] capta est [15] cetereque [16] superior [17] Saracinis [18] imperii [19] maxime [20] imperium [21] Saracinis [22] conpulsus [23] prouinciis [24] dicioni [25] ut [26] aerariis [27] implebat [28] recuperans [29] implenda [30] silebo [31] optatis [32] huius [33] cuncta [34] ueritate [35] cognita [36] nomene [37] Spaniis [38] peticione [39] iugum.

nes aduliscensiam omnes [1] Spania more soleto uiciatur, diuersa con-
mittentes insolercia.tandem unus ex primatis[2] nomini [3]Chyntasindus
còllictis plurimis senatorebus Gotorum,citerumque[4] populum regnum
(f. 163,v°.)Spaniae sublimatur,Tulganem degradatum et ad onos clere-
5 cati tunsorare [5] fecit: cumque omnem regnum Spaniae suae dicione [6]
firmassit [7], cognetus morbum [8] Gotorum quem de regebus degradandum [9] habebant, unde sepius cum ipsis in consilio fuerat, quoscumque
ex eis uius [10] uiciae prumtum contra regibus [11] qui a regno expulsi
fuerant cognouerat fuesse noxius, totus [12] sigillatem [13] iubit [14] inter-
10 fici, aliusque exilio condemnare, eorumque uxoris et filias suis fedelebus [15] cum facultatebus [16] tradit [17]. Fertur de primatis [18] Gotorum
hoc uicio[19]repremendo[20]ducentis [21] fuisse interfectis, de mediogrebus
quingentis interfecere [22] iussit quoadusque hoc morbum Gotorum
Chytasindus cognouissit [23] perdometum, non cessauit quos in suspi-
15 cionem habebat gladio trucidare. Goti a uero Chyntasindo perdomiti
nihil aduersus eodem [24] ausi sunt, ut de regebus consuaeuerant
inire consilium.Chyntasindus cum esset plenus diaerum filium suum
nomineRichysindum in omnem regnum Spaniaeregem stabiliuit.Chyn-
tasindus paenetentiam agens aelymosinam multa de rebus propries [25]
20 faciens plenus senectutae fertur (f. 164.) nonagenarius moretur [26].

LXXXIII. Anno tercio regni Chlodouiae [27] AEga Clipiaco uilla uixatus [28] a febre moretur [29].Ante paucis diaebus [30] Ermenfredus qui filiam
AEgane uxorem acceperat Chainulfo comiti in Albiodero uico in mallo
interfecit.Ob hanc rem grauissema stragis de suis rebus iussionem et
25 permissum Nantilde a parentebus Ainulfi et populum pluremum
fiaetur [31]. Ermenfredus in Auster Remus ad baselecam sancte Reme-
diae[32] fecit confugium, ibique diebus plurimis hanc infestacionem
deuitando et rigio temore residit [33].

LXXXIIII. Post discessum AEgane Erchynoaldus maior domus, qui
30 consanguaeneus fuerat de genetrici Dagoberto, maior domi palacium
Chlodouiae effecetur. Eratque homo paciens bonetate plenus, cum
esset paciens et cautus humiletatem et benignam uoluntatem circa
sacerdotibus, [34] omnebusque pacienter et benigne respondens, nul-
lamque [35] tumens superbiam [36], neque cupeditatem saeuiaebat : tanta

---

[1] omnis [2] primatibus [3] nomene [4] ceterumque [5] tunsurare [6] dicioni [7] firmasset
[8] more [9] degradandis [10] huius [11] reges [12] noxios totos [13] sigillate [14] iubet [15] fi-
delebus [16] facultatibus [17] tradedit [18] primatibus [19] uicium [20] reprimendo [21] du-
centos-interfectos-quingentos [22] interficere [23] cognouisset [24] eundem [25] propriis
[26] moritur [27] Chlodouei [28] uexatus [29] moritur [30] paucos diaes [31] interficitur
[32] Remedii [33] regio t. resedit [34] sacerdotis [35] nullaque [36] superbia.

in suo tempore pacem sectans fuit, ut Deum esset placebelem [1]. Erat
sapiens, sed in primum maxeme [2] cum simplecetate [3] rebus minsu-
ratem [4] ditatus, ab omnibus erat dilectus. (f. 164, v°.) Igitur post discessum Dagoberti regi [5] quo ordine eiusdem tinsauri [6] inter filius [7]
5 deuisi fuerant non obmittam, sed delucedato ordene [8] uius [9] uolu
mine inseri procurabo.

    LXXXV. Cum Pippinus maior domi [10], post Dagoberti obetum et
citiri [11] ducis Austrasiorum, qui usque in transito Dagoberti suae
fuerant dicione [12] retenti,Sigybertum [13] unanemem [14] conspiracionem
10 expetissint [15], Pippinus cum Chuniberto, sicut et prius amiciciae cultum in inuicem conlocati fuerant, et nuper sicut et prius amiciciam
uehementer [16] se firmeter [17] perpetuo conseruandum oblegant, omnesque leudis Austrasiorum secum uterque prudenter et cum dul-
cedene [18] adtragentes eos benigne gobernantes,eorum amiciciam con-
15 stringent [19], semperque seruandum [20].Aegetur [21]discurrentebus legatis partem Sigiberti debetam [22] de tinsauris [23] Dagoberti Nantilde regine
et Chlodoueo rigi [24] a Sigyberto requiretur quod reddendum placitus
instetuaetur [25].Chunibertus pontefex [26]urbis Coloniae etPippinus maior
domi [27] cum aliquibus (f.165.) primatebus Austri [28]a Sigyberto dericti [29]
20 uilla Conpendio usque perueniunt, ibique tinsaurum [30] Dagoberti
Nantilde et Chlodoueo,instancia AEgane maiorem domus praesentatur
iubente Nantildeet aequa lanciae [31] deuidetur [32]: torciam tamen partem
de quod Dagobertus adquisiuerat Nantildis regina percepit. Chuniber-
tus et Pippinus hoc tinsaurum [30] quod pars fuit Sigyberti Mettis fa-
25cint [33] perducere; Sigyberto praesentatur, et discribetur. Post fertur
anni circolo Pippinus moretur, nec parua dolore eiusdem transitus
cumtis [34] generauit in Auster [35], eo quod ab ipsis pro iusticiae cultum et bonetatem eiusdem delictus [36] fuissit.Grimoaldus filius eius,
cum essit strinuos [37] ad instar patris diligeretur a plurimis.

30   LXXXVI. Otto quidam filius Vrones domestici, qui baiolos Sigyberto ab adoliscenciam fuerat, contra Grimoaldo superbiam to-
mens [38] et zelum ducens eumque dispecere [39] conaretur. Grimoaldus
cum Chuniberto pontefice se in amiciciam constringens ceperat cogitare quo ordine Otto de palacio aegiceretur et gradum patris Gri-
35 moaldus adsumeret.

<hr>

[1] placibilem [2] maxime [3] simplicetate [4] mensurate [5] regis [6] tensauri [7] filios
[8] ordine [9] huius [10] maiordomus [11] citeri [12] dicioni [13] Sigyberto [14] unanimem
[15] expetissent [16] uehimenter [17] firmiter [18] dulcedine [19] constringentes [20]seruandam
[21] lgetur [22] debitam [23] tensauris [24] regi [25] instetuitur [26] pontifex [27] domus
[28] Austrie [29] directi [30] tensaurum [31] lance [32] deuidetur [33] faciunt [34] cunctis
[35] Anstris [36] dilectus [37] strenuos [38] tumens [39]dispicere.

LXXXVII. Cumque anno octauo Sigybertus (f. 165, v°.) regnarit [1], Radulfus dux Toringiae uehementer contra Sigybertum reuellandum disposuissit [2], iusso [3] Sigyberti omnes leudis Austrasiorum in exercitum gradiendum banniti sunt. Sigybertus Renum cum exercito 5 transiens gentes undique de uniuersis regni sui pagus [4] ultra Renum cum ipsum adunati sunt. Primo in loco Faram filio Chrodoaldo nomini qui cum Radulfo unitum habebat consilium, exercitus Sigyberti trucedans rupit, ipsoque [5] interfecit: omnem populum uius Fare qui gladium aeuasit, captiuetate depotant [6]. Omnes primati et exercitus 10 dextras in inuicem dantes ut nullus Radulfo uitam concederet, sed haec promissio non sortitur effectum. Sigybertus deinde Buchoniam cum exercito transiens, Toringiam properans. Radulfus haec cernens castrum lignis monitum in quodam montem super Vnestrude fluuio in Toringia construens, exercitum undique quantum plus potuit colle- 15 gens, cum uxorem [7] et liberis in hunc castrum ad se definsandum stabilibit : ibique Sigybertus cum exercitum regni sui (f. 166.) ueniens, castrum undique circumdat exercitus ; Radulfus uero intrinsecus ad prilio [8] forteter praeparatus sedebat. Sed hoc prilio [9] sine consilio initum est. Haec adoliscencia Sigyberti regis patrauit cum 20 aliae eodem diae uellint procedere ad bellum et aliae in crasteno, nec unitum habentes consilio. Grimoaldus et Adalgyselus ducis haec cernentes, Sigyberti pericolum zelantes, eum undique sine intermissione custodiunt. Bobo dux Auernus cum parte exercitus Adalgyseli, et AEnouales comex [10] Sogiontinsis cum paginsebus suis et citeri [11] 25 exercitus manus plura, contra Radulfum ad portam castri protenus pugnandum perrexerunt. Radulfus cum aliquibus ducebus exercitus Sigyberti fiduciam haberit [12], quod super ipsum non uoluissent uiribus inruere de castrum per porta prorumpens, super exercitum Sigyberti cum suis inruens, tanta stragis [13] a Radulfo cum suis de exercito Sigyberti 30 fiaetur [14], ut mirum fuissit. Magancinsis hoc prilio [15] non fuerunt fedelis [16]; fertur ibique plurima milia homenum fuisse gladio trucidati. Radulfus (f. 166, v°.) patrata uicturia in castrum ingredetur. Sigybertus cum suis fedelebus graue amaretudines merorem adreptus, super aequum sedens, lacremas oculis prorumpens, plangebat quos 35 perdederat : nam et Bobo dux et Innouualles comex [17] citiri [18] nouilium fortissemi pugnatoris seo et plura manus exercitus Sigiberti re-

---

[1] regnaret [2] dispossuisset [3] iussu [4] pagis [5] ipsumque [6] deputant [7] uxoribus [8] prelium [9] prelium [10] AEnoaulaus comis [11] ceteri [12] haberet [13] stragis facta est a [14] fiaetur *exponctué*. [15] prelio [16] fidelis [17] Innouualaus comis [18] ceteri.

gi [1], qui cum ipsus in congressione certamen essunt [3] adgressi, conspiciente Sigyberto hoc prilio [3] fuerunt trucidati. Nam et Fredulfus domestecus, qui amicus Radulfo fuisse dicibatur, hoc prilio [3] occupuit. Sigybertus eadem nocte nec procul ab ipso
5 castro in tenturies cum suos [4] mansit exercito. In crasteno uedentes [5] quod Radulfo nihil preualuissint missus [6] discurrentebus ut paceuete Renum aeterum [7] transmearint, cum Radulfo conuenenciam Sigybertus et eiusdem exercitus ad propries [8] sedebus remeantur [9]. Radulfus superbia aelatus ad modum regem
10 se in Toringia esse cinsebat, amicicias cum Vuinidis firmans ceterasque gentes [10], quas uicinas habebat, cultum amiciciae oblegabat. In uerbis tamen Sigiberto rigimini [11] non denegans nam (f. 167.) in factis forteter eiusdem resistebat dominacionem.

LXXXVIII. Anno decimo regno Sigyberti Otto qui aduersus Gri-
15 moaldo [12] inimicicias per superbia tomebat [13] faccionem [14] Grimoaldo[15] a Leuthario duci [16] Alamannorum interfecetur. Gradus honoris maiorem domi [17] in palacio Sigyberti et omnem regnum Austrasiorum in mano Grimoaldo [18] confirmatum est uehementer.

LXXXVIIII. Anno quarto regni Chlodoueae [19] cumque Nantildis re-
20 gina cum filio suo Chlodouio regi [20] post discessum AEganem Aurilianes in Burdiae [21] regnum uenissit, ibique omnes seniores, ponteueces [22], ducebus [23] et primatis [24] de regnum [25] Burgundiae ad se uinire precepit, ibique cumtus [26] Nantildis singillatem adtragens Flaogatum genere Francos maiorem domus in regnum Burgundiae
25 aelectionem ponteuecum [27] et cumtis docebus [28] a Nantilde regina hoc gradum honores stabilitur neptemque suam nomini Ragnoberte Flaochadum [29] disponsauit: espunsalias has nessio qua factione fiuntur. Nam alium consilium secrete Flaochatus et Nantildis regina macenauant [30] quem [31] credetur non fuisse Deo placebelem [32], ideoque non
30 mancepauit (f. 167, v°.) effectum. Cumque Erchynoaldus et Flaochadus maiores domi [33] inter se quasi unum inissint [34] consilium consencientes ab [35] inuicem hunc gradus honorem alterutrum solatium prebentes disponent habere feliceter. Flaochadus cumtis [36] ducibus de regnum Burgundiae seo et pontefecis [37] per epistolas etiam et sacra-

---

[1] regis [2] essent [3] prelio [4] suo [5] uidentes [6] missis [7] pacem serenam aeternam [8] proprias sedes [9] reuertuntur [10] gentibus [11] regimini [12] Grimaldum [13] tumebat [14] faccione [15] Grimaldi [16] duce [17] maioris domus [18] Grimaldo [19] Chlodouei [20] Chlodoueo rege [21] Burgundiae [22] pontifices [23] duces [24] primatibus *corr.* primatos [25] regno [26] cunctos [27] pontificum [28] cunctis ducebus [29] Flaochado [30] machinabant [31] quod [32] placibile [33] domus [34] inissent [35] ad [36] cunctis [37] pontificibus.

mentis firmauit, unicuique gradum honoris et dignetatem seo amiciciam perpetuo conseruarit[1].Hanc dionetatem[2] sublimatus Flaochadis
regnum Burgundiae peruagatur consilium adseduae iniens priorem
inimiciciam qua cordis arcana dio celauerat memorans Villebadum
5 patricium interfecere disponebat.

LXL. Vuillebadus cum esset opebus habundans et pluremorum
facultates ingenies diuersis abstollens ditatus inclete[3] fuissit[4] et inter patriciatum gradum et nimiae facultates aelacionem superbiae
esset deditus aduersus Flaochadum tumebat eumque despicere quo-
10 naretur[5]. Flaochadus collictis secum pontefecis[6] et ducibus de
regnum[7] Burgundiae Cabilonno pro utiletate patriae tractandum
minse madio placitum instituit, ibique et Vuillebadus multetudi-
(f. 168.) nem secum habens aduenit.Flaochadus ibidem Vuillebado interfecere nitebatur. Haec cernens Vuillebadus palacium noluit in-
15 troire. Flaochadus foris contra Vuillebadum preliandum adgreditur.
Amalbertus uero germanus Flaochado ad pagandum intercurrens ubi
iam in congressione certamene conflige[8] debuerant, Vuillebadus
Amalberto secum retenens de hoc aeuasit pericolum. Intercurrentes
et citiris persunis[9] separantur inlese. Flaochadus deinceps uehemen-
20 tem inibat consilium de interetum[10] Villebadi. Eo anno Nantildis
regina moretur[11]. Ipsoque anno minse septembre[12] Flaochadus
cum Chlodoueo regi et Erchynoaldo idemque maiorem domus et
aliquibus primatebus Neustrasies de Parisiaco promouens per Senonas et Auticiodero Agustedunum accesserunt; ibique Chlodoueus
25 Vuillibadum patricium ad se uenire precepit. Vuillibadus cernens
inimicum consilium Flaochado et germano suo Amalberto, Amalgario et Chramneleno ducebus de suo intereto fuisse initum,
colligens secum pluremam multetudinem de patriciatus sui ter-
menum (f. 168, v°.) etiam et ponteuecis[13] seo nobelis et fortis quos
30 congrecare potuerat Agustedunum gradiendum iter adrepuit[14]. Cui
obuiam a Chlodoueo regi[15] Erchynoaldo maiorem domus et Flaochado Ermenricus domesticus dirigetur, eo quod Vuillebadus trepe-
dabat utrum peracederit[16] an suum deuitandum periculo[17] repeda-
rit ut ab Ermenrici promissionebus preuentus usque adgrederit
35 Agustedunum, quem ille credens condigne munerebus honorauit.

---

[1] conseruaret [2] diuetatem [3] inclite [4] fuisset [5] quonabat [6] collectis secum pontificibus [7] regno [8] confligi [9] ceteris personis [10] interitu [11] moritur [12] mense
septembrio [13] termeno-pontificibus [14] adripuit [15] rege [16] peracederet [17] deuitando periculum.

Post tergum eius Agustedunum accessit, ibique tenturia cum sui
nec procul ab urbe posuit. Eodemque diae quo ibidem peracces-
serat Ailulfo Valenciae urbis episcopo et Gysone comite ad preue-
dendum que agebantur Agustedunum dirixerat, qui a Flaochado in
5 urbe retenti sunt. In crasteno Flaochadus, Amalgarius et Chramnelenus qui consilium de interetum Villebadi unanemeter [1] conspi-
rauerant de urbem [2] Agustedunum maturius promouentis citirique docis [3] de regnum [4] Burgundiae cum exerceto eis subiunguntur.
Erchynoaldus cum Neustrasius quos secum habebat idemque arma
10 su(f. 169.)mens ab hoc bellum adgreditur. Vuillebadus ae contra
tela priliae [5] construens quoscumque potuit adunare falangis uterque in congressione certamenes iungent ad prilium [6]: in ea pugna
Flaochadus, Amalgarius et Chramnelenus idemque Vuandelbertus
ducis cum suis in congressione certamenis contra Vuillebado pugnan-
15 dum confligunt. Nam citiri ducis uel Neustrasiae qui undique eodem
debuerant circumdare se retenentes aspiciaebant spectantes aeuentum super Vuillebadum noluerunt inruere ; ibique Vuillebadus
interfecetur : plurimi cum ipso de suis gladio trucedantur. Eo certamine citiris primus Bertharius comis palatii, Francus de pago
20 Vltraiorano contra Vuillebado confligit. Aduersus quem frendens
Manaulfus Burgundio exiens de inter citiris cum suis aduersus
Bertharium priliandum [7]; Bertharius eo quod prius illi amicus
fuissit [8] dicens : « Veni sub clepeum meum, de hoc periculo te
liberabo. » Cumque ad eum liberandum clepeum aeleuassit Ma-
25 naulfus cum conto Bertharium (f. 169, v°.) in pectore percuciens
citiri qui cum eum uenerant ipsumque circumdantes eo quod
Bertharius nimium reliquis precessisset uolneratur [9] graueter. Tunc
Chaubedo filius Berthario cernens patrem in pericolum mortis
curso uelucissemo patri auxiliandum perrexit. Manaulfo conto
30 percusso in pectore terra prostrauit ; citiris qui patri percus-
serant totusque interfecit. Sic Bertharium suum genetorem ut
fedelis [10] filius prestante Domino liberabit a morte. Hy uero docis [11]
qui cum eorum exercito [12] super Villebado [13] inruere noluerant
tinturia Vuillebadi, episcoporum et citerorum qui cum eum ue-
35 nerant depredandum, pluretas inibi auri et argenti capetur [14] : reli-
quisque rebus et aequetis (f. 170.) ab hys qui priliare [15] noluerunt

[1] unanimiter [2] urbe [3] ceterique ducis [4] regno [5] prelia [6] prelium [7] preliandum
[8] fuisset [9] uulneratur [10] fidelis [11] ducis [12] exercitu [13] Vuillebadum [14] capitur
[15] preliare.

percepti sunt. His ita gestis Flaochadus in crasteno de Agostedunum
promouens Cabilonno perrexit. Ingressus in urbe in crastenum urbi
nessio quo caso maxeme [1] tota [2] incendio concrematur. Flaochadus
iudicio Dei percussus, uixatus [3] a febre, conlocatur in scaua aeuicto
5 nauale per Ararem fluuio quoinomento [4] Saoconna Latona properans
in aetenere undecemo diae post Vuillebadi interetum amisit spiritum
sepultusque est in ecclesia sancti Benigni suburbano Diuioninse.
Credetur a plurimis hy duo Flaochadus et Vuillebadus eo quod multa
in inuicem per loca sanctorum de amicicias oblegandum sacra-
10 menta dedirant, et uterque in populis sibi subgectis copeditates
instincto iniqui oppresserunt, semul [5] et a rebus nudauerunt quod
iudicius [6] Dei de eorum oppressione plurema multetudine liberassit [7]
et eorum perfedia et mendacia eos uterque interire fecissit [8].

[1] maxime [2] totam [3] uexatus [4] fluuium quognomento [5] simul [6] iudicium [7] li-
berasset [8] fecisset.

VI

IN NOMINE SANCTAE TRINITATIS INCIPIT LIBER III KPωNNKωPωM
SANCTI ESIDORI EPISCOPI.

(f. 170, v°.) Primus ex historicis Iulius Africanus sub imperatore
Marco Aurilio Antonio simpli [1] storiae stilo licuit, deinde Eusebius
Caesariensis atque sanctae memoriae Hyeronimus cronicorum canonum multiplicem edederunt historiam regni [2] simul ac temporibus,
5 ordenatum. Post hos alii atque alii, inter quos precipue Victor, Tononensis ecclesiae episcopus, recensitis praedictorum hystoriis, gesta
sequentium aetatum usque ad consolatum Iustini iuniores expleuit.
Horum nus temporum summa ab exordio mundi usque ad Agusti
Haeracli uel Sisibodi regis princepatum [3] quanta potuemus [4] breuitate
10 notauimus, adicientes:e latere discendentem lineam temporum cuius
iudicio summa proteriti cicli cognuscatur. Explicit praefacio.

INCIPIT LIBER CHRONICORVM.

Sex diebus rerum creaturarum Deus formauit.
I. Primum diem condedit lucem.
15 II. Secundo firmamentum caeli.
III. Speciem maris et terrae.
IIII. Quarto sidera.
V. Pisces et uolucres.
VI. Bisteas [5] atque iumenta. (f. 171.) Nouissime ad similitudinem
20 suam hominem primum.
CCXXX. Adam ann. ccxxx genuet Seth, qui pro Abel natus est,
interpraetaturque resurrectio quia in ipsum [6] resuscitatum est semen
iustum quod est stirpes [7] filiorum Dei.

[1] simplici [2] regnis [3] principatum [4] potuimus [5] besteas [6] ipso [7] stirps.

CCCCXXXV. Seth ann. ccv genuit Enos qui primus caepit inuocare nomen Domini.

Enos ann. cxc genuit Cainan cuius nomen interpraetatur natura Dei.

DCXXV. Cainan ann. clxx genuit Malalihel, cus nomen dicitur
5 plantatio Dei.

DCCXC. Malalihel ann. clxv genuit Iared qui interpretatur.

ĪCXXII. Iared ann. clxv genuit Enoch qui translatus est a Deo quique etiam nonnulla scripsisse refertur sed ab antiquitate suspecti fidei a patribus refutata sunt.

10 ĪCCLXXXVII. Enoch ann. clxv genuit Matusalam qui iuxta ann. seriem uixisse xiiii ann. post diluuium reperitur. Propterea eum nonnulli cum patre suo Enoch qui translatus fuerat aliquantum fuisse donec diluuium praeteriret falsa opinione existemant. Ac generacionem concupuerunt filii Dei filias hominum.

15 ĪCCCLIIII. Matusalam ann. clxvii genuet Lamech. Haec generatione gygantes nati sunt. Haec quoque aetate Iubal ex genere Cain artem musicam repperit cuius etiam frater Tubal(f. 171, v°.)cain aeris ferrique inuentor fuit.

ĪDCXLVII. Lamech ann. clxxviii genuit Noe, cuius diuino oraculo
20 arca aedeficare iubetur anno aetatis suae quingentisimo. His temporibus, ut refert Ioseppus, scientes illi homines quod aut igne aut aquis perire poterant, in duabus columnis ex latere et lapide factis studia sua conscripserunt, ne deberentur memoria quae sapienter ihuenerant, quarum lapso ea columna fertur diluuium euasisse et actenus
25 in Syria permanere.

ĪICCXLII. Noe ann. dc factum legitur diluuium, cuius arcam Ioseppus sedisse refert in montem Srminiae [1] qui uocantur [2] Ararat.

ĪICCXLIII. Fuerunt autem Noe filii tres, et quibus lxxii gentes sunt ortae, id est xv de Iasepth [3], xxx de Cain [4], xxvii de Sem.
30 ĪICCXLIII. Sem ann. ii post diluuium genuit Arfaxat a quo Chaldaei.

ĪICCCLXXVIIII. Arfaxat ann. clxxxv genuit Salam a quo antiqui Samaritiae vel Indii.

ĪIDCXLIII. Sala ann. cxxx genuit Heber a quo Hebrei nuncupati
35 sunt.

Heber ann. cxxxiii genuit Falec, cuius temporis turris aedificata

[1] monte Arminiae [2] uocatur [3] Iapeth [4] Cam.

est factaque linguarum diuisio. Huius turris altitudo v milia centum
LXXIIII tenere passuum, paulatim (f. 172.) a latioribus [1] in angustiis
coartata ut pondus inminens facilius sustentaret. Discribunt ibi
templa marmoria lapidibus praeciosis auroque distincta et multa alia
5 que uidentur incredibilia. Hanc turrem Nebroth gygans construxit,
qui post confusionem linguarum migrauit inde ad Persas eosque
ignem colere redocuit [2].

IIDCCLXXIII. Falech ann. cxxx genuit Ragau. His temporibus primum templa constructa sunt et quidam principes gentium tamquam
10 dii adorare [3] coeperunt.

IIDCCCCV. Ragau ann. cxxxiii genuit Seruc, sub quo Scitarum
regnum exortum est, ubi primus regnauit Thanus.

IIIXXXV. Seruc ann. cxxx genuit Naor. AEgyptiorum regnum
sumpsit principium, ubi primus regnauit Zoes.

15 IIICXVIII. Naor ann. LXXVIII genuit Tara, sub quo regnum Assyriorum Sicinorumque exoritur. Sed primus in Assiriis regnauit Belus,
quem quidam Saturnum exaestimant [4] : primusque in Sicilia Agialeus
a quo Agialea nuncupata est, quae actenus Peloponensis uocatur.

IIICLXXXIIII. Taram ann. LXX genuit Abraham; sub quo Zoroastres
20 magiae [5] inuentur artis, a Nino regi occidetur, (f. 172, v°.) murique
Babylloniae a Sameramidae regina Assiriorum aedifecantur [6].

IIICCLXXXIIII. Tertia mundi aetas. Abraham ann. c genuit Isaac
ex Sarra libera, nam primum ex ancilla Agar genuerat Ismahel a quo
Hismahelitarum genus, qui postea Agareni, ad ultimum Saracini
25 sunt dicti.

IIICCCXLIII. Isaac ann. LX genuit geminos, quorum primus Esau
a quo Idomei, secundus Iacob, qui cognominatus est Israel, a quo et
Israhelitae sunt nuncupati. Hoc tempore regnum Graecorum inchoat,
noua error gentium, ubi primus regnauit Inarcus, cuius filius fuit
30 Foroneus rex qui primus in Grecia legis iudiciaque conscripsit. His
temporibus, apud lacum Tritonidem Minerua in speciae uirginali
apparuisse discribitur.

IIICCCCXXXIIII. Iacob ann. LXL genuit Ioseph. Temporibus Sirapsis[7]
Iouis filius AEgyptiorum rex moriens in deos transfertur et Mem-
35 phis ciuitas in AEgypto conditur.

IIIDXLIIII. Ioseph ann. LXL. Hoc tempore Grecia Argo regnante
habere segites coepit delatis aliunde seminibus.

---

[1] alcioribus. [2] docuit [3] adorari [4] existimant. [5] artes magiae [6] aedificantur [7] Sirappis

ĪĪĪDCLXXXVIII. Hebreorum seruitutis [1] in AEgypto ann. cxliiii. His temporibus Prometheus fuisse (f. 173.) scribitur quem fingunt fabolae de luto formasse homenes [2]. Tunc etiam frater eius Athas [3] magnus est astrologus habitus, Mercuriusque nepus Athlantis mul-5 tarum artium peritus et hoc post mortem in deos translatus. Haec aetiam aetatem primus Praeciclus quadrigam iuncxit, eodemque tempore Cecrobs Athenas condedit et ex nomnae Menerue Athiniensis [4] uocauit. Iste etiam bouem immolans primus in sacrificio Iouem gesta gentium adorare praecepit. Tunc primi Corites et Cori-10 bantes modulatam in armis saltationem et consonam inuenerunt. Tunc etiam fuisse scribitur in Tessalia sub Diocallionem factum diluuium et fabulosum Fecundis incendium.

ĪĪĪDCCXXVIII. Moyses ann. xl in heremo rexit populum de seruitute AEgypcia liberatum. Hoc tempore Iudaei per Moysen simul cum 15 lege et litteras habere coeperunt. Tunc templum Delfis construitur, Lacedemon condetur, uitis in Grecia inuenitur.

ĪĪĪDCCLV. Iosuae successor Moyse rexit populum ann. xxvii. His temporibus primus (f. 173, v°.) Erectonius [5] Atheniensium princeps in Grecia quadrigam iuncxit.

20 ĪĪĪDCCLXLV. Gothonihel ann. xl. Cadmos regnat Thebis qui primus Grecas litteras adinuenit. Per idem tempus primi Clinus et Anfion apud Grecos in musica arte clarunt [6]. Ideique Dactali ferrum eo tempore inuenerunt.

ĪĪĪDCCCLXXV. Aoth ann. lxxx. His temporibus fabulae facte 25 sunt de Treptolemo, quod iubenti cernere serpentium pinnis gestatus indigentibus frumenta uolanda distribuerit; de Ypocentauris, quod aequorum hominumque fuerint natura permixti; de creuerat mente inferorum cane [7]; de Frixo et Ille sorore sua, quod ariete uecte per aerem uolauerint [8]; de Gorgone meretricem [9], quod crinita 30 serpentibus fuerit et aspicientes conuertebat in lapides; de Bellorofonte, quod equo pinnis uolantes sit uictus [10]; de Amfinione, quod citharae suauitate cantu lapides et saxa commoueret [11].

ĪĪĪDCCCCXII. Debbora ann. xl. Per idem tempus Apollo medecinae artem inuenit. Fabula quoque tunc ficta est de fabro Didalo 35 et eius Iacoro filio quod coaptatis sibi pinnis uolauerint. Hac itaque primus regnat Latinis Picus qui fertur fuisse Saturni filius.

---

[1] seruitus [2] homines [3] Athlans [4] Minerue Athianensis [5] Erictonius [6] clarescunt [7] de ceruero infernorum cane quem fingunt trea capita habuisse; [8] uolauerent [9] meretrice [10] uolante sic uectus [11] commouerit.

IIIDCCCCLV. Gedeon ann. xl. (f. 174.) Vrbs Tyria construitur ; Orfeus,Traxi Linusque magister Erculis artis musicae inuentoris clari habentur. Argonautarum nauigatio scribitur.

IIIDCCCCLXIII. Abimelech ann. iii; iste lxx fratres suos interfecit.

5 IIIDCCCCLXXXVI. Tola ann. xxiii. Hius temporibus in Troia post Laumendontem regnauit Priamus. Tunc fabula ficta est de Menotauro bestia Laberento [1] inclusa.

IIIIIII. Iair ann. xxii. Per haec tempora Herculus agonem Olimpiacum constituit atque in Libia Anteium occidit.

10 IIIIVIIII. Iepthe ann. vi. Huius tempore Herculis quinquagensimum secundum annum agens ob morui dolorem sese flammis iniecit. Per idem tempus Alexander Helenam rapuit, Troianum bellum decennale surrexit.

IIIIXV. Abessa ann. vii. Amazones arma sumpserunt.

15 IIIIXXVI. Achilon ann. dece x.

IIIIXXXIII. Abdonan ann. viii ; cuius ann. iii Troia capta est, et Ineas [2] Italiam uenit.Ac aetate Carmitis [3] nimfa latinas litteras repperit.

IIIIXLIIII. Samson. Arcanius Aene [4] filius Albam condedit. Vlixis [5] quoque fabolae uel serenorum eodem tempore fictae sunt.

20 IIIILXXXIIII. Samuhel et Saul ann. xl. Lacedaemoniorum regnum exoritur atque Omerus fuisse potatur. (f. 174, v°.)

IIIICXXIIII. Dauid ann. xl. Codrus sponte se offerens quare hospitibus interimitur. Cartago a Didone tamus aedificatur prophetantibus in Iudea diueta Sad, Natham et Asaph.

25 IIIICLXIIII. Salomon ann. xl. Iste secundo quarto regni sui anno templum Hierusolimis aedificauit, consummauitque annis viii [6].

IIIICLXXX. Roboam ann. xvii; sub quo decem tribus a duabus separati sunt et regis in Samariam habere coeperunt. Ac aetate Samos conditur. Sibella Eritria inlustris habetur.

30 IIIICLXXXXIII. Abia ann. iii; sub quo Hebreorum pontefex [7] maximus Abimelech insignis est habitus.

IIIICCXXV. Asapth ann. xli; prophetabant in Iudea Azias [8], Helias.

IIIICCL. Iosapath ann. xxv; prophetabant Helias et Heliseus, Abdias, Azarias et Michias [9].

35 IIIICCLVIIII. Ioram ann. viii; prophetabant Elias, et Heliseus et Abdias.

Ocozices [10] regnauit ann. i. Helias rapitur.

---

[1] Laberinto [2] Enias [3] Carmentis [4] Aenie [5] Vlixis [6] anno viii° [7] pontifex [8] Ozias
[9] Micheas [10] Ocozies.

ⅠⅠⅠⅠCCLXVI. Athalia [1] ann. vii. Ionadab filius Rechab sacerdus clarus habetur et Ioaide pontefex qui solus post Moysen uixisse ann. cxxx perhibetur.

ⅠⅠⅠⅠCCCVI. Ioas ann. xl. Zacharias propheta interficetur et Heli-
5 seus moritur. Ligurgos quoque legislatur Apollinis insinis [2] habetur.

ⅠⅠⅠⅠCCCXXXV. Amasias ann. xxviiii.

Ozias ann. li. Sarnapallus rex incendio concrematur, Assiriorum quoque regnum in Medis transfertur. Tunc (f. 175.) Esiodus poeta claruit atque Fidon Argiuus [3] mensurare pondera repperit. Per idem
10 tempus olimpias prima a Grecis construitur; Osee, Amos, Esaiam et Ionam in Iudea prophetantibus.

ⅠⅠⅠⅠCCCCIII. Ioathan ann. xvi. Rem [4] Romolusque nascuntur; prophetantibus in Iudea Osee et Iohel, Esaia et Michias.

ⅠⅠⅠⅠCCCCXVIIII. Aehaz ann. xvi. Hius temporibus Romolus Romam
15 condedit, et Sennacheribus Assiriorum rex decem tribus in Medis transtulit, atque in Iudea Samaritas pro acculas [5] misit.

ⅠⅠⅠⅠCCCCXLVIII. Ezechias ann. xxviiii; sub quo prophetabant Esaias et Osee. Hoc tempore Romolus primus milites ex populo sumpsit centumque a populo nobelissemo [6] uiros elegit, qui ob aetatatem
20 senatores, ob curam ac sollicitudinem rei publicae patres uocati sunt.

Mannases ann. lv. Per idum tempus Romanis praefuit Numa Pompilius [7] qui primus Vestales uirginis instituit duosque mensis Ianuarium et Februarium decem mensibus anni adiecit. Tunc quoque sibilla Sami [8] claruit.

25 Ammon ann. xii. Huius temporibus Tullius Hostilis prior in republica censum egit, primusque purpura et fascibus usus est.

Ioasias [9] ann. xxii. Tales Milesius primus fisecus clarus habetur; prophetantibus in Iudea (f. 175, v°.) Hierimia, Olda et Suffonia.

ⅠⅠⅠⅠDXLVIII. Ioachim ann. xi. Huius tercio anno Nabagodonosor
30 Iudaeam captam tributariam fecit. Tunc Danihel, Ananias, Azarias et Misahel in Babyllone claruerunt.

ⅠⅠⅠⅠDLVIIII. Sedechias ann. xi. Hunc rex Babylloniae secundo ueniens ad [10] Hierusalem cum populum [11] captiuum duxit, templum incensum annus [12] aedificacionis suae ccccliiii. Per idem tempus Sappho
35 mulier in diuerso poemate claruit. Solon legis Atheniensibus dedit.

ⅠⅠⅠⅠDCXXVIIII. Hebreorum captiuitas ann. lxx, in quibus ignis ab

---

[1] Otholia [2] insignis [3] Fidon Argius [4] Remolus [5] acculis [6] nobelissemos [7] Pampilius [8] Samia [9] Iosias [10] ab [11] populo [12] anno.

altario sublatus et abscondetus [1] in puteo post LXX regressionis anno adsumitur inuentus uiuus. Per idem captiuitatis tempus Iudith istoriam [2] conscribitur. Pithazoras [3] quoque phylosophus et arithmedici [4] artis inuentor clarus habetur.

5 ⅢⅢDCLXIII. Darius ann. xxxIIII. Hius secundo anno Iudaeorum est resoluta captiuitas, a quo tempore non regis sed princepis [5] fuerunt usque ad Aristofilum. Tunc Romani pulsis regibus consoles habere coeperunt.

ⅢⅢDCLXXXIII. Xersis ann. xx. Escilius, Pindarus, Sophocles et
o Euripides tragoediarum scriptores celebrantur insignis [6]; Herodotus quoque historiarum (f. 176.) scriptorese Zeusis agnuscitur pictur [7].

ⅢⅢDCCXXIII. Artarexerxes qui et Longimanus ann. XL. Eo regnante Esdras sacerdos legem renouauit, Neemias murus [8] Hyerusolimorum restituit. Aristarcus etiam et Aristofanis atque Sofocles
15 tracoediarum scriptores habiti sunt. Hyppocratis quoque medicus ac Socratis phylosophus et Domocritus claruerunt.

ⅢⅢDCCXLII. Darius qui Nutus ann. xvIIII. Plato nascitur.

ⅢⅢDCCLXXXII. Artarexerxes ann. XL. Huius tempore Haester historia docetur expleta. Palato quoque et Xenofon necnon et alii So-
20 cratici insignis habentur.

ⅢⅢDCCCVIII. Artarxerxes qui et Hochus ann. xxvi. Mostenus orator agnuscctur. Aristotelis philosopus praedicator. Plato moritur.

ⅢⅢDCCCXII. Exerxis Ozie filius ann. IIII. Exenocratis phylosopus inlustris habetur.

25 ⅢⅢDCCCXVIII. Darius ann. vi. Alexander Illirius et Traces superans dehinc Hierusolimam capit atque templum ingressus Deo hostias immolauit. Hucusque Persarum regnum stetit. Dehinc regis Gregorum.

ⅢⅢDCCCXXIII. Alexander Macedo ann. v; huius enim quinti anni
30 postremi in ordine numerantur quibus monachi ac urbis obtenuit, nam septe eius priores (f. 176, v°.) in Persarum regibus suppotantur. Dehinc Alexandriae regis incipiunt.

ⅢⅢDCCCLXIII. Ptolomeus Largi filius ann. XL; hic Iudeam capiens plurimus Hebreorum in AEgypto transtulit. Hoc tempore Zenon
35 stoicus et Menander comicus, Theuphrastes phylosophi claruerunt. Per idem tempus Machabeorum liber inchoat primus.

---

[1] absconditus [2] istoria [3] Pithagoras [4] Arith medicine [5] reges sed principes [6] insignes [7] pictor [8] muros.

IIIIDCCCCI. Ptholomeus Filadelfus ann. xxxviii; hic Iudeos qui in
AEgipto erant absoluit, et uasa sancta Eliazaro pontefice restituens,
lxx interpraetes petiuit, hac diuinas scripturas in grecum aeloquium
transtulit. Per idem tempus AEracus austrologus agnuscitur atque
5 argentei prumum Romae constituuntur.

IIIIDCCCCXXVIII. Ptholomeus Euergitis ann. xxvii. Sub quo Iesus
filius Sirath sapienciae librum conposuit.

IIIIDCCCCXLIIII. Tholomeus Phylosopatur ann. xviii ; ab isto
Iudaei proeli[1] uicti lxx armatorum conruerunt, Siciliamque Mar-
10 cellus consol obtenuit.

IIIIDCCCCLXXI. Ptholomeus Epifanes ann. xxvii. Huius tempore
gesta sunt quaeque secundi libri Machabeorum historia contenit. Hac
aetate poeta Ennius caelebratur.

VVI. Ptholomeus Phyromiter ann. xxxv; hunc Antiocus proelio
15 superans (f. 177.) Iudaeos uaria calamitate oppraessit. Per idem
tempus Schipio Africam uicit.

VXXX. Ptholomeus Euergetes ann. xxiiii. Hoc tempore per consolem Brutum Spania a Romanis obtenta est.

VXLVI. Ptholomeus Soter ann. xv. Varro Citeroque [2] nascuntur.
20 Traces Romani subiciuntur.

VLVI. Ptholomeus Alexander ann. x. Siriam per Gabinium ducem
in Romanorum dominio transiit. Postea quoque Lucricius nascitur,
qui postea sese furore amaturio interfecit.

VLXIIII. Ptholomeus Cleupatre filius ann. viii. Per idem tempus
25 Plucius [3] Gallus Romae latinam rhetoricam docuit primus. Tunc
quoque Salusticius [4] sthoriographus nascitur.

VLXLIIII. Ptholomeus Dionisius ann. xxx. Pomphelus Hierusolimam captam Iudaeus [5] Romanis tributarius efficit. Per idem tempus
Capto phylosophus nascitur. Virgilius Oratiusque nascuntur. Apol-
30 lodurus praeceptor Agusti clarus habetur. Cicero baude oraturia
caelebratur.

VLXLVI. Cleupatra ann. ii, quia tercio eius anno Iulius Caesar
sumpsit imperium.

VCI. Gaius Iulius Caesar ann. v; hic primum Romanorum singu-
35 lare obtenuit principatum, (f. 177, v°.) a quo etiam Cesares appellati sunt; ab hinc secuntur imperatores.

VCLVII. Octauianus Agustus lvi ; sub cuius imperium lxviiii

---

[1] prelio [2] Cicero [3] Lucius [4] Salustius [5] Iudaeos [6] tributarios.

obdomades ¹ in Danihelo scripto conplentur, et cessante hac sacer-
docio Iudaeorum dominus noster Ihesus Christus ex uirgini nascitur
anno regni eius xlii.

V̄CLXXX. Sexta mundi aetas. Tiberius filius Agusti ann. xxiiii.
5 Huius xviiii anno Dominus crucefixus peractis a principio mundi
ann. V̄.

V̄CLXXXIIII. Gaius Calicula ann. iiii. Hic in Iudaeus se cransferens
in templum Hyerusolimorum statuam Ioues sub nomine suo poni
iussit. Per idem tempus Matheus apostolus euangelium in Iudea
10 primus scripsit.

V̄CLXLVIII. Claudius regnauit ann. xiiii. Petrus ad superandum
Symonem magum Romam pergit. Marcus quoque euangelista Alexandriae Christum euangelizat.

V̄CCXII. Nero regnauit ann. xiiii. Huius temporibus Simon magus
15 cum altercationem proposuisset cum Petro et Paulo apostolis, discens
sequendam uirtutem esse Dei magnam medio die dum ad patrem
uolare promittit in caelum a daemonibus quibus in aera inferebatur,
adiurante eos Petro per Dominum, Paulo uero orantem, demissus
crepuit ; ob cuius necem a Neroni Petros cruce(f. 178.)figetur,
20 Paulus gladio ceditur. Hac tempestate Persius propheta moritur.
Lucanus quoque ac Senica praecepto Neronis interficiuntur.

V̄CCXXII. Vespasianus regnauit ann. x. Huius secundo anno Tyrus
Hyerusolimam coepit atque subuertit, ubi undecies centena milia
fame et gladio perierunt, sed et praeter hoc cento milia uenundata
25 sunt.

V̄CCXXIIII. Titus regnauit ann. ii. Iste in utraque lingua facun-
dissimus extetit ut causas latinae agerit, poemate et aregoedias ²
conponeret, tanto autem bellicosissimus ut in expugnatione Hyerusolimorum sub patre militans duodecem propugnatores duodecem
30 saggittorum confodered ictibus. Porro in imperium tante bonitates fuit ut nullum omnino poneret ³, sed conuictus aduersum se
coniurationem demitteret atque in eadem familiaritate quante ⁴
habuerat reteneret. Huius etiam inter omnia fuit illud caelebre
dictum, perdedisse diem qua nihil boni fecerit.

35 V̄CCXL. Domicianus frater Titi regnauit ann. xvi. Hic post Neronem christianus persequitur ; sub quo et apostolus Iohannis in
Pathmos insola relegatur. Iste multus senatorum (f. 178, v°.) in

---

¹ ebdomades ² tragoedias ³ puneret ⁴ quam ante.

174

exilio[1] mittit ac peremit, cunctosque de genere Dauid interfici[2] iussit ut nullus Iudaeorum ex regelae[3] superesset origine.

V̄CCXLI. Nerua regnauit ann. i. Iohannes apostolus ab exilio rediit atque efflagitatus ab Asiae episcopis euangelium nouisse nouissemus 5 ededit.

V̄CCLX. Traianus regnauit ann. xviiii. Iste Asia et Babyllonia capta usque in fines post Alexandrum acessit. Huius temporibus Simon Cleopas Hyerusolimorum episcopus crucefigetur, et requiescit Iohannes apostolus.

10 V̄CCLXXXI. Atrianus regnauit ann. xxi. Hic Iudaeos secundo rebellis subiugat, urbemque Hyerusolimam restaurat eaque[4] sub nomine suo Heliam[5] uocat. Per idem tempus Aquila Ponticus interpraes secundus post lxx oritur, et Basilides heresearcis[6] agnuscitur.

V̄CCCIII. Antunius[7] pius regnauit ann. xxii. Iste ob hoc tale 15 cognomento[8] accipit, quia in omni regno romano caucionibus incensis cunctorum debita relaxauit, unde et pater patriae appellatus est. Eo regnante Valentinus et Marcion heresiarcis produntur, atque Gallienus medicus Pergamum genitus Romae clarus habetur.

V̄CCCXXII. Antunius[7] minor regnauit ann. xviii. Montanus Catafriga- 20 rum auctor et Tegianus a quo heresis Encratitarum exorti(f.179.) sunt.

V̄CCCXXXIIII. Commodius regnauit ann. xiii. Theuducion Ephesius interpres tercius apparuit, atque Hereneus episcopus Lugdunense habetur insignis.

V̄CCCXXV. Helius Pertinax regnauit ann. 1. Hic supplecante[9] 25 senatu et uxorem Agustam et filiam Caesarem faceret, rennuens ait, sufficere sibi debere quod ipse imperaret inuitus.

V̄CCCLIII. Seuerus Pertenax regnauit ann. xviii. Simmachus interpres quartus agnuscitur. Nercissus Hyerusolimorum episcopus uirtutibus plurimis caelebratur. Tertulianus Afer in aeclesia insignis 30 habetur. Origenis Alexandriae studiis eruditur.

V̄CCCLX. Antunius[7] Caracalla Seueri filius regnauit ann. vii. In Hyerico quinta edicio diuinarum scripturarum inuenta, cuius auctur non appareret.

V̄CCCLXI. Macrinus regnauit ann. 1.

35 V̄CCCLXIIII. Aurisuban Antunius regnauit ann. iii. Sex[10] edicio inuenta Nicopolis heresearcis oritur.

---

[1] exilium [2] interfeci [3] regali [4] eamque [5] Hiliam [6] heresiarcis [7] Antonius [8] cognomentum [9] supplicante [10] sexta.

V̄CCCLXXVII. Alexander regnauit ann. xiiii. Origenis Alexandia[1] claruit, et Romae Alpinum insignis iurisperitus.

V̄CCCLXXX. Maximinus regnauit ann. iii. Iste primus ex militare corpore absque decreto senatus imperator efficetur et christianus 5 persequitur.

V̄CCCLXXXVII. Gordianus regnauit ann. vii. Flauianus testimonio (f. 179, v°.) spiritus sancti, in specie columbae super capud capud[2] eius discentes, Romam episcopus ordenatur, licet quidam hoc uerius de Zeferino adfirmant.

10 V̄CCCLXLIIII. Phylippus regnauit ann. vii ; iste prior inter impera-tores crededit Christum, cuius etiam primo anno milesimus annus Romanae urbis fuisse ducitur expletus.

V̄CCCLXLV. Decius regnauit ann. i. Sanctus Antunius monachus AEgypto docetur exortus.

15 V̄CCCLXLVII. Gallus et Volusianus regnauerunt ann. ii. Nouatus Cypriani episcopi presbiter Romam ueniens Nouatianam heresim condedit.

V̄CCCCXIII. Valerianus cum Gallieno regnauit ann. xv. Cyprianu[3] rhetor deinde episcopus marthirio conatur[4]. Goti quoque Greciam, 20 Macedoniam, Asiam, Pontumque depopulant. Valerianus christianus persecutionem mouens, a rege Persarum captus, ibi cum dedecore consenuit.

V̄CCCCXV. Claudius regnauit ann. ii. Ipse Gothos Iliricum, Mace-doniamque uastantes exsuperat. Paulus Samositanus heresiarcis 25 agnuscitur.

V̄CCCCXXV. Aurilianus regnauit ann. v. Hic persecutionem ad-uersus christianus efficiens fulmine corripitur et nec mora occi-detur.

Tacitus regnauit ann. ii ; huius uitae breuitas gestorum nihil 30 dignum prenotat.

V̄CCCCXXVII. Probus regnauit ann. vi. Manicheorum heresis orta est.

V̄CCCCXXXIII. (f. 180.) Carus cum filiis Carino et Numeriano regnauit ann. ii. Carus postquam de Persis triumphauit uictor circa 35 Tycridem castra ponens ictu fulminis concidit.

V̄CCCCLXIIII. Diuclecianus. Maximianus regnauerunt ann. xxx. Dio-clicianus diuinis libris adustis christianos toto orbe persequitur. Iste

---

[1] Alexandria [2] capud *exponctué*. [3] Cyprianus [4] coronatur.

primus gemmas uestibus calciamentisque inseri iussit, dum sola
purpura retro princepes uterentur.

V̄CCCCLXV. Gallienus regnauit ann. ıı ; huius breuitas imperii
nihil dignum historiae condedit.

5 V̄CCCCLXLV. Constantinus regnauit ann. xxx. Iste primus imperatorum christianus effectus licenciam dedit christianis liberi con-
gregari et in honorem Christi baselicas construi. His temporibus
heresis Arriana exoritur, Nicenumque consilium a Constantino ad
condempnacionem Arrii congregatur. Donatistarum scisma oritur.
10 Per idem tempus crux Domini ab Helena Constantine [1] matrem [2]
Hyerusolimis reperta est. Constantinus autem in extremo uitae suae
ab Eusebio Nicomediense episcopo baptizatus in Arrianum dogma
conuertitur, heu pro dolore boni usus principio et finem male.

V̄DXVIIII. Constantius et Constans regnauerunt ann. xxıııı. Cons-
15 tans Arrianus effectus catholicus toto urbe persequitur. Cui etiam
fauore (f. 180, v°.) Arriae [3] fretus, dum in Constantinopoli ad ecclesiam pergerit aduersus nostros de fide demicaturus, diuertens per
forum Constantini a necessariam causam uiscera eius repente simul
cum uita effusa sunt. Per idem tempus Anastasius et Hilarius doc-
20 trina et confessione fidei caelebrantur. Heresis Antropomorfitarum
in Siria, in Macedonia, in Constantinopoli nascitur. Donatus artis
gramatice scriptor ac praeceptor Hieronimi Romae inlustris habetur.
Antunius monachus cv ann. in heremo moritur. Ossa Andreae
et Lucae apostoli in Constantinopuli transferuntur.

25 V̄DXXI. Iulianus regnauit ann. ıı ; hic ex clerico imperat praefectus
in idolorum cultu conuertetur, martiriaque inferet christianis ; qui
etiam dum in odio Christi templum in Hierusolimis Iudaeis reparare
permiserit atque ex omnibus prouinciis Iudaei collecti noua templi
fundamenta iacerent, subito nocte obortu terrae motu saxa ab imo
30 fundamentorum excussa, longe latique [4] expersa sunt, ignites quoque
globus ab interiore aedi templi egressus plurimos eorum suo prostrauit incendio. Quo terrore reliqui pauefacti Christum confitebantur,
et ne occasum crederent factum (f. 181.) iuente noctem in uestimentis ipsorum crucis apparuit signum.

35 Iouinianus regnat ann. ı ; qui dum se ab exercitum imperatorem
fieri conspicerit quae christianum adfirmans paganis praeesse non
posse assereret : « Et nos, inquid omnes exercitus, super Iulianum

---

[1] Constantini [2] matre [3] Arrii [4] lateque.

nomen Christi abicimus, tecum christiam esse uolumus. » Quibus
auditis imperii sceptra suscepit.

V̄DCXXXV. Valentinianus et Valens frater eius regnauerunt ann.
xiii. Gothi aput Strium bifariae in Frierno et Attarico diuisi sunt,
5 sed Fridiernus Atharicum Valentes auxilium superans huius beneficii
gracia ex chatholico Arrianus cum omni gente Gothorum effectus est.
Tunc Gulfilas eorum episcopus gothicas litteras repperit et utrumque
testamentum in linguam propriam transtulit. Fortinus quoque et Eo-
nomius atque Apollinaris eo tempore agnuscuntur.

o V̄DCXLI. Gracianus cum fratre Valentiniano regnauit ann. vi.
Ambrosius Mediolanensis episcopus in catholicorum dogmata claruit.
Priscilianus heresim suo nomenis [1] condedit. Martinus episcopus
Torinorum Galliae ciuitates multis miraculorum signis effulsit.

V̄DCL. Valentininus cum Theudosio regnauit ann. viiii. Senodus
5 Constantinopolini cl sanctorum patrum colleguntur in quo omnes
heresis condemnantur. Hyeronimus presbyter in Bethleem totum [2]
(f. 181, v°.) mundam clarus habetur. Priscilianus, accusante Titio
Maximo tyranno, gladio ceditur. Per idem tempus capud Iohannes
baptistae Constantinopoli est perductum et in septi [3] miliaro ciui-
o tates [4] humatur. Gentium quoque templa per totum urbem iobente [5]
Theudosio eodem tempore subuertuntur, nam adhuc intemerata
manebant licet neclecta. Theudosius cum Archadio et Honorio
regnauit ann. vii. Per idem tempus Iohannis anachorita insigniter
claruit, qui etiam Theudosium consolenti de Eugenio tyranno uictu-
5 riam illi praedixit.

V̄DLXVI. Arcadius cum fratri Honorio regnauit ann. xiii. Hius [6]
temporibus Donatus Ephesi episcopus uirtutibus insignis est habitur [7],
qui draconem ingentem expuens in ore eius necauit, quem septe vii
iuga bouum ad locum incendii uix trahere potuerunt, ne aerem
o putrido eius corrumperit. Per idem tempus corpora sanctorum
Abbacuc et Michiae prophetarum diuina relatione produntur. Gothi
Italiam, Vuandali atque Alani Gallias adgrediuntur. Iohannis quoque
Constantinopolitanus et Thiophylus Alexandrinus inlustris episcopis [8]
praedicantur.

5 Honorius cum Theudosio minore fratris filio regnauit ann. xv. His
imperatorebus [9], Gothi Romam, Vuandali quoque Spanias et Sueue [10]

---

[1] nomene [2] toto mundo [3] septimo [4] ciuitate [5] iubente [6] huius [7] habetus [8] episcopi
[9] imperatoribus [10] Sueui.

Gallias (f. 182.) occupant. Hac tempestate Pelagius Britto aduersus
Christi gratiam erroris sui dogmatam praedicat, ad cuius damnationem concilium apud Cartaginem ccxiiii episcoporum congregantur. Hoc tempore Cyrillus Alexandriae episcopus insignis est
5 habitus[1].

VDCVII. Theudosius minor Arcadii filius regnauit ann. xxvii. Gens
Vuandalorum ab Spanis ad Africam transit[2], ibique catholicam fidem
Arriana impietate[3] subuertit. Per idem tempus Nestorius Constantinopolitanus episcopus suae perfidei molitur errorem, aduersus quem
10 Ephesena sinodus[4] congregatur, eius impia dogma condemnat. Hoc
etiam tempore diabolus in specie Moysi Iudaeis in Creta apparens,
dum eos per mare pede sicco ad terram promissiones[5] promittit perducere, pluremis[6] enecatis, reliqui qui saluati sunt confestim ad
Christi gratiam conuertuntur.

15 VDCXIII. Marcianus regnauit ann. vi. Cuius inicio Calcedonense
concilium geretur[7], ubi Euthices cum Dioscoro Alexandrino episcopo
condemnatur. Huius etiam sexto imperatores anno Theudericus rex
Gothorum cum ingenti exercitu Spaniam ingreditur.

VDCXXVIIII. Leo maior cum Leone minore regnauit ann. xvi.
20 Alexandria (f. 182, v°.) et AEgyptus errore Dioschori heretici langens[8]
inmundo repleta spiritu caninarrabie latrat. Per idem tempus apparuit tempus Achephalorum Calcedonense concilium inpugnantium,
atque ideo Acephali, id est sine capite, nominantur, quia quis prius
eam heresim introduxerit non inuenitur, cuius heresis peste plurimi
25 actenus Orientalium languent.

Enon[9] regnauit ann. xvii; iste Zenon Leonem Agustum filium
suum interficere querens, pro eo mater eius alium figura similem optulit, ipsumque Leonem occulte clericum fecit, quique in clericato
usque ad Iustini tempora uixit. Per idem tempus Barnabae apostoli et
30 euangelium Matthei eius stilo scriptum ipsum reuelantem[10] reppertus est.

VDCLXXIII. Anastasius regnauit ann. xxvii. Trasamundus catholicas ecclesias cludit et cxx episcopos exilio Sardiniam mittit. Fulgencius quoque in confessione fide et sciencia floruit. Per idem
35 tempus apud Carthaginem Olimpius quidam Arrianus in balneis
sanctam trinitatem blasphemans igneis[11] iaculo emitten uisibiliterte

<hr>

[1] habetus [2] transiit [3] impietas [4] senodus [5] promissionis [6] plurimis [7] geritur [8] languens [9] Zenon [10] ipso reuelante [11] ignis.

est conbustus. Barbusque quidam Arrianus episcopus dum contra regulam fidei quendam baptizans dixisset: « Baptizat te Barbus in nomine patris et [1] filium in spiritu sancto, » (f. 183.) statim aqua quae fuerat ad baptizandum deportata nusquam conparuit, quod aspiciens qui baptizandus erat, confestim ad catholicam eclesiam habiit et iuxta morem fidei baptismum Christi suscepit.

V̄DCLXXI. Iustinus maior regnauit ann. VIII. Post Trasamundum Childericus exigua Linteniani imperatores captiua filia genitus in Vuandalis regnum suscepit; qui sacramento a Trasimundo obstrictus nec catholicis in regno suo consoleret antequam regnum susceperit, episcopus ab exilio reuerti iussit eisque ecclesias reformare praecepit.

V̄DCCXX. Iustinus regnauit ann. XXXVIIII. Bellisarius patricius mirabiliter de Persis triumphauit, qui deinde a Iustiniano in Africa missus Vuandalorum gentem diliuit [2]. Per idem tempus corpus sancti Antonini monachi diuina reuelatione repertum Alexandriae perducitur et in eclesia sancti Iohannis baptistae humatur.

V̄DCCXXXI. Iustinianus minor regnauit ann. XI. Narsis patricius postquam sub Iustiniano Agusto Tutolanem Gothorum rege [3] in Italia superauit, Sufiae Agustae Iusti coniugis minis certerritus Langebardus [4] a Pannoniis inuitauit eosque in Italiam introducit. Hac tempestate Leuuigildus rex Gothorum quasdam Spaniae regionis (f. 183, v°.) sibi rebellis in potestatem sui regni superando redegit.

V̄DCCXXXVIII. Tiberius regnauit ann. VII. Gothi per Ermenigildum Leuuilgidi filium bifariae deuisi mutua cede uastantur.

Mauricius regnauit ann. XXI. A Leuuigildo regnum obtenti Gothis[5] subieciuntur. Gothi, Rectaredo principe intendente, ad fidem catholicam reuertuntur. Hoc tempore sanctus Gregorius Romae episcopus insignis celebrabatur. Eodem etiam tempore Auares [6] aduersum Romanos demicantes auro magis quam ferro pelluntur.

Focas regnauit ann. VIII. Iste sedicione militari imperatur effectus Mauricium nobiliumque multus interfecit. Huius tempore Prasini et Vuinidi per Orientem et AEgyptum ciuile bellum faciunt ac sese mutua cede prosternunt. Proelia quoque Persarum grauissima aduersus rem publicam excitantur, a quibus Romani fortiter debellati plurimas prouincias et ipsam Hyerusolimam miserunt.

Traclicius dehinc quinto ait anno imperio. Sisebotus [7] Gothorum

---

[1] per [2] dileuit [3] regem [4] minister territus Langobardos [5] Gothi [6] Auaris [7] Sisebutus.

gloriosissemus princeps in Spania plurimas Romanae miliciae urbis
si [1] bellando subiecit et Iudaeos sui regni subditos ad Christi fidem
conuertit.

Fiunt igitur ab exordio mundi usque in aeram (f. 184.) praesentem,
5 hoc est in anno quinto imperii Heraclii et quarto relegiosissime princepis Siseboti [2], residuum saeculi tempus humanae inuestigantes
incertum est. Omnem enim ………… dominus Ihesus Christus abstulit dicens : « Non est uestrum nosse tempora uel momenta que
pater posuit in sua potestate, » et alibi : « De die autem et ora nemo
10 scit neque angeli caelorum nisi solus pater. » Vnusquisque ergo de
suo cogitet transitu sicut sacra scriptura ait : « In omnibus operibus
tuis memorare nouissima tua et in aeternum non peccabis; »
quando quin [3] de saeculo migrat, tunc illi consummacio saeculi est.

Explicit liber breuiarium temporum a sancto Hysidoro collectum
15 iuxta historiae fidem. Ab inicio mundi usque quadragensemo anno
Chlothacharii regis ann.

＋ INVENIT LVCERIOS PRESBETER MONACOS DOM…

TVMA… PER ISTA CRONECA ET PER ALIA CRONE….

Ⴝ… QVOD SEPTOAGENTA ET QVATTVOR AN……..

……. VT AVID QVOD SEXTVS MILIARIOS………

….. ESSE EXPLITOS CONPOTAVIT IPSE………….

..O… IN INDICCIONE EXSIENTE TER…… ………

…O QVARTO DAGOBERTO RIGNANTE.

[1] sibi [2] Sisebuti [3] quis.

COLLECTION PHILOLOGIQUE. Recueil de travaux originaux ou traduits, relatifs à la philologie et à l'histoire littéraire. Format in-8°.

BERGAIGNE (A.). Manuel pour étudier la langue sanscrite. Chrestomathie. Lexiq
Principes de grammaire. Gr. in-8.   12

BIBLIOTHÈQUE FRANÇAISE DU MOYEN AGE publiée sous la direction de MM. G.
ris et P. Meyer, membres de l'Institut. Format petit in-8o.

Vol. I, II : Recueil de motets français des xiie et xiiie siècles, publiés d'après les n
nuscrits avec introduction, notes, variantes, etc., par G. Raynaud, suivis d'u
étude sur la musique au siècle de saint Louis, par H. Lavoix fils.   18

Vol. III : Le Psautier de Metz, tome Ier, texte et variantes, publié d'après les n
nuscrits par F. Bonnardot.   9

BREKKE (K.). Etude sur la flexion dans le voyage de saint Brandan, poème ang
normand du xiie siècle. In-8o.   3

CHRESTOMATHIE de l'ancien français (ixe-xve siècles) à l'usage des classes, précéd
d'un tableau sommaire de la littérature française au moyen âge et suivie d'un glc
saire étymologique détaillé par L. Constans. In-8o cartonné.   5

CURTIUS (G.). Grammaire grecque classique, traduite sur la quinzième édition all
mande par P. Clairin. In-8o.   7 fr.

DIEZ (F.). Grammaire des langues romanes, traduite sur la 3e édit. allemande refond
et augmentée. T. Ier traduit par A. Brachet et G. Paris. T. II et III traduits p
A. Morel-Fatio et G. Paris. Gr. in-8o.   36

FLAMENCA (le roman de), publié d'après le manuscrit unique de Carcassonne, av
introduction, sommaire, notes et glossaire par P. Meyer. Gr. in-8o.   12 f

GODEFROY (F.) Dictionnaire de l'ancienne langue française et de tous ses dialecte
du xie au xve siècle, composé d'après le dépouillement de tous les plus importan
documents, manuscrits ou imprimés qui se trouvent dans les grandes bibliothèqu
de la France et de l'Europe, et dans les principales archives départementale
municipales, hospitalières ou privées. Publié sous les auspices du Ministère
l'Instruction publique, et honoré par l'Institut du grand prix Gobert.
     Paraît par livraisons de 10 feuilles gr. in-4o à trois colonnes au prix de 5 fr. la li
L'ouvrage complet se composera de 100 livraisons.

LOTH (J.). Vocabulaire vieux-breton avec commentaire contenant toutes les gloses
vieux breton, gallois, cornique, armoricain connues, précédé d'une introductio
sur la phonétique du vieux-breton et sur l'âge de la provenance des gloses. G
in-8o.   10 f

MÉMOIRES de la Société de linguistique de Paris. Tome 1er complet en 4 fascicule
T. 2e complet en 5 fascicules ; T. 3e complet en 5 fascicules ; T. 4e complet en
fascicules ; T. 5e complet en 5 fascicules.   114 f

MOREL-FATIO (A.). La Comedia espagnole du xviie siècle. Cours de langues et littér
tures de l'Europe méridionale au Collège de France. Leçon d'ouverture. In-8o. 1 fr.

MYSTÈRE (le) de la Passion d'Arnoul Gréban, publié d'après les mss. de Paris, av
une introduction et un glossaire par G. Paris et G. Raynaud, 1 fort vol. gr. in-
à 2 col.   25

PARIS (G.). Etude sur le rôle de l'accent latin dans la langue française. In-8o. 4 f
 — Dissertation critique sur le poème latin du Ligurinus attribué à Gunther. In-8o. 2 f
 — Le petit Poucet et la Grande-Ourse, 1 vol. in-16.   2 fr.
 — Les contes orientaux dans la littérature française du moyen âge. In-8o.   1 f
 — Grammaire historique de la langue française. Cours professé à la Sorbonne e
1868. Leçon d'ouverture.   1 f

RECUEIL d'anciens textes bas-latins, provençaux et français, accompagnés de deu
glossaires et publiés par P. Meyer. 1re partie : bas-latin, provençal. Gr. in-8o. 6 f
 — 2e partie : vieux français. Gr. in-8o.   6 f

VIE (la) de saint Alexis, poème du xie siècle. Texte critique publié par G. Pari
Petit in-8o.   1 fr. 5

REVUE CELTIQUE publiée avec le concours des principaux savants français et étran
gers par M. Gaidoz. Chaque volume se compose de 4 livraisons d'environ 12
pages chacune. — Prix d'abonnement : Paris, 20 fr.; départements et pays d'Europ
faisant partie de l'Union postale, 22 fr.; édition sur papier de Hollande : Pari
40 fr.; départements et pays faisant partie de l'Union postale, 44 fr.
     Le sixième volume est en cours de publication.

ROMANIA, recueil trimestriel consacré à l'étude des langues et des littératures romane
publié par MM. Paul Meyer et Gaston Paris. Chaque numéro se compose d
160 pages qui forment à la fin de l'année un vol. gr. in-8o de 640 pages. — Pri
d'abonnement : Paris, 20 fr.; départements et pays d'Europe faisant partie de
l'Union postale, 22 fr.; édition sur papier de Hollande : Paris, 40 fr. ; Départe
ments et pays d'Europe faisant partie de l'Union postale, 44 fr.
     La quatorzième année est en cours de publication.
     Aucune livraison de ces deux recueils n'est vendue séparément.

BIBLIOTHÈQUE

DE L'ÉCOLE

DES HAUTES ETUDES

PUBLIÉE SOUS LES AUSPICES

DU MINISTÈRE DE L'INSTRUCTION PUBLIQUE

SCIENCES PHILOLOGIQUES ET HISTORIQUES

SOIXANTE-TROISIÈME FASCICULE

ÉTUDES CRITIQUES SUR LES SOURCES DE L'HISTOIRE MÉROVINGIENNE.
DEUXIÈME PARTIE : COMPILATION DITE DE « FRÉDÉGAIRE »
PAR M. GABRIEL MONOD, DIRECTEUR A L'ÉCOLE DES HAUTES ÉTUDES
ET PAR LES MEMBRES DE LA CONFÉRENCE D'HISTOIRE.

PARIS

F. VIEWEG, LIBRAIRE-ÉDITEUR

67, RUE DE RICHELIEU, 67

1885

BIBLIOTHÈQUE DE L'ÉCOLE PRATIQUE DES HAUTES ÉTUDES, publiée sous les auspices du Ministère de l'instruction publique. Format in-8° raisin.

1er fascicule : La Stratification du langage, par Max Müller, traduit par L. Havet. — La Chronologie dans la formation des langues indo-germaniques, par G. Curtius, traduit par A. Bergaigne. 4 fr.

2e fascicule : Etudes sur les Pagi de la Gaule, par A. Longnon. 1re part. : l'Astenois, le Boulonnais et le Ternois, avec 2 cartes. Epuisé.

3e fascicule : Notes critiques sur Colluthus, par E. Tournier. 1 fr. 50

4e fascicule : Nouvel Essai sur la formation du pluriel brisé en arabe, par Stanislas Guyard. 2 fr.

5e fascicule : Anciens glossaires romans, corrigés et expliqués par F. Diez. Traduit par A. Bauer. 4 fr. 75

6e fascicule : Des formes de la conjugaison en égyptien antique, en démotique et en copte, par G. Maspero, membre de l'Institut. 10 fr.

7e fascicule : La vie de Saint Alexis, textes des xie, xiie, xiiie et xive siècles, publiés par G. Paris, membre de l'Institut, et L. Pannier. Epuisé.

8e fascicule : Etudes critiques sur les sources de l'histoire mérovingienne, par Gabriel Monod, et par les membres de la Conférence d'histoire. 6 fr.

9e fascicule : Le Bhâmini-Vilâsa, texte sanscrit, publié avec une traduction et des notes par Abel Bergaigne. 8 fr.

10e fascicule : Exercices critiques de la Conférence de philologie grecque, recueillis et rédigés par E. Tournier. 10 fr.

11e fascicule : Etudes sur les Pagi de la Gaule, par A. Longnon. 2e partie : les Pagi du diocèse de Reims, avec 4 cartes. 7 fr. 50

12e fascicule : Du genre épistolaire chez les anciens Egyptiens de l'époque pharaonique, par G. Maspero, membre de l'Institut. 10 fr.

13e fascicule : La Procédure de la Lex Salica. Etude sur le droit Frank (la fidejussio dans la législation Franke; — les Sacebarons; — la glosse malbergique), travaux de M. R. Sohm, professeur à l'Université de Strasbourg. Traduit par M. Thévenin. 7 fr.

14e fascicule : Itinéraire des Dix mille. Etude topographique par F. Robiou, professeur à la faculté des lettres de Rennes, avec 3 cartes. 6 fr.

15e fascicule : Etude sur Pline le jeune, par T. Mommsen, traduit par C. Morel. 4 fr.

16e fascicule : du C dans les langues romanes, par C. Joret. 12 fr.

17e fascicule : Cicéron. Epistolæ ad Familiares. Notice sur un manuscrit du xiie siècle par C. Thurot, membre de l'Institut 3 fr.

18e fascicule : Etude sur les Comtes et Vicomtes de Limoges antérieurs à l'an 1000, par R. de Lasteyrie. 5 fr.

19e fascicule : De la formation des mots composés en français, par A. Darmesteter. Epuisé.

20e fascicule : Quintilien, institution oratoire, collation d'un manuscrit du xe siècle, par E. Châtelain et J. Le Coultre. 3 fr.

21e fascicule : Hymne à Ammon-Ra des papyrus égyptiens du musée de Boulaq, traduit et commenté par E. Grébaut, avocat à la Cour d'appel de Paris. 22 fr.

22e fascicule : Pleurs de Philippe le Solitaire, poème en vers politiques publié dans le texte pour la première fois d'après six mss. de la Bibliothèque nationale par l'abbé E. Auvray, licencié ès lettres, professeur au petit séminaire du Mont-aux-Malades. 3 fr. 75.

23e fascicule : Haurvatât et Ameretât. Essai sur la mythologie de l'Avesta, par J. Darmesteter. 4 fr.

24e fascicule : Précis de la Déclinaison latine, par M. F. Bücheler, traduit de l'allemand par L. Havet, enrichi d'additions communiquées par l'auteur, avec une préface du traducteur. 8 fr.

25e fascicule : Anis el-'Ochchâq, traité des termes figurés relatifs à la description de la beauté, par Cheref-eddîn-Râmi, traduit du persan et annoté par C. Huart. 5 fr. 50

26e fascicule : Les Tables Eugubines. Texte, traduction et commentaire, avec une grammaire et une introduction historique, par M. Bréal, membre de l'Institut, professeur au Collège de France, accompagné d'un album de 13 planches photogravées. 30 fr.

27e fascicule : Questions homériques, par F. Robiou. 6 fr.

28e fascicule : Matériaux pour servir à l'histoire de la philosophie de l'Inde, par P. Regnaud, 1re partie. 9 fr.

29e fascicule : Ormazd et Ahriman, leurs origines et leur histoire, par J Darmesteter. 12 fr.

30e fascicule : Les métaux dans les inscriptions égyptiennes, par C. R. Lepsius, traduit par W. Berend, avec des additions de l'auteur et accompagné de 2 pl. 12 fr.

31e fascicule : Histoire de la ville de St-Omer et de ses institutions jusqu'au xive siècle, par A. Giry. 20 fr.

32e fascicule : Essai sur le règne de Trajan, par C. de la Berge. 12 fr.

33e fascicule : Etudes sur l'industrie et la classe industrielle à Paris au xiiie et au xive siècle, par G. Fagniez. 12 fr.

ÉTUDES philologiques sur quelques langues sauvages de l'Amérique, par N. O., ancien missionnaire. In-8°. 6 fr.

FLAMENCA (le roman de), publié d'après le manuscrit unique de Carcassonne, avec introduction sommaire, notes et glossaire, par M. P. Meyer. Gr. in-8°. 12 fr.

GLOSSÆ hibernicæ veteres codicis Taurinensis, ed. C. Nigra. Gr. In-8°. 6 fr.

GRIMM (J.). De l'origine du langage, traduit de l'allemand par F. de Wegmann. In-8°. 2 fr.

GUESSARD (F.). Grammaires provençales de Hugues Faidit et de Raymon Vidal de Besaudun, XIIIe siècle. 2e édit. In-8°. 5 fr.

GWERZIOU-BREIZ-IZEL. Chants populaires de la Basse-Bretagne, recueillis et traduits par M. F.-M. Luzel. 1re partie. Gwerz. In-8°. 8 fr.

HATOULET (J.). et PICOT (E.). Proverbes béarnais recueillis et accompagnés d'un vocabulaire et de quelques proverbes dans les autres dialectes du midi de la France. In-8". 6 fr.

HEINRICH (G.-A.). Histoire de la littérature allemande depuis les origines jusqu'à l'époque actuelle. L'ouvrage complet se composera de 3 forts volumes in-8°. Les deux premiers sont en vente et l'on paie à l'avance la moitié du 3e qui paraîtra prochainement. 20 fr.

HILLEBRAND (K.). Études historiques et littéraires. Tome premier : Études italiennes. In-18 jésus. 4 fr.

HUMBOLDT (G. de). De l'origine des formes grammaticales et de leur influence sur le développement des idées, traduit par A. Tonnellé. In-8°. 2 fr.

JOLY. Benoit de Sainte-More et le roman de Troie, ou les Métamorphoses d'Homère et de l'Épopée gréco-latine au moyen-âge. 2 vol. in-4°. 40 fr.

LAGADEUC (J.). Le Catholicon. Dictionnaire breton-français et latin, publié par R. F. Le Men, d'après l'édition de 1499. In-8°. 6 fr.

JANNET (P.). De la langue chinoise et des moyens d'en faciliter l'usage. Gr. in-8°. 2 fr.

MÉMOIRES de la Société de linguistique de Paris. Tome premier, complet en 4 fascicules. 16 fr.
—— Chaque fascicule se vend séparément. 4 fr.

MENANT (J.). Essai de grammaire assyrienne. Gr. in-8°. 10 fr.

MEYER (P.). Cours d'histoire et de littérature provençales. Leçon d'ouverture. In-8°. 1 fr.
—— Anciennes poésies religieuses en langue d'oc, publiées d'après les manuscrits. In-8°. 1 fr. 50.
—— Notice sur la métrique du chant de sainte Eulalie. Gr. in-8°. 1 fr. 50.
—— Fragments d'une traduction française de Baarlam et Joasaph, faite sur le texte grec au commencement du XIIIe siècle. Gr. in-8° orné d'une photo-lithographie. 2 fr.
—— Le salut d'amour dans les littératures provençale et française, mémoire suivi de huit saluts inédits. Gr. in-8°. 3 fr.

OPPERT (J.). Éléments de la grammaire assyrienne. 2e édit., augmentée. In-8°. 6 fr.

PARIS (G.). Étude sur le rôle de l'accent latin dans la langue française. In-8°. 4 fr.
—— Grammaire historique de la langue française, cours professé à la Sorbonne en 1868, leçon d'ouverture. In-8°. 1 fr.
—— Histoire poétique de Charlemagne. Gr. in 8". 10 fr.
—— Lettre à M. Léon Gautier. Gr. in-8°. 1 fr.

PAROLE (la), son origine, sa nature, sa mission. In-8°. 4 fr.

QUICHERAT (J.). De la formation française des anciens noms de lieux, traité pratique suivi de remarques sur des noms de lieux fournis par divers documents. Petit in-8". 4 fr.

ROUGÉ (E. de). Introduction à l'étude des écritures et de la langue égyptiennes. In-4". 20 fr.

TERRIEN-PONCEL (A.). Du langage. Essai sur la nature et l'étude des mots et des langues. In-8°.   5 fr.

WAILLY (N. de). Mémoire sur la langue de Joinville. Gr. in-8°.   4 fr.

LES ANCIENS POÈTES DE LA FRANCE, publiés sous les auspices de S. Excellence M. le ministre de l'instruction publique, en exécution du décret impérial du 12 février 1854, sous la direction de M. Guessard. Petit in-12 cartonné en toile. — 10 vol. sont en vente. Chacun se vend séparément.
Demander le catalogue détaillé de cette collection qui se distribue gratuitement.

Bureau d'abonnement à la même librairie aux recueils suivants :

REVUE CRITIQUE d'histoire et de littérature, recueil hebdomadaire publié sous la direction de MM. Bréal, P. Meyer, C. Morel et G. Paris. Prix d'abonnement : un an, Paris, 20 fr.; départements, 22 fr.
La sixième année est en cours de publication.

REVUE CELTIQUE, publiée, avec le concours des principaux savants français et étrangers, par M. H. Gaidoz. 4 livraisons d'environ 130 pages chacune. Prix d'abonnement : Paris, 20 fr.; départements, 22 fr.; édition sur papier de Hollande : Paris, 40 fr.; départements, 44 fr.

ROMANIA, recueil trimestriel consacré à l'étude des langues et des littératures romanes, publié par MM. Paul Meyer et Gaston Paris. Chaque numéro se composera de 128 pages qui formeront à la fin de l'année un vol. gr. in-8° de 512 p. Prix d'abonnement : Paris, 15 fr. Département, 18 fr.; édition sur papier de Hollande. Paris, 30 fr. Département, 36 fr.
Aucune livraison ne sera vendue séparément.

RECUEIL de travaux relatifs à la philologie et à l'archéologie égyptiennes et assyriennes. 1er fascicule contenant les travaux suivants : 1. Le Poème de Pentaour accompagné d'une planche chromolithographiée, par M. le Vicomte de Rougé, de l'Institut, conservateur honoraire du Musée égyptien du Louvre. 2. L'Expression Mââ-Xeru, par M. A. Dévéria, conservateur adjoint au Musée égyptien du Louvre. 3. Etudes démotiques, par M. G. Maspero, répétiteur à l'Ecole des Hautes Etudes. 4. Préceptes de morale extraits d'un papyrus démotique du Musée du Louvre, accompagné de deux planches ; par M. P. Pierret, employé au Musée égyptien du Louvre, petit in-4°. 10 fr.
Ce recueil paraîtra par volumes d'environ 30 feuilles de texte et 10 planches in-4°, divisés en fascicules publiés à des époques indéterminées et dont le prix sera fixé suivant l'importance.

Les souscripteurs s'engagent pour un volume entier sans rien payer à l'avance.

En préparation.

COLLECTION D'ANCIENS TEXTES FRANÇAIS ET PROVENÇAUX, publiés sous la direction de MM. G. Paris et P. Meyer; format petit in-8°, impression sur papier vergé, en caractères elzeviriens. Tous les volumes seront accompagnés d'introductions développées et de copieux glossaires.

I. ALEXANDRE, publié par M. P. Meyer, recueil contenant : 1. le fragment d'Albéric de Besançon ; 2. la version en vers de dix syllabes attribuée au clerc Simon (deux textes fournis, l'un par un ms. de l'Arsenal, l'autre par un ms. de Venise); 3. les Enfances d'Alexandre, d'après le ms. 789 de la Bibl. imp. ; 4. extraits de l'*Alexandre* de Thomas de Kent, d'après les deux mss. de Paris et de Durham.

DIEZ (F.). Grammaire des langues romanes, traduction française autorisée par l'auteur et l'éditeur, et considérablement augmentée par MM. G. Paris et A. Brachet.
Ce n'est pas une simple traduction de la 3e édition allemande en cours d'impression de cette grammaire si connue que nous voulons donner. Différentes parties seront complétées par des travaux spéciaux confiés à des philologues distingués qui ont bien voulu nous promettre leur concours. C'est ainsi que jusqu'à présent MM. G. Paris et Brachet, P. Meyer, Mussafia se sont chargés de suppléments relatifs à la grammaire de l'ancien français, du provençal, de l'italien, de l'espagnol et du valaque. Ces diverses additions feront partie du dernier volume. De plus, nous donnerons en notes la traduction des passages des deux premières éditions supprimés par M. Diez dans sa dernière édition et des citations complètes de son dictionnaire étymologique ; de cette manière on aura dans celle-ci toute la pensée du maître. Elle formera quatre volumes qui paraîtront par demi-volume.

Nogent-le-Rotrou, imprimerie de A. Gouverneur

www.ingramcontent.com/pod-product-compliance
Lightning Source LLC
Chambersburg PA
CBHW070637100426
42744CB00006B/715